"十三五"国家重点出版物出版规划项目

|经|济|建|设|卷|

中国经济强国之路

THE ROAD TO CHINA'S ECONOMIC POWERHOUSE

张占斌 著

中国财经出版传媒集团
经济科学出版社
Economic Science Press

图书在版编目（CIP）数据

中国经济强国之路/张占斌著.—北京：经济科学出版社，2019.3（2022.9 重印）

（中国道路·经济建设卷）

ISBN 978 – 7 – 5218 – 0280 – 1

Ⅰ.①中… Ⅱ.①张… Ⅲ.①中国经济 – 经济发展 – 研究 Ⅳ.①F124

中国版本图书馆 CIP 数据核字（2019）第 032823 号

责任编辑：于海汛
责任校对：曹育伟
责任印制：李 鹏

中国经济强国之路
张占斌 著
经济科学出版社出版、发行 新华书店经销
社址：北京市海淀区阜成路甲 28 号 邮编：100142
总编部电话：010 – 88191217 发行部电话：010 – 88191522
网址：www.esp.com.cn
电子邮件：esp@esp.com.cn
天猫网店：经济科学出版社旗舰店
网址：http://jjkxcbs.tmall.com
北京季蜂印刷有限公司印装
710×1000 16 开 16 印张 210000 字
2019 年 3 月第 1 版 2022 年 9 月第 2 次印刷
ISBN 978 – 7 – 5218 – 0280 – 1 定价：56.00 元
（图书出现印装问题，本社负责调换。电话：010 – 88191510）
（版权所有 侵权必究 打击盗版 举报热线：010 – 88191661
QQ：2242791300 营销中心电话：010 – 88191537
电子邮箱：dbts@esp.com.cn）

《中国道路》丛书编委会

顾　　　问：魏礼群　马建堂　许宏才

总　主　编：顾海良

编委会成员：（按姓氏笔画为序）

　　　　　　马建堂　王天义　吕　政　向春玲
　　　　　　汪林平　陈江生　季正聚　季　明
　　　　　　竺彩华　周法兴　赵建军　逄锦聚
　　　　　　姜　辉　顾海良　高　飞　黄泰岩
　　　　　　傅才武　曾　峻　魏礼群　魏海生

经济建设卷

主　　　编：黄泰岩　吕　政　王天义

《中国道路》丛书审读委员会

主 任：吕　萍

委 员：（按姓氏笔画为序）
　　　　刘明晖　李洪波　陈迈利　柳　敏
　　　　樊曙华

总　　序

中国道路就是中国特色社会主义道路。习近平总书记指出，中国特色社会主义这条道路来之不易，它是在改革开放三十多年的伟大实践中走出来的，是在中华人民共和国成立六十多年的持续探索中走出来的，是在对近代以来一百七十多年中华民族发展历程的深刻总结中走出来的，是在对中华民族五千多年悠久文明的传承中走出来的，具有深厚的历史渊源和广泛的现实基础。

道路决定命运。中国道路是发展中国、富强中国之路，是一条实现中华民族伟大复兴中国梦的人间正道、康庄大道。要增强中国道路自信、理论自信、制度自信、文化自信，确保中国特色社会主义道路沿着正确方向胜利前进。《中国道路》丛书，就是以此为主旨，对中国道路的实践、成就和经验，以及历史、现实与未来，分卷分册做出全景式展示。

丛书按主题分作十卷百册。十卷的主题分别为：经济建设、政治建设、文化建设、社会建设、生态文明建设、国防与军队建设、外交与国际战略、党的领导和建设、马克思主义中国化、世界对中国道路评价。每卷按分卷主题的具体内容分为若干册，各册对实践探索、改革历程、发展成效、经验总结、理论创新等方面问题做出阐释。在阐释中，以改革开放四十年伟大实践为主要内容，结合新中国成立近七十年的持续探索，对中华民族近代以来发展历程以及悠久文明传承的总结，既有强烈的时代感，又有深刻的历史感召力和面向未来的震撼力。

丛书整体策划，分卷作业。在写作风格上，注重历史和现实相贯通、国际和国内相关联、理论和实际相结合，对中国道路的重大理论和实践问题做出探索；注重对中国道路的实践经验、理论创新做出求实、求真的阐释；注重对中国道路做出富有特色的、令人信服的国际表达；注重对中国道路为发展中国家走向现代化的途径、为解决人类问题所贡献的中国智慧和中国方案的阐释。

在新中国成立特别是改革开放以来我国发展取得的重大成就基础上，近代以来久经磨难的中华民族实现了从站起来、富起来到强起来的历史性飞跃，焕发出强大生机活力，迈进中国特色社会主义道路发展的新时代。在新时代建设社会主义现代化强国的新的历史征程中，中国财经出版传媒集团经济科学出版社、中国特色社会主义经济建设协同创新中心精心策划、组织编写《中国道路》丛书有着更为显著的、重要的理论意义和现实意义。

《中国道路》丛书 2015 年策划启动，2017 年开始陆续推出。丛书 2016 年列入"十三五"国家重点出版物出版规划项目、主题出版规划项目，2017 年列入国家"90 种迎接党的十九大精品出版选题"，2018 年获国家出版基金资助。

《中国道路》丛书编委会
2018 年 12 月

目 录

第一章 经济强国建设的探索与遵循 / 1

一、新中国初期优先发展重工业的国家战略 / 1
二、从计划经济到市场经济体制的艰辛探索 / 16
三、改革开放推动经济大国向经济强国迈进 / 35
四、全面建成小康社会为经济强国奠定基础 / 49
五、新发展理念：经济强国建设的重要遵循 / 68
六、新时代开启经济强国建设新征程 / 78

第二章 经济强国建设的指标与路径 / 87

一、"两个一百年"奋斗目标的历史起点 / 88
二、七十年的奋斗使中国成为一个经济大国 / 92
三、我国经济从高速增长过渡到中高速增长阶段 / 98
四、从经济大国到经济强国还有多远的距离 / 103
五、从经济大国向经济强国迈进的路径选择 / 106

第三章 经济强国建设的战略与动力 / 114

一、经济新常态下推进供给侧结构性改革 / 114
二、创新驱动：经济强国建设的核心战略 / 133

三、新型城镇化：经济强国建设的持续动力 / 149
　　四、脱贫攻坚：经济强国建设的重要使命 / 169
　　五、完善以人民为中心的社会主义市场经济 / 183

第四章　经济强国建设的保障与依托 / 190

　　一、党的领导是经济强国建设的重要保证 / 190
　　二、国家治理现代化是经济强国建设的前进方向 / 197
　　三、建设经济强国需要更好地发挥政府作用 / 208
　　四、深入研究全面建成小康社会后的强国建设问题 / 224

参考文献 / 236

第一章

经济强国建设的探索与遵循

一、新中国初期优先发展重工业的国家战略

第二次世界大战后,许多欠发达国家陆续走上了独立发展的道路,无论是实行资本主义制度的国家,还是实行社会主义制度的国家,都在思考如何更快地实现国家的工业化问题。新中国的经济建设也是从国家工业化起步的,并在一段时间内重点实施了优先发展重工业的国家战略。

(一) 20世纪后发国家经济发展战略选择问题

当人类历史已经进入了20世纪中叶的时候,情况发生了许多深刻变化。一是国际和平力量的增长已经使亚非拉殖民地、半殖民地国家和地区的人民获得了独立,在17~19世纪英、法、美等资本主义国家靠殖民掠夺进行原始积累的时代已经过去;二是两次世界大战的惨痛教训说明,德、日单单靠军事霸权地位并不能保证国家强盛地位的可持续,甚至使国家和民众付出惨痛的代价,靠武力的时代也成为历史;三是战后马歇尔的欧洲复兴计划虽然提供了很多贷款,但由于有许多约束条件,这对许多落后的发展中国家是可望而不可及的。

事实上，对于许多相对落后的发展中国家来说，可以借鉴的经验主要是两条道路：一是早期资本主义国家的工业化的道路（剔除殖民掠夺和海外战争），基本是从发展轻工业开始，待资金、技术等要素积累到一定程度才转向发展重工业。实际上，就是循序渐进，逐步发挥比较优势的发展道路。如果选择了这条道路，就可能走向多种经济成分竞争共存的市场经济体制。二是以苏联快速实现工业化的道路为榜样，利用国家政权力量积聚要素向工业，特别是向重工业倾斜，希望在比较短的时间里赶上经济发达的资本主义国家，加强国防力量以抵御军事威胁和侵略。如此则等于选择重工业优先的发展战略，实际上就是选择赶超的发展道路。这两种体制的分野，主要在于许多相对落后的发展中国家采取何种经济发展战略，而隐含在其背后的决定因素是对经济要素积累方式和配置方式的选择差异。

发展中国家政府普遍具有强烈的赶超愿望，激进主义的经济发展主张占有重要位置，而发达国家的凯恩斯政府干预思想的成功实践在发展中国家也有很大的市场，由于这些共同的原因，不仅是中国、苏联和东欧实行社会主义的国家，而且亚洲和中南美洲的非社会主义国家，都通过发展战略的选择、宏观政策的推行、资源配置制度和微观经营机制的建立，形成了大致相同的三位一体的计划经济体制。① 也就是说，20世纪特别是中期以来，许多资本主义和社会主义后发达国家都或先或迟地选择了优先发展重工业即经济赶超的战略。同时，为服从服务优先发展重工业的经济赶超战略，都逐步实行了计划经济体制。

在经济上赶超先进国家，是所有后发国家和地区共同的美好"愿景"。然而，有些经济学家的研究表明，几乎所有实行赶超战略的后发国家和地区经济经过多年的积累，大都陷入诸如日益

---

① 林毅夫、蔡昉、李周：《中国的奇迹：发展战略与经济改革》，格致出版社1994年版，第54～57页。

加深的城乡贫困化、旷日持久的高通货膨胀以及经济结构失衡的困境之中。而少数没有采取赶超战略的发展中国家和地区，反而取得了快速的经济增长。日本、韩国、新加坡以及中国台湾地区、中国香港地区成为亮点，被誉为"东亚奇迹"，甚至是"东亚之谜"。

选择资本主义制度的亚洲"四小龙"的成功和推行社会主义经济体制的国家纷纷转轨，很容易使人看不到发展战略对经济绩效的决定作用，而将经济发展绩效的差异归结为社会制度的选择。林毅夫等认为，这种不对发展战略、宏观政策环境和资源配置制度、微观经营机制等方面的差异作细致的经济学分析，简单地将发展差异抽象为社会制度差异的结论是经不起推敲的。第一，如果亚洲"四小龙"的成功是资本主义制度的成功，为什么许多其他实行资本主义制度的国家不能成为新兴工业化经济体？第二，如果社会主义国家经济注定踯躅不前，为什么最近20年的中国经济能够发生如此显著的变化，并在沿海地区创造出比亚洲"四小龙"快速增长时期更出色的经济奇迹？第三，如果社会主义国家经济增长缓慢的症结是社会制度问题，为什么苏联和东欧国家改制以后依然处在重重危难之中？

在考察各国经济发展成败的经验和教训时，林毅夫等发现，凡是推行"赶超战略"的国家，经济增长与发展都没有取得成功。不仅中国、苏联和东欧一些实行社会主义计划经济的国家选择赶超战略没有获得成功，一批实行资本主义制度的发展中国家选择赶超战略或进口替代战略也没有获得成功，没有实现其赶超的愿望。例如，位于拉丁美洲的阿根廷、乌拉圭、智利和玻利维亚等资本主义国家，他们的人均收入在19世纪末与德国相差无几，经历了一个世纪以后，目前仍处在经济上困难重重、财富分配两极分化、广大人民生活水平的改善十分缓慢的不发达状态之中。在亚洲，20世纪60年代曾被认为是仅次于日本的明日之星菲律宾，现在经济也处于混乱、停滞的状态。

对此，林毅夫等反复强调的观点是：从日本和亚洲"四小龙"的发展经验来看，它们在经济发展的每个阶段上，都能够发挥当时要素禀赋的比较优势，而不是脱离比较优势进行赶超。一个共同的规律是，随着经济发展、资本积累、人均资本拥有量提高，要素禀赋结构得以提升，主导产业从劳动密集型逐渐转变到资本密集型和技术密集型，乃至信息密集型上面。这种在经济发展上遵循比较优势的原则可以称之为比较优势战略。①

为什么比较优势战略更值得重视呢？这是因为发展中国家发展的早期阶段或当今的发展中国家，要素禀赋结构的特征是资本的严重缺乏和劳动力的过剩以及技术的落后。在通过扭曲要素价格和其他经济管制推行重工业化的情况下，所能做到的也仅仅是把有限的资本倾斜配置到几个产业上，与此同时必须压制其他产业和非国有经济的发展。如此一来，受压制产业和非国有经济提供不了原始资本积累。赶超战略所扶持的产业部门，由于不符合要素禀赋的比较优势，只好依赖于扭曲价格和国家保护政策（如金融支持、市场管制、贸易壁垒、财政补贴等）才得以生存，因此，这些产业必然是缺乏效率、竞争能力和自生能力的。违背比较优势所形成的畸形产业结构与劳动力丰富的要素禀赋结构形成矛盾并抑制了对劳动力的吸引，相当大规模的人口长久处于贫困之中的状况难以改变。经济发展的真实含义不是依赖几个重工业产业"鹤立鸡群"式的孤立增长，而是国家综合国力的提高。某些产业资本密集程度的提高，必须降低其他产业的资本密集程度，也就不能在整体上缩小与发达经济在资本和技术水平上的差距。对于一个处于落后地位的经济来说，所要寻求的发展，应该遵循比较优势的原则，实现要素禀赋结构的提升或人均资本占有量的增加。比较优势理论逻辑上自成体系，有很强的说服力。

---

① 林毅夫、蔡昉、李周：《中国的奇迹：发展战略与经济改革》，格致出版社1994年版，第54～57页。

那么,我国的经济发展战略是否遵循了比较优势的原则呢?新中国成立初,实行了较短时期的新民主主义政策,应当说,这个政策符合比较优势原则,也适应了当时中国的实际。从1953年"一五"计划开始,比较优势原则没有坚持下去,而是采取了优先发展重工业的战略,并逐步形成了计划经济体制。当然,当时的中国领导人可能没有"战略"这样的提法,是后来人们的研究归纳。但从实际情况来看,这种重工业优先发展可以归结为"优先发展重工业的战略"。对中国优先发展重工业战略的评价,无疑要涉及这个战略实施前的经济政策和经济战略取向,厘清这个问题将为我们的评价提供参照系和基本坐标。

事实上,中国共产党在争取新民主主义革命胜利的进程中,较早就开始设计革命胜利后的社会发展方略和经济政策。特别是在新中国成立前后,党的主要领导人曾多次表示,在新民主主义革命胜利之后,不可能马上进行社会主义革命,而要先经过新民主主义的过渡阶段,尽可能地利用城乡私人资本主义的积极性,打好基础,以利于国民经济的向前发展,将来通过和平竞争和赎买的方式逐步进入社会主义。应当说,这个体制类似于计划和市场并存的"双轨制",也可以看成是市场经济体制,它符合中国的经济社会发展实情,与工业化国家的一般发展规律比较一致,也类似于经济学意义上的比较优势原则。假设在不考虑国际环境和政治经济力量变化约束条件的情况下,按照这个设计来发展经济,对逐步提升国家的要素禀赋和产业结构,改善城乡关系,推动经济更稳、更快增长,无疑是有重要促进作用的,中国的经济建设可能会少走弯路,能够实现小步快走不停顿,国家实力的提升也是可以得到保证的。

但只要选择了优先发展重工业的战略,无论怎样的社会制度,要素短缺的国家都容易内生出计划经济体制,中国也不可能例外。选择优先发展重工业战略,就等于放弃了市场体制,就要改变新民主主义经济政策的计划和市场的双轨制度,实行计划经济体制。而中国实际过渡和三大改造之所以都提前进行和基本完成,主要原因也是为了适应优先发展重工业以及内生的计划经济体制建立的需要。由此可以推出,确立优先发展重工业的战略,显然不是个单纯的经济理论分析和经济决策问题,而是更加复杂多元的价值评估后的取舍;虽然不符合当时中国的要素禀赋和经济学意义上的比较优势原则,但回应了当时中国军事和国防的特殊需求以及决策者的政治和经济偏好,而作为人口和地域大国的中国与人口少和面积小的小国相比自然有其特殊性,也有一定的比较优势和后发优势,具有一些回旋余地,可以看成是比较现实和相对合理的选择。在当时的国际环境中,在可以借鉴的历史经验的状况下,中国采取优先发展重工业的赶超战略,并由此加速过渡到苏联模式的社会主义也是最可能和最实际的选择。从这个角度讲,中国共产党人还是实事求是的,并不是头脑发热。这种选择既有重大的历史作用,又存在极大的历史局限。这种重大的历史作用在当时就有所显现,在后来也不能否定。但这种极大的局限在当时却是很难全面认识的,而是在历史发展进程中逐渐体验和总结的。我们既不能因为其极大的历史局限而否定它的重大历史作用,也不能因其重大历史作用而否定它的极大历史局限。

(二) 优先发展重工业战略与计划体制形成的关系

重工业有三个基本特征:一是初始投资规模庞大,资本密集;二是资本有机构成相对比较高,技术密集且大部分设备需要从国外引进;三是建设周期长,回报缓慢。这些特征决定了发展重工业必须要大规模进行资本积累与供给,而新中国成立初期,在我国农业和轻工业均十分落后的情况下,启动重工业的优先发展战略,这种需求与当时的资源禀赋产生了直接的矛盾。主要表现在三个方面:重工业建设周期与资本禀赋的矛盾;重工业投资规模与资金动员能力的矛盾;重工业的高技术含量与外汇支付能力的矛盾。为了保证经济剩余的积累流向重工业部门，就需要有一种新的制度安排。这种制度需要对经济资源实行集中的计划配置，并通过对企业的国有化改造和农业集体化构建相应的微观经营机制。即只要采取优先发展重工业的战略，按照中国的自然禀赋，就会内生出三位一体的计划经济体制，而计划经济体制的力量自然就要逐步淘汰市场机制。实际上也就是放弃新民主主义政策。当然，这样讲并不是说，中国的计划经济体制完全因为优先发展重工业的战略而产生，还有诸如为了统一财经、支持战争、解决公私营经济冲突等后续效应的原因，但可以说，优先发展重工业的战略是导致中国实行计划经济体制的根本原因。

首先，优先发展重工业的赶超战略与要素极其短缺的矛盾推动了高比例国有化所有制结构的形成。确定优先发展重工业的赶超战略后，新的战略需要在所有制上有大的进展，需要加快国有的比重，当时所能够做的只有利用行政和经济的手段来推动这个进程。1952年10月，刘少奇受毛泽东的委托，在向斯大林说明我国过渡到社会主义所需时间和能够实现的条件时说了这样一段话："中国现在的工业生产总值（不包括手工业）中，国营企业已占67.3%，私人企业只占32.7%。我们估计，在苏联帮助我国执行第一个五年计划之后，工业中国营经济的比重将会有更大的增加，私人资本主义经济的比重则会缩小到20%以下。10年后，私人工业会缩小到10%以下，国营工业将占90%以上。私人工业在比重上虽将缩小，但它们在绝对数上还会有些发展。因此，这时候多数资本家还会觉得满意，并与政府合作。他们的企业大体都要依赖国家供给原料、收购和推销成品及银行贷款等，并纳入国家计划之内，而不能独立经营。到那时，我们将征收资本家的工厂归国家所有。设想多数情况下采取的方式是，劝告资本家把工厂献给国家，国家保留资本家消费的财产，分配能工作的资本家以工作，保障他们的生活。有特殊情形者国家还可以付给他们一部分代价。"① 从这段话中我们可以比较清晰地看到中国领导人当时对优先发展重工业的工业化路线与所有制结构变革之间的关联的认识,看到为什么在制定"一五"计划时会提早结束新民主主义,并提出用 10~15 年的时间过渡到社会主义的设想。

其次,优先发展重工业战略与落后的农业之间的巨大矛盾推动了农业合作化进程。优先发展重工业需要直接或间接从农民和农业方面积累,这就要求实行农产品的低价政策,而国家的低价政策降低了农民向国家出售产品的积极性,从而国营商业部门难以获得保证工业化需要的足够的商品粮、棉花、油料等产品,引起了市场的紧张,最后决定统购统销。统购统销使国营和合作社商业所掌握的农副业产品商品量从 1953 年的 57% 上升到了 1954 年的 70%;在农村的零售总额也由 1953 年的 44.2% 上升到 1954 年的 60.5%。由于原材料和产品的供销基本上不通过市场实现,这使私人企业不再成为真正的市场主体。薄一波指出:"'一五'计划着手实施后,大规模经济建设进一步引发了市场供不应求的紧张状况,迫使我们不得不采取统购统销一类的政策措施,从而一步一步地加快了对资本主义工商业的改造进程。""自统购统销制度实行时起,作为流通环节的私营商业的改造走在私营工业前面,反过来又推动着私营工业加快改造的步伐。中国的私营工业大约有 2/3 是轻纺工业,受统购统销制度的影响很大。国家从供销两头卡住了它们,他们不能不接受改造。"但统购统销并不能从根本上解决粮食和其他农产品供求之间的矛盾,毛泽东从农业的社会主义改造必须适应优先发展重工业的角度来思考问题,认为要从根本上解决这个矛盾,必须加快农业的合作化。②

中国、印度、巴西、阿根廷、智利、埃及、墨西哥以及东欧

---

① 薄一波:《若干重大决策与事件的回顾》上卷,中共中央党校出版社 1991 年版,第 218~219 页。
② 《陈云文选》第二卷,人民出版社 1995 年版,第 208 页。

国家等一系列发展中国家在20世纪中叶先后选择了优先发展重工业的赶超战略。为了推进这个战略都逐渐形成了三位（宏观政策环境、资源配置制度和微观经营机制）一体的计划经济体制。在这种体制下，国家为了增强经济动员能力，为了强化对经济剩余的索取，就要运用政策手段人为扭曲生产要素的相对价格。其主要手段：一是压低利率水平；二是压低汇率水平；三是实行统一的低工资政策。同时，实行高度集中的金融垄断机制，实行外贸外汇的集中统一管理，实行重要物资的统一供给，实行对农产品的统购统销。通过控制经济命脉而强行推进经济的国有化或过高的国有经济比重，政府参与稀缺资源的配置并实行贸易垄断，为扶植重工业而建立倾斜式的产业政策和设置进入壁垒并严控金融业，运用行政力量筹资以有效降低工业经济的资本形成门槛，提高企业的利润水平。为了取得剩余的支配权，把握积累流向，使之用于国民经济发展的战略部门，需要最大限度地实现企业国有化，并在此基础上建立统一的指令性生产计划体制和统收统支的财务体制。与此相适应，农业也形成了与农产品统购统销政策相配套的农业集体化体制。这是一环套一环的政策链。林毅夫等虽然没有直接讨论优先发展重工业的战略与放弃新民主主义政策的关系，但按照这样的逻辑顺序，暗含着新民主主义的经济政策自然就要退场的结论。

（三）对优先发展重工业战略的国际视角辨析

20世纪80年代后期，在"新思维"的诱发下，苏联史学界曾掀起过一场重评苏联历史的运动，其中对于斯大林时期的工业化建设，多数人认为，由于人为强调重工业发展速度，迫使农业、轻工业发展付出代价，阻碍了社会现代化进程。但是，经过苏联解体后的实践检验，今天俄罗斯史学界的多数人和代表政府的主流观点都发生了变化。经俄罗斯教育部审定、由阿·舍斯塔科夫等人编著的2002年版历史教科书《20世纪祖国史》上说：

"20世纪30年代，国家面临新的战争威胁。……要取得战争胜利必须有强大的工业，这对国家是生与死的问题"。而苏联没有殖民地，没有外资，工业落后……又不可能走传统的从轻工业开始的较为缓慢的工业化道路，所以实行"集中的计划管理、缩小市场的作用"，对农业"超经济强制"获取资金，使人民"勒紧裤腰带"，等等，都是"迫不得已"的。该书还认为："农业集体化是保证加速实现工业化最重要的条件"。①

如何对中国的优先发展重工业战略进行评价呢？我们用历史和国际眼光来对问题进行评价。概要地说，优先发展重工业战略对中国至少有四个方面利好的因素值得重视。

其一，加快奠定社会主义建设的经济基础。实行优先发展重工业战略，凭借着新国家政权的动员和组织力量，凭借着人民对新国家的热爱和忠诚，用和平的手段完成了社会主义改造，奠定了社会主义建设的经济基础。从1953年到1956年，全国工业总产值平均每年递增19.6%，农业总产值平均每年递增4.8%。在比较短的时间里，经济发展比较快，经济效果比较好。"'一五'期间工业生产所取得的成就，远远超过了旧中国百年来所达到的水平。"② 同时，使人民看到了新国家的力量和能力，重新整合了中华民族发展的信心。

其二，快速提高了国家的国防和军事防御能力。实行优先发展重工业战略，在比较短的时间里提高了国防和军事防御能力，成功发射了原子弹、氢弹和卫星，提高了中国的国际地位，保证了国家的安全和主权完整。对于一个新生独立的和实现主权统一的大国来说，能够利用自己的要素资源和建设力量，在"冷战"时期一举打破西方大国的"核"垄断，迅速提高自己在国际社

---

① 吴思远：《还历史公证——俄罗斯对全盘否定苏联历史的反思》，载于《高校理论战线》2004年第8期。

② 柳随年、吴群敢：《中国社会主义经济简史》，黑龙江人民出版社1985年，第182页。

会的综合能力，彻底结束了百余年备受屈辱的历史，维护了国家的尊严和人民的生命安全，这是具有深远政治意义和国际影响的"大事件"和"大转折"，这也是远远超出经济学解释能力和范围的问题。

其三，加速推进国家社会主义工业化进程。实行优先发展重工业的战略，使苏联对中国援助的150多个项目得以建成，迅速建立起了比较完整的国民经济工业体系，为改革开放后中国工业综合配套能力提升和大发展提供了前提保证。"国家的社会主义工业化，是国家独立和富强的当然要求和必要条件"。"一五"计划建设使"一批为国家工业化所必须而过去又非常薄弱的基础工业建立了起来"。改变了重工业基础极其薄弱，生产水平相当低的这种落后状况，建立起了独立的比较完整的工业体系和国民经济体系，初步解决了国民经济的"软骨病"，奠定了工业化大国的基础，也为改革开放后中国工业的快速发展、制造业快速崛起并成为世界"制造业中心"创造了条件。

其四，推动我国工业与国际先进国家的深入合作。实行优先发展重工业战略，通过向苏联学习，使我国积累了比较丰富的大工业建设经验，对工业化的认识也大大加深，为后来的工业项目引进及与国际先进国家的合作，提供了宝贵的经验。改革开放之初，我国开始大规模引进外资和设备，提出与国际先进国家在经济方面的多层次合作。如今，我们在重工业和其他项目的成功合作，这些也都得益于过去积累的实践成果和宝贵经验。

在看到显著成绩的同时，我们也需要对优先发展重工业战略的弊端有客观的认识，对选择优先发展重工业战略的全面评价可能超出了经济学的解释范围。林毅夫等从经济学角度对选择优先发展重工业战略将会面临的许多很难解决的问题进行了比较全面的分析和阐释。这里，就几个重要的问题再稍加说明。

其一，农、轻、重等国民经济重大比例关系的严重失调难以解决。优先发展重工业战略的持续推进，就会出现经济关系比例失调和体制僵化的问题，就会导致农、轻、重等国民经济重大比例关系的严重失衡难以解决，比较严重的城乡二元分治问题趋于僵化，三农问题代价沉重。为了总结苏联和斯大林的教训，毛泽东在1956年《论十大关系》的讲话中提出：要避免苏联和一些东欧国家片面注重工业、忽视农业和轻工业的问题，要求在重工业为主的前提下，加大对农业、轻工业的投资；在1957年《关于正确处理人民内部矛盾的问题》一文中又提出工业和农业同时并举的方针；在1959年提出要按照农、轻、重的次序来安排国民经济的思想，并指出："这样提还是优先发展生产资料，并不违反马克思主义。"遗憾的是，尽管有了这样一些正确认识，但由于"超英赶美"的情结没变，实际工作中并未能很好贯彻。加之各种"左"的东西逐渐有了市场，一再要求加快工业建设速度，并在"大跃进"时期演化成为绝对的"以钢为纲"，以快为主，高指标盛行。以致一度造成农、轻、重等国民经济重大比例关系的严重失调，城乡二元经济难以改变，农业劳动力无法转移，甚至一度出现城市人口向农村下放的逆城市化的现象出现，自身的比较优势受到压抑无法发挥，农民、农业、农村落后的局面非常严重。

其二，不可避免地导致非公有制经济衰退。优先发展重工业战略，导致与国有经济在市场上争夺经济剩余的非公有经济日子不但不会好受，也必然会受到严格的限制甚至取缔，久而久之，非公有经济的衰退是不可避免的。同苏联斯大林时期放弃新经济政策一样，为了优先发展重工业的赶超战略，新民主主义政策被放弃了，这一放弃的结果就导致了非公有制经济的急骤收缩和严重衰退。到后来的"大跃进"和"文化大革命"，非公有制经济基本被取缔了，甚至错误地认为，个体经济、私有经济就是搞资本主义，"宁要社会主义的草，不要资本主义的苗"，这些"左"的思潮直接导致了现实社会对非公有制经济的打击乃至取缔。给社会就业、商品流通、商品供给、人民生活等都带来了许多困难。

其三，直接导致微观市场经济主体缺乏活力和竞争力。由于没有市场竞争机制，加上非公有制经济的缺失，导致微观组织的国有企业和农村合作社效率低下，没有竞争力。优先发展重工业的赶超战略在初期或一定时期内均有不俗的绩效，但长期排斥市场和竞争所带来或积累的弊端陆续在许多发展中国家显露出来，并逐步恶化。尤其是缺少非公有经济的竞争力量，国有企业独霸天下，各方面都离不开国家的扶助和帮助，而国家的"父爱主义"倾向也把国有企业等同于政府和事业单位，国有企业没有创造"利润"的积极性，企业办社会，严重缺乏效率，也变得没有自生能力。而农村合作社由于缺乏激励，同时也解决不了监督问题，久之成为"出工不出力"的"斗私批修"场所，农业产出十分低下。如此，整个国家经济逐渐变得没有活力和竞争力。

其四，发展失衡导致经济的停滞和恶化。在国家要素禀赋不具备的情况下，长期优先发展重工业战略，经济的停滞和恶化几乎是不可避免的。从教训来看，经过几十年的沉淀，不仅没有实现赶超，甚至还拉大了与发达国家的距离，我们可以从苏联、中国、印度、巴西以及东欧国家付出的代价找到充分的证据，教训沉痛。而没有实施赶超战略的日本和亚洲"四小龙"，比较注重自己国家和地区的要素禀赋和比较优势，都先后实现了经济起飞。经过反复地比较，使越来越多的国家开始认识到，优先发展重工业的赶超战略，虽然有实行的多种理由，但由于严重忽略国家的要素禀赋和比较优势，急于求成的人为扭曲价值规律，压抑非公有经济，这种畸形的产业政策，实属毕其功于一役的冒险，即使倾国力而为之，也难以为继，不宜长期实施，应当逐步调整，改善经济结构的比例关系。否则，随着时间的推移，经济的停滞和恶化几乎是难以避免的。

重工业优先发展战略曾使苏联成为战后世界上唯一能与美国形成均势的大国，但苏联走向衰落并最终崩溃的教训也恰恰在于没有能够及时地调整自己的工业发展战略。在建立了发达的重工业体系、奠定了国家工业化的强大基础之后，却没能及时地将工业发展战略从重工业优先调整到大力发展轻工业、不断提高人民生活水平上来，经济增长的模式也没有及时地由粗放型调整到集约型上来。从这个意义上看，教训也是财富。任何一种模式都有它产生的时代背景，都有一定的时效性，一旦这种模式的优势发挥到极致，或者说这种发展战略完成了它的历史使命，就必须进行改革。从这个意义上讲，改革也必须具有与时俱进的品格，改革也永远在路上。

实行优先发展重工业战略，即使在一定时期内是必要的，但也不等于长期是必要的、有效的。长期优先发展重工业战略而忽略自身的要素禀赋不调整，最终结果必然会导致产业结构的畸形，而缺少和谐增长基础的经济必然会造成产业无法配合协同，"鹤立鸡群"的产业就会陷入"孤掌难鸣"的境地，也难以担负起推动整体经济发展的重任。而靠"禁欲"实现高积累低消费，也不能真正解决资本的积累和再生成问题，久之也无法扩大再生产，只能导致人民生活的极度困难。而长期的城乡分治，落后的三农问题久拖不能缓解，社会矛盾逐渐从点到线，再到面，社会稳定都成为严峻问题，只能使实现现代化的目标一再推后。所以，我们不应当将不得已选择的重工业优先发展的工业化战略的模式固定化。

从总体来看，经济发展战略取决于决策者的选择，因此，理论上是可以相互替代的。但具体到不同国家不同时期的实践，经济发展战略是否可以替代？这还需要有所区分。以中国当时的情况为例，虽然存在着另一种发展战略的选择，在党内甚至也很有基础，但如果仅仅从经济方面考虑问题似乎还不够周全，也许还要从政治、经济、军事等多方面综合权衡考虑才更为现实。从更理想的角度来看，站在赶超发达国家角度而言，凡是推行"赶超战略"的国家，经济增长与发展都没有取得成功，这个结论是有道理的，也是需要引以为戒的。但如果在发展中大国内部比较，毫无疑问，中国的经济增长与发展即便在改革开放之前就已经比印度这样具有更多可比性的国家成功得多。

从中国当时的实际情况来看，也似乎存在一个可以替代的发展战略，从经济理论上我们可以分析比较优势发展战略对经济落后国家的有利性。但在当时的世界范围内战争的硝烟还未散尽的情况下，如果我们选择比较优势发展战略，也无法预计后来会发生什么特殊情况。因此，虽然理论上可以有替代的发展战略，但在当时中国的实践中却很难实现，关键是难以解决约束条件。选择优先发展重工业战略，不等于问题能够都解决。特别是在要素禀赋比较缺乏的情况下，一是不能长时间采取优先发展重工业战略，需要阶段性地调整和修缮，要把知易行难的农、工、商均衡发展真正落到实处。二是不能简单地认为优先发展重工业战略就一定要实行计划经济，而实行计划经济就一定要"纯而又纯"，也不是没有可能留些缺口和通道。三是如果政治和外交宽松，经济问题的解决也是有条件的，但我们在这些问题上都遇到了一些困难，也都有闪失。

在世界和平发展成为主题和全球经济一体化的年代，各国具有长时间发挥比较优势的环境和条件，经济发展不能急于求成，战略选择应当从国家的实际情况出发，尊重比较优势原则，寻求农、工、商平衡发展，同时也要通过部分领域的创新形成自己的竞争优势，中国更应当这样。但在国际社会处于战争或冷战的年代，政治因素就大于经济因素，对于像中国这样的大国来说，在当时的国际环境下，选择优先发展重工业战略就可能是现实的必须。但选择了优先发展重工业战略，不等于全部正确和永远正确，也不等于忽视农业、商业或者放弃农业、商业，也需要根据政治经济和社会发展情况的变化，对其欠缺加以调整或变动。如果不是这样，基本正确的选择也可能走向反面。

二、从计划经济到市场经济体制的艰辛探索

新中国成立后,我国逐步建立和实行了社会主义计划经济体制,这是一项全新的体制,虽然马克思主义经典作家和苏联的体制模式可供指导和借鉴,但实际效果不能令人满意,存在着深刻的教训。改革开放后,邓小平作为总设计师,在推动计划经济体制走向市场经济体制改革中发挥了关键性的作用。社会主义市场经济体制的建立,克服了高度集中计划经济体制的缺陷,是经济体制改革的重大创新,激发了我国经济的活力,对经济强国建设意义重大。

(一)从计划经济体制向市场经济体制的推进

在传统的社会主义理论中,社会主义社会必须实行计划经济,因为只有计划经济才能实现"有计划、按比例"地发展,避免资本主义市场经济不可逃脱的周期性危机。但是,计划经济体制近百年的发展,社会主义制度却未能实现理论推演的优越性。在同市场经济国家的竞争中,计划经济的弱点和劣势愈益显露。改革社会主义计划经济,走市场经济道路,成了大多数社会主义国家共同的选择。

1. 新中国成立初期对计划与市场关系的研讨。

我国经济学界关于社会主义制度下计划与市场、商品与价值问题讨论的第一次高潮,是在三大改造基本完成前后的1956~1957年。那时,整个社会经济关系正经历重大的变化,社会主义经济逐渐成为整个社会唯一的经济基础。20世纪50年代最初几年流行的,用多种经济成分同时并存来解释商品生产和商品交换存在的理论,受到现实经济生活的挑战。[1] 在经济学者面前出

---

[1] 张卓元:《新中国经济学史纲(1949—2011)》,中国社会科学出版社2012年版,第60~62页。

现了商品生产与商品交换同社会主义生产关系是否相容，商品生产同社会主义公有制和按劳分配的关系是什么的讨论。这些讨论围绕社会主义商品生产存在的客观必然性以及计划经济和价值规律的关系而展开。

当时，在我国占统治地位的是斯大林《苏联社会主义经济问题》一书的经济理论观点。这次讨论突破了传统社会主义经济理论的框架，鲜明地提出了被后来实践证明是正确的见解。一是经济学家孙冶方 1956 年提出的把计划放在价值规律基础上的观点。他认为，价值规律的基本内容和作用，即通过由社会平均必要劳动量决定价值来推动社会生产力的发展，以及调节社会生产或分配社会生产力等，在社会主义和共产主义社会都是存在的。我们的社会主义经济发展计划必须以价值规律为基础。这样，他就把社会主义经济中价值规律的作用提到了空前未有的高度，打开了人们认识这个问题的广阔视野。二是经济学家顾准在 1957 年提出的社会主义经济是通过经济核算调节生产的。这种调节使劳动者的物质报酬与企业盈亏发生程度极为紧密的联系，使价格成为调节生产的主要工具。因为企业会自发地追求价格有利的生产，价格也会发生自发的涨落，这种涨落实际上在调节着生产。通过价格的自发涨落调节生产，这是社会主义市场经济的本质要素，在这个意义上，可以说顾准是我国主张社会主义市场经济论的第一人。三是党和国家领导人陈云提出的社会主义计划经济中利用市场调节的思想。他指出，全国工农业产品的主要部分是按照计划生产的，但是同时有一部分产品是按照市场变化而在国家计划许可范围内自由生产的。计划生产是工农业生产的主体，按照市场变化在国家计划许可范围内的自由生产是计划生产的补充。这种自由市场，是在国家领导之下，作为国家市场的补充，因此它是社会主义统一市场的组成部分。另外，还有经济学家从社会主义社会还存在物质利益原则出发，来论证社会主义社会特别是全民所有制内部存在商品关系，并由此肯定全民所有制内部交换的生产资料也是商品。

2. 改革开放初期对商品经济和价值规律的研讨。

"文化大革命"结束后我国进入改革开放的年代，关于计划与市场的讨论再度活跃起来。1977年年中，当时的国务院财贸小组开始酝酿起草关于商品生产的文章。1978年5月，由邓力群组织撰稿，《驳斥"四人帮"诋毁社会主义商品生产的反动谬论》的文章在《人民日报》发表。这是改革之初，关于计划经济与市场经济在思想理论界的一篇重要理论文章。文章分析了发展社会主义商品生产和商品流通的客观依据，并从宏观上提出发展商品生产的战略。

1977年12月，国务院发出召开城乡商业学大庆学大寨会议的通知，明确指出：社会主义商品生产和商品流通，同资本主义商品生产和商品流通，有着本质差别。我们要理直气壮地促进社会主义商品生产，发展社会主义流通。《人民日报》也发表一系列文章，纠正1975年"限制资产阶级法权"把商品经济说成是"和旧社会没有多少区别"的错误。[①] 虽然文字还带有那个时代的痕迹，但足可以说明发展商品经济人们是能够接受的。

在真理标准大讨论的良好氛围中，经济学家孙冶方重申"千规律、万规律，价值规律第一条"。经济学家薛暮桥提出，应当为长途贩运平反，要利用市场活跃流通。胡乔木在《按照经济规律办事，加快实现四个现代化》的文章中，阐述了经济规律的客观性，提出许多经济改革的建议。

1978年，经济学家卓炯基于我国社会主义现代化建设的需要和世界资本主义经济发展的现实，对商品经济和价值规律重新作了思考。他指出：在资本主义生产关系已不适应生产力发展的情况下，资本主义生产仍然有相当大的发展，甚至比改变了资本

---

① 郑有贵：《中华人民共和国经济史（1949-2012）》，当代中国出版社2016年版，第130页。

主义私有制的一些国家发展得更快些，这个原因究竟是什么？卓炯进一步指出：在资本主义制度下，既没有我们社会的基本经济规律，也没有有计划按比例发展的规律，然而他们的生产不但有所发展，而且比我们发展得更快一些，这又是什么原因呢？唯一的原因就是他们在实践上重视商品生产和价值规律，而我们却在商品生产和价值规律的问题上存在着极大的混乱。问题在于我们对马克思主义的一些个别结论，不是从实际出发，作出认真的研究，而是把它当作教条来生搬硬套。①卓炯的研究联系我们社会主义经济的实际，对马克思关于价值规律的论述进行了整体考察。既然社会主义经济发展不快的原因是由于对商品生产和价值规律的认识不足，那么正确的选择就应该是大力发展商品生产。正如卓炯所说，我们为了实现四个现代化，正在进行经济管理体制的改革。经济改革的基本方向就是要承认社会主义实行的是商品制度，以便充分发挥价值规律的作用。

反思历史教训使一些经济学家意识到，社会主义应该，也可以搞市场经济。一些经济学家针对当时提出的"计划经济为主、市场经济为辅"的问题，进行了深入的讨论。他们认为，这是把计划经济和市场对立起来，好像计划经济是排斥市场的，而市场是没有计划的，这种看法也是不符合马克思基本原理的。在社会主义经济中，计划和市场并不是互相对立的，社会主义经济是商品经济，因而必然有市场的存在，同时这种市场又区别于资本主义的自由市场，必须纳入国家的计划轨道。

林子力也是改革开放时期思想活跃的经济学家。1979年，他在《建设社会主义时期的经济形态和经济规律》一文中，提出了对经济改革的初步设想：商品经济的发展是一个自然历史过程，是任何人、任何社会制度都不可能加以阻挡或限制的。企业成为经营主体，即商品生产者。计划经济即直接的、指令式的计

---

① 卓炯：《论社会主义商品经济》，广东人民出版社1981年版，第267页。

划，要转变为间接的、通过市场机制去实现的引导式计划。因此，实行商品经济，就要破除对竞争的束缚，使生产者之间展开广泛的平等的竞争。[1]

1979年，何伟在《经济学动态》上发表文章指出：商品经济是人类社会发展到一定历史阶段的产物。如果人类社会的经济发展可以划分为自然经济、商品经济和计划经济三个阶段，那么，目前全世界还处在商品经济阶段。[2] 他指出，自然经济已经落后了、过时了，计划经济的条件还不很具备，在一些发展中的社会主义国家更是如此，如果人为地限制商品经济，必然会阻碍社会生产力的发展。

1980年，薛暮桥在一次理论座谈会上作了《究竟什么是修正主义》的发言。他提出：因为政治经济学、科学社会主义是用历史唯物主义观点来分析资本主义社会得出的结论，而对于社会主义，马克思还没有实践经验，所以他的社会主义学说是要不断发展的，需要我们用历史唯物主义观点来分析社会主义经济，然后才能分清什么是科学的社会主义，什么是修正主义。他进一步指出，党的十一届三中全会决定实行计划调节和市场调节相结合的办法，来促进商品经济的发展和社会化大生产的发展，这样才有利于建设社会主义。过去是我们没有认识到这一点，反而把发展商品经济和市场调节当作修正主义来批，搞大而全和小而全的自足自给的自然经济，影响了经济的发展。[3]

这一时期，思想理论工作者对于计划与市场进行了热烈的讨论。20世纪80年代最重要的理论研究体现在1980年9月国务院经济体制改革办公室提出的《关于经济体制改革的初步意见》中。这份文件明确提出："我国现阶段的社会主义经济，是生产

---

[1] 《经济理论20年：著名经济学家访谈录》，湖南人民出版社1999年版，第381页。
[2] 《何伟选集》，山西经济出版社1992年版，第3~9页。
[3] 薛暮桥：《当前我国经济若干问题》，人民出版社1980年版。

资料公有制占优势、多种经济成分并存的商品经济。我国经济体制改革的原则和发展方向应当是，在坚持生产资料公有制占优势的条件下，按照发展商品经济和促进社会化大生产的要求，自觉地运用价值规律，把单一的计划调节，改为在计划指导下充分发挥市场调节的作用。"这是中国进行市场取向改革历史进程中的一个重要文件，与学术界的一般研究文章不同，这是由国务院专职部门提出的，并在中共中央召开的省、自治区、直辖市党委第一书记会议上进行了讨论。经济学家薛暮桥后来回忆说，可惜在当时担任实际领导工作的同志中间，这一改革思路尚未成为共识，未能确定为政府的决策。

3. 邓小平对市场经济的论述。

从公开的文献来看，邓小平作为中国社会主义市场经济的重要推动者，对计划经济与市场经济两种体制比较不多，但从他全力推进社会主义市场经济来看，邓小平一定意识到了市场经济能够加速国家经济建设，中国经济市场导向的改革有其必要性和紧迫性。[①] 从中央文献研究室编写的《邓小平年谱》和《邓小平传》中，我们可以看到邓小平思考市场经济的全过程。

1978年，邓小平在一份手稿中写道："自主权与国家计划的矛盾，主要从价值法则、供求关系来调节。"这可以看出邓小平此时已经对市场经济的作用给予了重视。

1979年，邓小平多次指出："说市场经济只存在于资本主义社会，只有资本主义的市场经济，这肯定是不正确的。社会主义为什么不可以搞市场经济。"这表明邓小平已决心在中国推进市场经济。

1980年，邓小平指出，"计划调节和市场调节相结合"。这表明邓小平心目中的市场经济是有特色的。

---

① 钟祥财：《当代中国经济改革思想》，上海社会科学院出版社2016年版，第117页。

1982年,邓小平说:"计划与市场的关系问题如何解决?解决得好,对经济的发展就很有利,解决不好,就会糟。"这表明邓小平对于推进社会主义市场经济的急迫心情。

1984年,《中共中央关于经济体制改革的决定》中提出,"公有制基础上的有计划的商品经济",邓小平认为,这写出了一个政治经济学的初稿,是马克思主义基本原理和中国社会主义实践相结合的政治经济学。

1985年,邓小平在与美国企业家谈话中表示:"社会主义和市场经济之间不存在根本矛盾,把计划经济和市场经济结合起来,就更能解放生产力,加速经济发展。"这是邓小平对于中国发展市场经济的一次重要表述,表现出愈益成熟坚定。

1987年,邓小平指出:"计划和市场都是方法嘛。只要对发展生产力有好处,就可以利用。它为社会主义服务,就是社会主义的;为资本主义服务,就是资本主义的。"邓小平把"计划"和"市场"都看作是经济发展的手段。

1989年,邓小平强调:"我们要继续坚持计划与市场调节相结合,这个不能改。实际工作中,在调整时期,我们可以加强或者多一点计划性,而在另一个时候多一点市场调节,搞得更灵活一些。"这表明,只要对发展经济有好处,在处理"计划"与"市场"上,邓小平是务实灵活的。

1990年,邓小平在同几位中央负责同志的谈话时指出:"必须从理论上搞懂,资本主义与社会主义的区分不在于是计划还是市场这样的问题。社会主义也有市场经济,资本主义也有计划控制经济。不要以为搞点市场经济就是资本主义道路,没有那么回事。计划和市场都得要。不搞市场,连世界上的信息都不知道,是自甘落后。"这是邓小平告诫人们,不发展市场经济,我们就要落后。

1992年,邓小平发表著名的"南方谈话",他指出:"计划多一点还是市场多一点,不是社会主义与资本主义的本质区别。计划经济不等于社会主义,资本主义也有计划;市场经济不等于资本主义，社会主义也有市场。计划和市场都是经济手段。社会主义要赢得与资本主义相比较的优势，就必须大胆吸收和借鉴人类社会创造的一切文明成果，吸收和借鉴当今世界各国包括资本主义发达国家的一切反映现代社会化生产规律的先进经营方式、管理方法。"作为改革开放的总设计师，邓小平对社会主义市场经济的倡导，不仅确保了体制变革的正确方向，而且有力促进了国人对市场经济体制的理论研究。

4. 党的文献对计划经济向市场经济体制推进的表述。

从1978年党的十一届三中全会到1982年党的十二大之前的"传统计划经济体制的突破"阶段。1982年党的十二大正式确立"计划经济为主、市场调节为辅"的模式。在这一阶段，首次承认了市场调节在经济体制中的一席之地，不再完全排斥市场调节。在此期间，实行农村家庭联产承包责任制，城市国企自主权改革，扩大经济主体自主权，放松价格管制，逐步形成了以政府主导培育市场的新局面，开启了人们长期被计划经济禁锢的思想闸门。这一时期仍处于计划经济体制的框架内，是以政府指令性计划为轴心调节经济，政府位居主导地位，市场机制还无法独立地发挥作用。

从1982年党的十二大到1992年党的十四大之前的"政府—市场主辅地位纷争交错"阶段。1984年党的十二届三中全会首次明确提出"有计划商品经济"，将计划经济与商品经济的关系由对立排斥推向相互统一。1987年2月邓小平在一次谈话中对"计划"为主予以否定。1987年党的十三大在"有计划商品经济"基础上进一步提出"计划与市场内在统一的体制"，向市场倾斜。1989年，苏东剧变、价格闯关失败等严峻的国际国内形势使党重新强调"计划性"，回到"逐步建立计划经济同市场调节相结合的经济运行机制"上。[①] 这一时期，建立了政府调节市

---

① 石良平、沈开艳等：《社会主义初级阶段市场模式研究》，上海社会科学出版社2016年版，第9页。

场、市场引导企业的模式，标志着中国市场取向的经济体制改革还在推进。

从1992年党的十四大到2003年党的十六届三中全会，对于市场经济文件总的提法：市场发挥基础性作用。党的十四大决定，我国经济体制改革的目标是建立社会主义市场经济体制，这一体制的市场，在社会主义国家宏观调控下对资源配置起基础性作用；党的十五大提出使市场在国家宏观调控下对资源配置起基础性作用；党的十六大进一步提出在更大程度上发挥市场在资源配置中的基础性作用；直至党的十六届三中全会宣布社会主义市场经济体制基本确立。这一阶段，市场体制改革在诸多领域取得重大突破，市场作用更加突出。

从党的十六届三中全会到2012年党的十八大，社会主义市场经济体制不断完善。市场在资源配置中的基础性作用的认识在不断深化。从党的十七大更好发挥市场在资源配置中的基础性作用，到党的十八大更大程度更广范围发挥市场在资源配置中的基础性作用，全面推动政府对市场的干预逐步退出计划，转向宏观调控。这一阶段，在微观层面，国有企业股份制改革加快进展，非公有制经济发展的体制环境不断改善；在中观层面，资本市场得到规范和发展，生产要素价格体系不断改革完善，知识产权保护力度逐步加大；在宏观层面，财政转移支付制度和公共财政制度逐步健全，投融资体制改革继续深化，商业银行股份制改造稳步推进。总体来说，市场已成为经济和生产运作的基本机制，并主导资源优化配置功能。

2013年11月，党的十八届三中全会通过的《中共中央关于全面深化改革若干重大问题的决定》提出，要使市场在资源配置中起决定性作用和更好发挥政府作用。这是政府与市场关系的重大创新与突破，为中国市场模式的演进指明了新的方向。比较而言，市场基础性作用的运行机制是政府调控市场和资源配置，市场配置资源，而市场决定性作用的运行机制则是市场配置资源，政府调控市场。后者强调的是，政府完全放手让市场决定资源配置，政府不再直接配置资源。通过多年的努力，我们找到了公有制特别是国有制的有效实现形式——混合所有制经济。

（二）我国市场经济体制建设的历史进展

改革开放40年来，我们始终坚持实行社会主义市场经济的理论和实践，坚定不移地推进改革开放伟大事业，充分地调动了亿万人民的积极性、创造性，使我国成功地实现了从高度集中的计划经济体制到充满生机活力的社会主义市场经济体制、从封闭半封闭到全方位开放的伟大历史转折，极大地解放和发展了社会生产力，一个面向现代化、面向世界、面向未来的社会主义中国巍然屹立在世界东方。①

1. 社会主义市场经济体制基本确立。

社会主义市场经济体制主要表现在：一是社会主义初级阶段基本经济制度已经确立。所有制结构从全民所有制和集体所有制经济占绝对优势，到逐步形成以公有制为主体、多种所有制经济共同发展的格局。毫不动摇地巩固和发展了公有制经济，积极推行公有制多种实现形式，通过深化改革增强了国有经济的活力、控制力、影响力；毫不动摇地鼓励、支持和引导个体、私营等非公有制经济发展，非公有制经济的比重大为提高。二是企业微观经济主体活力显著增强。大多数国有企业实行了股份制改造，现代企业制度逐步建立，转换经营机制，成为自主经营、自负盈亏、自担风险的市场竞争主体。扩大市场准入，创造公平竞争的市场环境，使非公有制企业快速发展。三是现代市场体系逐步建立。市场在资源配置中作用越来越大。持续推进价格体系改革，基本建立起以市场决定价格为主的机制。四是全方位对外开放格

---

① 魏礼群：《邓小平社会主义市场经济理论的丰富内涵及重大贡献》，载于《国家行政学院学报》2014年第5期。

局已经形成。坚持实施互利共赢的开放战略,打开国门搞建设,充分发挥两种资源、两个市场的作用,积极扩大进出口贸易,不断吸收外商投资,努力发展对外投资,形成了全方位、宽领域、多层次的对外开放格局。开放型经济水平不断提升,中国市场成为世界市场的重要组成部分。五是宏观调控体系不断完善。通过持续深化计划、财政、金融、投资等方面的改革,实现了宏观调控由直接调控向间接调控为主的转变,主要运用经济、法律手段并辅之以必要的行政手段,促进经济总量平衡和结构调整,推动经济与社会协调发展,基本形成了市场经济和开放条件下较为健全的宏观调控体系。

2. 社会主义现代化建设成就斐然。

改革开放以来,我国逐步引入市场经济机制,1992年进一步把社会主义市场经济体制确立为经济体制改革的目标,明确了发展中国特色社会主义经济就是发展社会主义市场经济。伴随着市场化改革的不断推进,我国经济迅速起飞,1979~2015年的年均经济增速达9.6%,创造了人类社会经济长时期快速增长的新奇迹。实践证明,根据我国国情发展社会主义市场经济是正确的、有效的。在这样的背景下,社会主义市场经济论就成为中国特色社会主义政治经济学的主要支柱。社会主义市场经济论的核心即社会主义与市场经济的结合,就理所当然地成为中国特色社会主义政治经济学的主线。① 建立和完善社会主义市场经济体制,极大激发了经济社会发展蕴藏的巨大潜力,我国在经济、政治、文化、社会、生态文明建设各个领域、各个方面都取得了巨大进步,综合国力大幅跃升,人民生活大为改善,国际地位和影响力显著提高。改革开放以来,国民经济保持了高速增长,经济总量跃居到世界第二位,创造了世界经济史上无与伦比的奇迹。

---

① 张卓元:《实现社会主义与市场经济有机结合》,载于《人民日报》2016年11月21日。

我国已成为全球第一大贸易国、第二大吸引外资国和重要的资本输出国，外汇储备世界第一。交通、能源、电信、水利等基础设施长足发展，门类齐全的现代工业体系基本建立，钢铁、煤炭、水泥、棉布等200多种重要工业品产量稳居世界第一位。高科技产业蓬勃兴起，创新型国家建设方兴未艾，取得一大批具有自主知识产权的科技成果。服务业比重明显提高，国民经济和社会信息化水平不断提升。城乡面貌大为改观，人民生活大幅度改善，用占世界7%的耕地解决了世界1/5人口的吃饭问题，使近5亿人口摆脱了贫困。实行社会主义市场经济体制也大大推动了其他领域发展，民主法治、文化教育、社会建设、生态文明等各项事业蓬勃发展。这些成就，充分展现了实行社会主义市场经济的强大力量，也充分证明建立社会主义市场经济体制的改革是完全正确的。

（三）我国市场经济与建设经济强国的内在逻辑

习近平总书记指出："理论和实践都证明，市场配置资源是最有效率的形式。市场决定资源配置是市场经济的一般规律，市场经济本质上就是市场决定资源配置的经济。"① 纵观世界各个经济强国崛起的历程，无一不是依靠发展市场经济而实现经济的崛起。正是因为市场是配置资源最有效率的形式，通过价格机制、竞争机制和利益机制的运行，能够最大限度地激发经济发展的内在活力、内生动力和经济创造力，由此为一个国家实现经济强国战略目标提供强大的推动力。

1. 市场能够提供建设经济强国所需的内在活力。

上面已经论述，在市场经济的条件下，价格机制、竞争机制和利益机制能够充分发挥作用。这三大机制能够得出"供求决定价格，价格调节供求""适者生存、优胜劣汰""实现个人利益

---

① 《习近平谈治国理政》，外文出版社2014年版，第77页。

最大化"的市场经济一般规律和基本法则,正是这些一般规律和基本法则能够从根本上激发一个国家经济发展的内在活力,保证社会资源实现最优化配置,并最终推动这个国家实现经济强国的战略目标。

世界经济强国具有六个方面的内涵和特征:一是具有世界排名靠前的经济规模与较高的人均收入;二是具有很强的科技创新能力,掌握核心关键技术;三是具备高水平和生态化的产业结构,在全球产业分工中占据有利地位;四是具有高度的城市化,并形成一批具有国际影响力的城市群;五是具有可自由兑换的国际货币,发达稳健的金融体系;六是在国际经济体系中具有重要地位,具有很强的国际影响力。①

而实现经济强国的这些内涵和特征,最重要的途径就是要能够激发这个国家经济主体的发展活力。事实上,在市场能够起决定性作用的市场经济条件下,各个经济主体都是自由人,市场环境能够给所有经济主体提供平等的竞争机会和准入门槛,价格信号能够随时反映资源的稀缺程度和商品的供求状况,并具有灵活的传导机制,从而推动各个经济主体在价格机制、竞争机制、利益机制的引导下,不断激发其创造社会财富的内在活力,促进资源的优化配置,这也是发挥市场决定性作用与建设经济强国所需的经济发展内在活力的机理所在。

在市场发挥决定性作用的经济体中,生产要素的使用和分配完全遵循价格机制、竞争机制和利益机制的引导,竞争性生产领域对所有经营者的进入门槛都是公平而平等的。这样,劳动力、资本、信息、技术等生产要素就能够在各个产业之间进行自由的流动和灵活的配置,在此过程中,这个经济体在促进技术创新、优化产业结构、建立发达金融体系等方面就必然具有很强的发展

---

① 魏礼群:《由经济大国到经济强国的发展战略》,载于《新华文摘》2013 年第 18 期。

活力和竞争力。①

2. 市场能够提供建设经济强国所需的内生动力。

"内生动力"一词来源于新经济增长理论中美国经济学家卢卡斯提出的"人力资本溢出"模型和罗默提出的"知识溢出"模型。"内生动力"概念的核心要义有两个：一是技术创新进步；二是人力资本积累。应当说，一个国家从经济大国迈向经济强国，不断实现技术创新进步与积累丰厚的人力资本，是保障其实现经济强国战略目标的重要途径。

从技术创新进步的角度看，世界经济强国崛起的历程雄辩地证明：科技创新在经济强国的崛起过程中扮演了重要角色，唯有依靠不断的科学技术创新，并不断地将科学技术转化为实际生产力，才是一个国家崛起的必由之路。以瓦特发明的蒸汽机为先导，英国在18世纪掀起了一轮技术发明与改进的浪潮，为英国的工业化和经济崛起奠定了坚实的技术基础。以爱迪生的发明为先导，美国成为19世纪电气革命和20世纪电子信息革命的发源地。美国建立了完善的鼓励技术创新与科技发明的体制机制，各种发明如雨后春笋般出现，并依靠其强大的科技实力，在全球经济中独占鳌头。日本依靠技术引进及改良创新，建立了自主的科学技术体系，并依靠科技的力量迅速赶超了先进国家水平。

若仔细分析这些经济强国实现技术创新的历程，就会发现：市场在技术创新中同样起决定性作用。不管是18世纪英国蒸汽机的发明，还是19世纪美国电动机的发明，其技术创新的出发点都是发明者本人为了使企业在激烈的市场竞争中提高劳动生产率、赢得更多的市场份额和利润，从而形成激发其个人聪明和才智的内在动力，在不断地实验和努力中，获得发明的成功，并最终带来整个行业的产业革命，带动经济社会财富的大幅增长。在

---

① 高尚全：《使市场在资源配置中起决定性作用》，载于《前线》2013年第12期。

现代市场经济条件下，健全技术创新市场导向机制，发挥市场对技术研发方向、路线选择、要素价格、各类创新要素配置的导向作用，依然是实现一个国家技术创新进步的最佳途径。

从人力资本积累的角度看，美国经济学家舒尔茨在20世纪60年代提出了人力资本理论后，受到西方国家的普遍重视。美国、日本、德国等经济强国无一不是依靠巨大的人力资本投资，创建高水平的教育体系，培养出高素质的人才，为科技创新提供源源不断的动力，为实现经济崛起提供有力支撑与必备条件。美国是经济强国，同时也是人力资源强国，美国的高水平大学、高端科研机构的数量在全球都处于领先地位。日本能够在第二次世界大战后的废墟上重建经济，其奥秘之一就是日本政府对教育的高度重视，重视人力资本的投资与积累，为实现经济起飞奠定了基础。德国在"二战"之后，依靠政府对教育的强大投入，使得基础科学和应用科学迅速得到了发展，为实现经济崛起提供了人才和智力支撑。

发挥市场在资源配置中的决定性作用，应当说，世界上各个经济强国在积累人力资本领域都重视市场机制的作用。以美国为例，在美国的高等教育体系中，哈佛大学、芝加哥大学、斯坦福大学等世界著名大学，都是依靠社会力量而举办的大学，其在人才培养、教育经费、学生就业等方面都以市场需求为导向，充分发挥市场机制在人力资源配置中的决定性作用。当然，坚持市场在人力资本积累方面的决定性作用，并不是否定政府在人力资本积累中的重要作用。从整体上看，坚持教育的公益性原则，健全政府补贴、政府购买服务、助学贷款、基金奖励、捐资激励等制度，鼓励社会力量兴办教育，引导社会资本和市场力量以多种方式进入教育领域，这既是充分发挥市场决定性作用和更好发挥政府作用的重要指导原则，也是为建设经济强国提供人力资本积累的有力制度保障。

3. 市场能够提供建设经济强国所需的经济创造力。

发挥市场在资源配置中的决定性作用，就是要让一切劳动、知识、技术、管理、资本的活力竞相迸发,让一切创造社会财富的源泉充分涌流,让一切有利于促进经济繁荣的创造力得到充分施展。一般地说,一个国家的经济发展取决于资源禀赋、科学技术、人力资本等生产要素。但是,如果没有体制机制上的有力保证,那么生产要素就必定无法发挥出其应有的经济效率。经济强国崛起的历程充分表明,经济社会发展中的体制机制创新,是激发经济创造力的重要方面,也是一个国家实现崛起的先决条件之一。

从世界经济史看,无论是葡萄牙对航海探险基金机制的创新,还是西班牙对个人产权制度的改革;无论是荷兰对金融制度与金融体系的创新,还是英国"光荣革命"对民主政治制度的改革;无论是美国对自由市场经济体制的确立,还是德国对社会市场经济体制的探索,都有力地证明了不断进行体制机制的改革与创新是经济强国崛起的重要启示之一。① 而体制机制改革与创新最重要的着力点就是要充分发挥市场在资源配置中的决定性作用,只有这样,才能够为建设经济强国提供所需的经济创造力。

当前,资本、商品、技术、信息和劳务的国际间流动正在加快,各国都在调整产业结构。世界经济强国正加快将传统产业和现代服务业向劳动力素质较好、成本较低的发展中国家转移。任何一个发展市场经济的国家,皆可以更多地从外部获得生产要素,以促进这个国家和地区的产业结构优化与技术进步。在此背景下,一个国家或者地区通过外部生产要素的获得,不仅能够有效地配置国内各种生产要素,而且能够显著地激发国内经济的创造力,促进经济财富的增长。

因此,在现代市场经济条件下,通过激发经济发展所需的创造力,就能够有效地创造出一个国家高水平和生态化的产业结

---

① 魏礼群:《由经济大国到经济强国的发展战略》,载于《新华文摘》2013年第18期。

构,推动该经济体的经济结构转型升级,并有助于其在全球产业分工体系中占据有利地位。通过参与全球价值链的分工,能够显著地提高一个国家或地区的经济总量和人均收入水平,这显然也是一个经济体走向强大的重要途径。

4. 大数据时代也要坚定实行市场经济。

现在互联网正在全方位地融入人类社会,从微观到宏观的各个层面的各个角落。传统社会中的一切人类行为与活动,包括政治、经济、社会、文化以及个人交往,都因为互联网的出现而改变和重构。网络社会在重构整个社会结构时,作为人类社会活动的主要类型的经济活动也被极大地重构和改变了。① 由于互联网进而产生的大数据,一些人对计划经济体制再次燃起希望,感觉到推进新计划经济条件逐渐具备。

在传统经济中,经济体系一般可以划分为计划经济和市场经济两种模式,大数据将怎样影响这两种经济模式?有人认为,大数据让人类进入了万物互联的时代,取得对数据进行重新处理的能力也远远超过过去,对世界的认识将会提升到一个新的高度,大数据让预测和计划都成为可能。因此,我们需要对计划经济和市场经济进行重新定义,市场经济不一定比计划经济更好。② 从知网搜索,类似的观点在几年之前就已出现,受到了国内很多经济学家的批判。例如,吴敬琏指出,有大数据也不能搞计划经济。③ 张维迎认为,大数据的出现可能会使计划经济重新变得可行的看法是完全错误的,错误在于基于数据的决策只是科学决策,而不是企业家的决策。④ 那么我们应该怎样认识这一问题呢?

---

① 何哲:《网络经济:跨越计划与市场》,载于《经济社会体制比较》2016年第2期。
② 参见马云2017年5月26日在贵阳数博会上的演讲。
③ 参见吴敬琏2017年4月19日在上海交通大学高级金融学院"名家讲堂"上的演讲。
④ 参见张维迎2017年4月28日在北京大学国家发展研究院举办EMBA开学典礼上的演讲。

第一章　经济强国建设的探索与遵循

在20世纪,计划经济体制既不是中国内生的,也不是我们独有的。作为一种曾经被世界上社会主义国家普遍实行的经济体制,它有着自身的思想来源和理论支撑。社会经济实行计划管理,最早是由欧洲空想社会主义者提出来的,并且成为这一思潮的重要组成部分。马克思主义经典作家对空想社会主义的思想成果进行了批判地继承,他们没有具体阐述社会主义如何实行计划经济,但主张以计划体制取代资本主义的经济运行方式的倾向是很明显的。随着20世纪20年代资本主义经济危机的发生,自由竞争的市场经济模式遭到人们的质疑,加上苏联计划经济体制的成效,这一经济得到了社会主义国家的认同。

新中国成立后,经济体制并不是一开始就是计划经济,从恢复被战争破坏了的国民经济到社会主义计划经济的实施,期间经历了若干经济发展和决策的演变。林毅夫等认为,只要采取优先发展重工业的战略,按照中国的自然禀赋,就会内生出计划经济体制,而计划经济体制力量自然就要逐步淘汰市场机制。[1] 从经济决策及实施来看,中央计划部门的决策建立在对各地信息了解的基础上。由于信息收集具有片面、偏差和滞后的特点,再加上信息传输的环节多、链条长,以及非现场决策和计划执行的时滞等因素,就使得科学的有计划按比例发展的设想难以实现。为了实现赶超型发展战略,我国在相当长一段时期内采取的是一种排斥市场机制、以国家高度集权为特征的指令性计划经济体制。

这种体制在决策结构上实行中央集权控制,国家按照详细的计划分配经济资源,把稀缺资源集中到国家认定应优先发展的重点部门。在动力结构上,国家主要通过各级行政机构对各部门和企业的经济活动直接下达计划,实行平均主义分配原则,依靠行政力量贯彻国家的经济发展战略。在信息结构上,实行计划指令的纵向传递,全部经济活动都纳入计划的轨道,企业行为基本不

---

[1] 林毅夫等:《中国的奇迹:发展战略与经济改革》,上海三联书店1994年版。

受市场信号的制约。国有企业只是政府的行政附属物,其预算约束是软的。企业既没有独立的利益目标,也没有自主权,更不承担决策后果,只是被动地执行计划指令,完成产值指标。① 计划经济的优点是可以集中社会资源搞经济建设,也就是集中力量干大事。但是,这种高度集中的行政干预,统得过多、过死,企业没有自主权,缺乏竞争,缺乏活力,效率低下,久之会导致整个经济没有了创造力。

由于计划经济信息采集存在不可矫正的缺陷,影响到了决策,致使资源配置效率低下,国家经济发展缓慢,这是我们改革计划经济体制的根本原因。新的时代,一些人希望借助大数据的功能弥补这一不足,摈弃市场经济的乱象,进行"新计划经济"。有人更愿意将这种"新计划",与美、英两国学者提出的以计算机技术为基础重新建构市场模式的"新计划经济"相联系。我们认为,计划经济有其信息来源上的偏差和滞后,有其计算的不科学,更存在着缺陷,但主要是计划经济的实质是一个权力经济,是国家支配一切经济资源和经济组织的权力控制系统。一些人重提计划经济的要害在于,不管是以前的东欧经济学家通过理论计算来实现计划经济,还是现在通过掌握大数据来实现计划经济,计划经济都不是一个单纯的经济模式或经济运行机制,而是一个完整的制度安排。

计划经济的本质是权力全面控制,民众没有权力,社会没有权力,企业没有权力。市场经济与计划经济最大的不同是,民众获得了权力,社会获得了权力,企业获得了权力。获得了权力的群体是有创造力的,这已被多国市场经济实践所证明。有的学者指出,计划越科学、越大数据、越细密,就越具强制性。大数据只能满足经济发展的一些条件,使之决策更加科学,决策信息更

---

① 杨瑞龙:《中国特色社会主义政治经济学逻辑下政府与市场之间的关系》,引自《中国特色社会主义经济学十五讲》,中国人民大学出版社2016年版,第96~97页。

加准确，但绝不是发展计划经济的充分必要条件。现代社会发展经济重要的是竞争，有竞争才会有创新，有创新才会有发展，只有市场经济才能提供这一环境。一些人提出大数据时代背景下计划经济变得重新可行，总体上是站不住的。

三、改革开放推动经济大国向经济强国迈进

改革开放是当代中国最鲜明的特色，也是中国共产党最鲜明的旗帜。中国改革开放总设计师邓小平指出，改革开放是中国第二次革命，中国的发展离不开世界，这是邓小平改革开放思想中最重要的实践观点，对中国的发展具有长期指导意义。① 习近平总书记强调，改革开放是党和人民大踏步赶上时代的重要法宝，是坚持和发展中国特色社会主义的必由之路，是决定当代中国命运的关键一招，也是决定实现"两个一百年"奋斗目标、实现中华民族伟大复兴的关键一招。② 沿着改革开放道路坚定走下去，也就是推动经济大国向经济强国前进的伟大历程。

（一）改革开放的历史地位

从1978年党的十一届三中全会后，我国对内改革，对外开放，经济取得了快速增长。经过40年的改革开放，我们紧紧抓住经济建设这个中心不放松，不断解放和发展生产力，我国国内生产总值由3 679亿元增长到2017年的82.7万亿元，年均实际增长9.5%，远高于同期世界经济2.9%左右的年均增速。我国国内生产总值占世界生产总值的比重由改革开放之初的1.8%上

---

① 许耀桐：《邓小平改革开放思想》，载于《中国特色社会主义研究》2014年第4期。

② 习近平：《在庆祝改革开放40周年大会上的讲话》，（2018年12月18日），人民出版社2018年版。

升到15.2%,多年来对世界经济增长贡献率超过30%,可以说在人类历史上没有这么高的速度、持续这么久的高速增长,而且在这么大的国家,这是非常罕见的。① 现在,我国已成为世界第二大经济体、制造业第一大国、货物贸易第一大国、商品消费第二大国、外资流入第二大国,我国外汇储备连续多年位居世界第一;第三大对外直接投资国,人均国内生产总值超过8 000美元。所有这一切成就,都是由于改革开放给国家发展注入活力、给经济强国建设增添了动力。改革开放以来,我国有7亿多人口摆脱贫困,13亿多人民的生活质量和水平大幅度提升,我们用几十年时间完成了其他国家几百年经济的发展历程。

1. 改革开放为中国经济建设找到了加速发展的路径。

邓小平指出,改革开放表明,我们已经开始找到了一条建设有中国特色的社会主义的路子。邓小平之所以称中国改革开放找到一条发展的路子,是因为中国改革开放开辟的中国特色社会主义道路即中国式发展道路,不同于几百年来西方的现代化发展道路,这就为至今仍占世界人口绝大多数发展中国家的人民实现现代化,提供了另一种路径的选择。40年的改革开放使中国发展成为世界第二大经济体,并在努力推动经济强国建设的实现。西方有识之士大多看到这一事实,并将中国改革开放称为20世纪末21世纪初世界历史发展屈指可数的大事之一。改革开放使经济强国建设道路越走越宽。回顾改革开放的历史进程,从农村到城市、从经济领域到其他各个领域,成功实现了从高度集中的计划经济体制到充满活力的社会主义市场经济体制的伟大历史性转变。我们不断扩大对外开放,从建立经济特区、经济新区到自由贸易区,从大规模引进来到大踏步走出去,成功实现了从封闭半封闭到全方位开放的伟大历史性转变。道路关乎国家前途、民族

---

① 林毅夫:《"一带一路"与自贸区:我国改革开放的新举措》,载于《新经济》2016年第34期,第5~9页。

命运、人民幸福。正是由于改革开放，我们选择了一条正确的发展道路，才创造了人类经济社会发展史上的奇迹。我国经济总量连续跃上几个大台阶，综合国力大幅提升，全国人民总体上过上了小康生活，城乡面貌焕然一新。中国改革开放发展道路，不同于西方资本主义的自由主义发展模式。我们坚持以经济建设为中心，又坚持四项基本原则，坚持改革开放，不断解放和发展生产力，又逐步实现全体人民共同富裕，促进人的全面发展。

2. 改革开放对中国消除贫困起了重大推动作用。

消除贫困、改善民生、逐步实现共同富裕，是社会主义的本质要求。改革开放以来，我国实施大规模的扶贫开发，使7亿农村贫困人口摆脱贫困，取得了举世瞩目的伟大成就，谱写了人类反贫困历史上的辉煌篇章。改革开放后我们有条件、有能力逐步解决贫困问题。中央从1982年批转《全国农村工作会议纪要》开始，连续六年印发中央"一号文件"，肯定联产承包制是在党的领导下中国农民的伟大创造。农村联产承包制改革极大地调动了亿万农民群众的积极性，农业生产迅速发展，农村贫困人口生存状况得到极大改善，这是一个辉煌的成就。1986年5月，国务院贫困地区统筹开发领导小组第一次全体会议召开，提出争取在"七五"期间解决大多数贫困地区人民的温饱问题，明确了贫困地区实行新的经济开发方式的10点意见，我国开始在全国实施有组织、有计划、大规模的开发式扶贫。以此为标志，一场波澜壮阔的改变数亿贫困人口面貌的伟大战役在神州大地正式打响。1994年后，我们先后制定并颁布实施了《国家八七扶贫攻坚计划（1994~2000年）》和《中国农村扶贫开发纲要（2001~2010年）》。到2010年，除少数社会保障对象和生活在自然环境恶劣地区的特困人口，以及部分残疾人外，全国农村贫困人口的温饱问题基本解决，实现了贫困地区广大农民群众千百年来吃饱穿暖的愿望，为促进我国经济的发展、民族的团结、边疆的巩固和社会的稳定发挥了重要作用。2011年，我国颁布实施《中国农村扶贫开发纲要（2011~2020年）》，提高了扶贫标准，提出了"两不愁、三保障"目标，扶贫开发工作进入新阶段。党的十八大以来，中央把扶贫开发工作纳入"四个全面"战略布局，作为实现第一个百年奋斗目标的重点工作，摆在更加突出的位置。习近平总书记高度重视扶贫开发工作，多次深入贫困地区调研，就扶贫开发工作发表了一系列重要讲话，提出了精准扶贫、科学扶贫、内源扶贫、扶贫体制机制改革创新的重大理论和实践问题，形成了新时期扶贫开发思想。同时，党的十九大也强调，坚持在发展中保障和改善民生，深入开展脱贫攻坚，保证全体人民在共建共享发展中有更多获得感，不断促进人的全面发展、全体人民共同富裕。改革开放40年来，我们走出了一条中国特色减贫道路，就是坚持改革开放、坚持政府主导、坚持开放式扶贫方针、坚持动员全社会参与、坚持普惠政策和特惠政策相结合的中国特色减贫道路。

3. 改革开放开创了大国和平发展的新模式。

中国作为一个超大型国家，在现代化发展中面临人类从未经历过的矛盾、困难与压力。但是中国并没有走其他大国崛起时刀光剑影的对外扩张或战争老路，而是走出一条和平发展的新路。中国发展速度之快、规模之大，令世界瞩目。从国际趋势而言，过去500年的历史基础是西方主导的。但如今，中国的发展在很多层面改变着世界格局。全球的政治、经济重心将逐步向亚洲、向太平洋地区偏移。中国快速发展正在打破西方文明一元化的定论。过去被认为是唯一实现人类工业化的西方模式，遇到了中国特色社会主义道路的挑战。这一切都是在和平发展状态下取得的。坚持开放的发展、合作的发展、共赢的发展，扩大同各方利益汇合点，这就走出了一条和衷共济、合作共赢的新路。中国通过改革开放的途径来解决社会主义社会中同样存在的生产力与生产关系、经济基础与上层建筑的社会基本矛盾，从而找到社会前进发展的不竭动力。改革开放以来中国历届领导人都反复向世界宣布，中国即使将来实现了民族复兴，达到了发达国家水平，进入了真正的世界大国行列，也永远不搞霸权，不搞扩张主义。党的十九大以来，以习近平同志为核心的党中央强调，坚持推动构建人类命运共同体，必须统筹国内国际两个大局，始终不渝走和平发展道路、奉行互利共赢的开放战略，坚持正确义利观，树立共同、综合、合作、可持续的新安全观，谋求开放创新、包容互惠的发展前景，促进和而不同、兼收并蓄的文明交流，构筑尊崇自然、绿色发展的生态体系，始终做世界和平的建设者、全球发展的贡献者、国际秩序的维护者。这一切都助推了中国经济强国建设，使之在和平发展环境中进行。

4. 改革开放坚定了经济强国建设的信心。

实现中华民族伟大复兴，必须坚定道路自信、理论自信、制度自信、文化自信。习近平总书记指出，当今世界，要说哪个政党、哪个国家、哪个民族能够自信的话，那中国共产党、中华人民共和国、中华民族是最有理由自信的。中国特色社会主义道路是实现社会主义现代化的必由之路，是创造人民美好生活的必由之路。中国特色社会主义理论体系是指导党和人民沿着中国特色社会主义道路实现中华民族伟大复兴的正确理论，是立于时代前沿、与时俱进的科学理论。中国特色社会主义制度是当代中国发展进步的根本制度保障，是具有鲜明中国特色、明显制度优势、强大自我完善能力的先进制度。这一切都源于伟大的改革开放，我们找到的一条正确发展道路。只要我们坚定推进改革开放，就一定能在实现中华民族伟大复兴的征程上攻坚克难，取得更大成功。

（二）改革开放进入历史新阶段

中国特色社会主义进入新时代以来，以习近平同志为核心的党中央毫不动摇地坚持和发展中国特色社会主义，勇于实践、善于创新，深化对共产党执政规律、社会主义建设规律、人类社会发展规律的认识，形成一系列治国理政新理念新思想新战略，为在新的历史条件下深化改革开放、加快推进社会主义现代化提供了科学理论指导和行动指南。① 这几年，面对错综复杂的国际环境和艰巨繁重的国内改革发展任务，党带领人民全面深化改革开放，协同推进经济建设、政治建设、文化建设、社会建设和生态文明建设，开创了中国特色社会主义事业的新局面。

1. 更加注重改革开放的顶层设计。

以顶层设计推进改革开放，坚定不移深化改革开放，是这几年中央反复强调的一个重大问题。深化改革开放是一项极为复杂的系统工程，既涉及生产力和生产关系，又涉及经济基础和上层建筑，特别是在攻坚克难阶段，任务复杂艰巨。这就需要搞好顶层设计、整体谋划和统筹协调，加强各项改革的关联性、系统性和协调性。为了搞好改革开放的总体设计和整体谋划，党的十八届三中全会通过了《中共中央关于全面深化改革若干重大问题的决定》，提出了全面深化改革开放的战略目标、重大原则、主要任务、重要举措以及路线图、时间表。习近平同志主持中央工作以来，特别强调改革开放要加强顶层设计，摸着石头过河和顶层设计是辩证统一的。习近平同志顶层设计的思想，对于正确推进改革开放产生了重要影响。从实践角度来看，顶层设计就是改革，中央要有权威，地方要树立全国一盘棋的理念。这无疑是正确的，中央要把握改革的正确方向，注重改革举措配套组合，使各项改革举措不断向中心目标靠拢。② 顶层设计下的改革，主要是强调改革的整体性和协同性。地方要把维护中央大政方针的统一性、严肃性和因地制宜、充分发挥主观能动性结合起来，既坚决按中央确定的方向、目标、原则办事，又勇于探索、勇于创造。为此，2014年12月，中央决定成立全面深化改革领导小

---

① 魏礼群：《改革开放使中国发展道路越走越宽》，载于《求是》2015年第21期。

② 参见张占斌主持的中国行政体制改革研究会课题研究：《我国中央与地方行政权力结构存在的主要问题及改革建议》，2016年。

组，负责改革的总体设计、统筹协调、整体推进、督促落实。除此之外，2017年年底的中央经济工作会议强调：改革开放要加大力度，在经济体制改革上步子再快一些，以完善产权制度和要素市场化配置为重点，推进基础性关键领域改革取得新的突破。扩大对外开放，大幅放宽市场准入，加快形成全面开放新格局。

2. 更加注重围绕总目标全面深化改革。

党的十八届三中全会把完善和发展中国特色社会主义制度、推进国家治理体系和治理能力现代化，作为全面深化改革的总目标。党的十九大也强调，必须坚持和完善中国特色社会主义制度，不断推进国家治理体系和治理能力现代化，坚决破除一切不合时宜的思想观念和体制机制弊端，突破利益固化的藩篱，吸收人类文明有益成果，构建系统完备、科学规范、运行有效的制度体系，这是因为，国家治理体系和治理能力是一个国家制度和制度执行能力的集中体现，是从总体角度考虑和回答推进各领域改革最终是为了什么、要取得什么样的整体结果的问题。也就是说，全面深化改革必须是全面的、系统的改革和改进，是各领域改革和改进的联动和集成，在国家治理体系和治理能力现代化上形成总体效应、取得总体效果。正是在这个意义上，不断把改革向前推进，必须紧紧扭住这一总目标，勇于推进理论创新、实践创新、制度创新以及其他各方面创新，让制度更加成熟定型，让发展更有质量，让治理更有水平，让人民更有获得感。

3. 更加注重以人民为中心的改革开放。

党的十九大报告明确指出，坚持以人民为中心，必须坚持人民主体地位，坚持立党为公、执政为民，践行全心全意为人民服务的根本宗旨，把党的群众路线贯彻到治国理政全部活动之中，把人民对美好生活的向往作为奋斗目标，依靠人民创造历史伟业。以人民为中心的发展思想，把改善人民生活、增进人民福祉作为出发点和落脚点，在人民中寻找发展动力、依靠人民推动发展、使发展造福人民。习近平指出，我们要顺应人民群众对美好生活的向往，坚持以人民为中心的发展思想。我们要在改革发展中体现全民共享，不断扩大共享发展的覆盖面，使人人享有、各得其所；要体现全面共享，不断丰富共享发展的内容，全面保障人民在经济、政治、文化、社会、生态等各方面的合法权益；要体现共建共享，不断拓宽共享发展的实现途径，形成人人参与、人人尽力、人人都有成就感的生动局面；要体现渐进共享，不断推动共享发展从低级到高级、从不均衡到均衡循序渐进、不断发展。总之，我们要以保障和改善民生为重点，发展各项社会事业，加大收入分配调节力度，打赢脱贫攻坚战，保证人民平等参与、平等发展的权利，使改革发展成果更多更公平惠及全体人民，让人民群众有更多成就感和获得感。

4. 更加注重破解我国发展面临的主要矛盾和问题。

改革是由问题倒逼而产生的，又在不断解决问题中深化。全面深化改革的显著特点是，坚持问题导向，正视问题、找准问题，进而解决问题，尤其是注重解决我国发展面临的突出矛盾和问题。现在，主要领域"四梁八柱性"改革基本出台，问题导向十分明确。党的十八届三中全会以来，全面深化改革的大格局、大脉络日益清晰，经济体制、政治体制、文化体制、社会体制、生态文明体制和中国共产党建设制度改革全面发力。经过几年的努力，国有企业、财税金融、科技创新、土地制度、对外开放、文化教育、司法公开、环境保护、养老就业、医药卫生、党建纪检等主要领域"四梁八柱性"改革全面铺开，标志性、支柱性改革基本出台，把改革进一步推向深入。① 党的十九大报告对当前我国社会主要矛盾作出了与时俱进的新表述，强调"中国特色社会主义进入新时代，我国社会主要矛盾已经转化为人民日益增长的美好生活需要和不平衡不充分的发展之间的矛盾"。对

---

① 国家行政学院经济学教研部：《中国经济新方位》，人民出版社2017年版，第147页。

于深刻理解我国发展进入新的历史方位,贯彻落实以习近平同志为核心的党中央在新时代条件下建设社会主义经济强国、实现中华民族伟大复兴的中国梦具有重大而深远的意义。这要求我们继续推进全面深化改革,解决好当前经济发展中的主要矛盾。尤其是通过供给侧结构性改革,优化要素配置和调整产业结构,提高供给体系质量和效率,激发市场活力,促进协调发展。

5. 更加注重改革攻坚期和发展关键期的决断。

在改革攻坚期、发展关键期,为推动经济社会持续健康发展,中央出台了一系列重大改革发展举措。这些举措大多针对的是带有共性和普遍性的问题,需要各地区各部门各单位结合自身实际创造性地加以落实。这就需要领导干部有改革担当、事业担当、责任担当,在关键问题上敢下决心、敢于拍板。应当看到,改革是奔着问题去的,要解决问题就要针锋相对,提出的措施要有针对性。这就会触及深层次矛盾,需要处理复杂的利益关系。但是,只要符合党中央要求、符合基层实际、符合群众需求,就要坚决改、大胆试。如果领导者不敢承担责任、缺乏决断力,瞻前顾后、畏首畏尾,知难而缓、因难而退,结果就只能是以会议落实会议、以文件落实文件,不可能让好的改革发展举措真正落地见效。还应看到,领导干部敢于做决断,并非大包大揽,也不是凡事都要决断,而是要因时因事制宜。有些工作、有些部署有明确的方向、要求、底线,则要当机立断、敢于决断。这是对领导干部政策水平、工作能力的重要检验。

6. 更加注重以全方位高水平的开放促进改革深化。

随着经济全球化深入发展,中国经济与世界经济的联系越来越紧密,相互依存日益加深。这就要求我国在广度和深度上提高对外开放水平,并以全方位、高水平的对外开放促进国内改革和发展。近几年,全面深化改革的一个重要战略方针,是通过加大开放力度来推动体制机制改革,提升国家治理现代化水平,促进稳增长、转方式、调结构、增效益。这方面极具创新意义的是,通过建立自由贸易试验区，推动政府职能转变，推进外资管理体制改革，实行负面清单制度，扩大服务业领域对外开放，促进国内外生产要素自由流动、市场深度融合、资源高效配置。特别是提出"一带一路"倡议，设立亚洲基础设施投资银行等举措，既是在新的历史条件下推进的全方位开放，又是全面深化改革从而推动我国经济转型升级的战略部署，已经并将继续产生积极成效。与此同时，我国更加积极有为、主动参与全球经济分工体系，参与国际组织的治理机制改革，有效扩大了在区域经济合作中的影响力。

7. 更加注重发挥法治的引领和推动作用为改革开放护航。

改革和法治如鸟之两翼、车之两轮。不全面深化改革，发展就缺少动力，社会就没有活力。党的十九大报告强调：坚持依法治国，必须把党的领导贯彻落实到依法治国全过程和各方面，坚定不移走中国特色社会主义法治道路，完善以宪法为核心的中国特色社会主义法律体系，建设中国特色社会主义法治体系，建设社会主义法治国家，发展中国特色社会主义法治理论，坚持依法治国、依法执政、依法行政共同推进。不全面依法治国，国家和社会就不能有序运行，就难以实现社会和谐稳定。纵观世界近现代史，凡是顺利实现现代化的国家，没有一个不是较好地解决了法治和人治问题。相反，有些国家虽然实现了快速发展，但并没有顺利迈进现代化的门槛，而是陷入这样或那样的"陷阱"。因此，要真正做到凡属重大改革都要于法有据，在整个改革过程中，发挥法治的引领和推动作用，全面推进依法治国，"坚持走中国特色社会主义法治道路，加快构建中国特色社会主义法治体系，建设社会主义法治国家"。我们不仅要在全社会牢固树立宪法法律权威，弘扬宪法精神，使任何组织和个人都必须在宪法法律范围内活动，都不得有超越宪法法律的特权，还要坚持依法治国与以德治国相结合，强调法治德治两手抓、两手都要硬。

（三）开放发展助推经济强国建设

党的十八届五中全会提出"开放发展"新理念，进一步明确了开放发展的新目标新任务新要求，这是中共中央作出的重大部署。习近平同志指出，要坚定不移实施对外开放的基本国策、实行更加积极主动的开放战略，坚定不移提高开放型经济水平，坚定不移引进外资和外来技术，坚定不移完善对外开放体制机制，以扩大开放促进深化改革，以深化改革促进扩大开放。开放带来繁荣进步，这已经被历史经验所证明。

重点把握好以下几点：一是中国经济要融入全球发展之中去考虑。中国加入世界贸易组织，培育了强大的制造能力，贸易规模持续扩大，质量效益不断提高。通过顺应和引领国际产业转移，形成开放型经济体系，可以释放巨大的人力资源和市场优势，为经济持续发展提供必需的资金、技术、管理经验和制度安排。二是开放发展要着眼于促进形成有利于培育新的比较优势和竞争优势。开放也是改革。社会主义市场经济体制的完善离不开与国际经验、国际规则、国际惯例的互学互鉴和务实应用。我们要构建开放型经济新体制，不断丰富中国特色社会主义的制度内涵，为提升开放型经济水平提供制度保障。三是开放发展要着眼于互利共赢打造命运共同体。随着经济全球化深入发展，世界各国相互联系、相互依存的程度加深。扩大开放要求树立命运共同体意识，互通有无、优势互补，在国家战略对接中实现互利共赢，在追求本国利益时兼顾他国合理关切，在谋求自身发展中促进各国共同发展，不断扩大共同利益汇合点。

1. 以"一带一路"建设为引领，构建全方位主动对外开放新格局。

2013年9月，习近平主席出访中亚国家期间，首次提出共建"丝绸之路经济带"；同年10月，他在访问东南亚国家时，又提出共同建设"21世纪海上丝绸之路"，二者共同构成了"一带一路"重大倡议。推进"一带一路"是以习近平同志为核心的党中央作出的伟大战略构想,是党中央主动应对全球形势深刻变化和我国面临的新形势新任务新要求,统筹国际国内两个大局,作出的重大战略决策,是构建我国开放型经济新体制的顶层设计。一般认为,40年的改革开放,有三个事件特别值得纪念:一个是邓小平提出建设经济特区,由此中国打开了对外开放的大门;第二个是中国加入WTO,这彻底改变了中国;还有一个是"一带一路"倡议,这是在前两次基础上更大的开放。五年来,全球100多个国家和国际组织积极支持和参与"一带一路"建设,联合国大会、联合国安理会等重要决议也吸收了"一带一路"建设内容。"一带一路"建设逐渐从理念转化为行动,从愿景转化为现实,建设成果丰硕。[①] 以政策沟通、道路联通、贸易畅通、货币流通、民心相通为核心,以国际产能和装备制造合作为支撑,推进"一带一路"建设,将促进我国与沿线国家的全方位合作,实现共同发展、共同繁荣。同时也为我国更充分地利用国际市场和国际资源、加快中西部和沿边地区开放型经济发展、带动国内资本和产能走出去、加快人民币国际化进程等带来新的机遇,对于拓展发展空间、巩固延长重要战略机遇期意义重大。党的十九大报告明确指出:推动形成全面开放新格局,要以"一带一路"建设为重点,坚持引进来和走出去并重,遵循共商共建共享原则,加强创新能力开放合作,形成陆海内外联动、东西双向互济的开放格局。

2. 统筹"引进来"和"走出去",培育参与国际合作竞争新优势。

我国经济已深度融入世界经济,培育参与国际合作竞争新优势要采用开放的方法,不能"闭门造车",要通过更好统筹引进

[①] 习近平:《携手推进"一带一路"建设——在"一带一路"国际合作高峰论坛开幕式上的演讲》,载于《人民日报》2017年5月15日。

来和走出去,培育以技术、品牌、质量、服务为核心的新优势。多年来,我国利用外资取得重大进展,外资企业为我国经济和税收增长、就业增加作出了重要贡献。但在新形势新环境下,一方面我国产业技术水平不断提高,传统成本竞争优势趋于弱化;另一方面美国等发达国家大力吸引制造业回流,很多发展中国家也依托低成本优势积极利用国际资本。未来,更好发挥外资作用、助推供给侧结构性改革,应积极放宽服务业等领域外资准入限制,支持外资参与创新驱动发展战略实施、制造业转型升级,进一步完善法制化、国际化、便利化的营商环境和改进招商引资工作。目前,我国在电力、通信、石化、铁路、汽车、航空、工程机械等众多行业都形成了很强的生产制造能力和国际竞争力,一些行业龙头企业已逐步转向研发、设计、营销、品牌建设等国际分工高端环节,初步具备"走出去"在全球范围构建以我为主的产业链和国际分工体系的能力。未来,要采取必要的综合措施鼓励支持有实力的企业"走出去",在海外设立研发中心、生产基地和营销网络,扶持发展有世界影响力的中国跨国公司,提升我国在全球分工中的地位和国际竞争力。

3. 加快实施自贸区战略,在更高层次上实现改革开放新突破。

建设自由贸易试验区,是党中央国务院在新形势下推进改革开放的重大举措。2013年9月,中国首个自由贸易试验区在上海挂牌成立。2015年4月,广东自由贸易试验区、天津自由贸易试验区、福建自由贸易试验区批准成立。2017年3月,国务院批复设立辽宁、浙江、河南、湖北、重庆、四川、陕西等7个新的自贸试验区。2015年11月,中央全面深化改革领导小组第十八次会议审议通过《关于加快实施自由贸易区战略的若干意见》,提出了我国自由贸易区建设的总体要求、基本原则、目标任务、战略布局等,这标志着我国自由贸易区理论体系已经形成。[①] 自贸试验区是

---

① 李光辉:《加快实施自由贸易区战略》,载于《学习时报》2017年4月21日。

我国深化改革开放的试验田，目的是在加快政府职能转变、建设法治化营商环境、构建开放型经济新体制等方面先行先试，形成一批可复制、可推广的制度成果，为全面深化改革积累经验。自由贸易试验区要通过在更高层次扩大对外开放，进一步形成对体制机制改革的倒逼效应，形成更加国际化、市场化、法治化的透明规范的制度环境。比如，负面清单管理制度，体现的是"法无禁止皆可为"的理念，与过去以行政管理审批为主的管理方式根本不同。随着我国成为世界第二大经济体，经济发展进入新常态，向全球产业链价值链高端跃升，迫切需要进一步提高开放水平，积极构建开放型经济新体制，加快高水平自由贸易区建设。新形势下，我国需要积极发挥自由贸易区的重要和独特作用，将自由贸易区作为积极参与国际经贸规则制定、争取全球经济治理制度性权力的重要平台，将加快高水平、高标准自由贸易区建设作为新一轮对外开放的重中之重。

4. 构建人类命运共同体，完善全球治理。

党的十九大报告强调，我们呼吁，各国人民同心协力，构建人类命运共同体，建设持久和平、普遍安全、共同繁荣、开放包容、清洁美丽的世界。要相互尊重、平等协商，坚决摒弃冷战思维和强权政治，走对话而不对抗、结伴而不结盟的国与国交往新路。可见，推动构建人类命运共同体，是我国当前乃至今后很长一个时期完善全球治理的目标和理念。当今世界，各国相互依存、休戚与共。在这一大背景下，世界各国相互联系、相互依存、相互合作、相互促进的程度空前加深。同时，世界各国也共同面临一些全球性挑战，没有哪个国家可以置身事外、独善其身。可以说，世界各国利益高度融合，呈现一荣俱荣、一损俱损的局面。构建人类命运共同体，要从三个方面进行推进。一是推动多元文化交流交融。文化交流交融是人类社会发展进步的重要精神支撑。实践证明，不同文化只有加强交流互鉴，才能在推动人类社会进步、维护世界和平中繁荣发展。文化因交流而多彩、因互鉴而丰富。文化交流互鉴是推动人类文明进步与世界和平发展的重要动力。人类历史就是一幅不同文化交流、互鉴、融合的宏伟画卷。二是打造共同发展的平台。构建人类命运共同体意味着世界各国都是平等发展、互相尊重。中国的发展关键在于走出了一条适合中国国情的发展道路,这是一条在开放中谋求共同发展的道路。当前,要坚持公平发展,让发展机会更加均等,使各国都能做世界发展的参与者、贡献者、受益者。要坚持开放发展,反对各种形式的保护主义,实现共商、共建、共享,让发展成果更多更好惠及各国人民。三是建立合作共赢的伙伴关系。第二次世界大战结束以来,人类通过合作解决利益分歧所取得的成功经验表明,合作已成为世界各国的理性选择。实践证明,只要世界各国高举合作共赢的大旗,秉持"大家好才是真的好"的共赢思维,在追求本国利益时兼顾其他国家的发展诉求,在谋求本国发展中促进各国共同发展,就能在建立更加平等均衡的新型全球发展伙伴关系的基础上构建人类命运共同体。

四、全面建成小康社会为经济强国奠定基础

全面建成小康社会,是我们党在胜利实现现代化建设"三步走"战略的第一步和第二步目标,人民生活总体上达到小康水平以后,在发展目标上作出的重大决策,是经济强国建设的重要基础体现。到2020年,如期全面建成小康社会,将为建设社会主义现代化强国打开更宽广的前进通道。

(一)小康目标提出及"三步走"发展战略

在不同历史时期,根据人民意愿和事业发展需要,提出富有感召力的奋斗目标,是中国共产党进行建设和改革开放的一个重要经验。"三步走"战略是邓小平理论的重要组成部分,是实现

中华民族伟大复兴奋斗目标的具体化，是改革开放后我们党提出的第一个现代化发展战略，它源于邓小平对小康社会的思考。

1. 第一代领导人对我国现代化发展的探索。

实现现代化，是几代中国人的梦想。1953年，随着各项改革的完成和国民经济的恢复，我国进入大规模经济建设时期。同年9月，党的过渡时期总路线提出，要在一个相当长的时期内，逐步实现国家的社会主义工业化。1954年6月，毛泽东在关于宪法草案的讲话中提出，用三个五年计划，为社会主义工业化打下基础。同年9月，周恩来在政府工作报告中提出，要建设起强大的现代化工业、现代化农业、现代化交通运输业和现代化国防。这是我们党的领导人对四个现代化的最早表述。[①]

1956年，党的八大前，毛泽东进一步提出中国社会主义现代化建设分两步走的构想：第一步，用三个五年计划的时间实现初步工业化；第二步，再用几十年的时间接近或赶上世界发达的资本主义国家。同年9月，在党的八大期间，毛泽东把实现第二步目标所用的时间，明确为50～100年。

自20世纪50年代末开始，党在指导思想上逐渐陷入"左"的错误，使社会主义现代化建设遭受严重挫折。经过努力纠"左"和调整，到1963年前后，党对社会主义现代化建设目标和发展步骤的判断又回到1956年"八大"时的正确认识上。1963年9月，中央工作会议提出分"两步走"，实现四个现代化的发展战略：第一步，用15年时间，建立一个独立的、比较完整的工业体系和国民经济体系，使我国工业体系大体接近世界先进水平；第二步，用50～100年时间，使我国工业走在世界前列，全面实现农业、工业、国防和科学技术的现代化，使我国经济走在世界前列。至此，四个现代化目标形成了完整的表述。

---

① 中共中央文献研究室小康社会研究课题组：《小康理论与实践发展三十年》，中央文献出版社2009年版，第78页。

可惜，长达10年的"文革"强调"阶级斗争为纲"，使党的工作重心发生了转向，分两步走的现代化战略遭到严重的破坏。1974年11月，毛泽东作出把国民经济搞上去的指示。1975年1月，周恩来在全国四届人大一次会议上，重申四个现代化建设和"两步走"的发展战略。四届人大结束不久，复出工作的邓小平全力领导了以经济领域为主的整顿，在整顿的过程中，邓小平对本世纪实现四个现代化的目标作了思考。1975年6月，他在会见美国报纸主编协会代表团时，描述了四届人大提出的现代化发展。邓小平指出，所谓现代化水平，就是接近或比较接近现在发达国家的水平。当然不是达到同等的水平。在这个时期内还办不到，因为中国有自己的情况，首先是人口比较多。1975年9月，邓小平在全国农业学大寨会议讲话中指出，我们还很穷、很落后，不管是工业、农业，要赶上世界先进水平还要几十年的时间。①

2. 小康目标的提出。

1978年，党的十一届三中全会决定全党的工作重点转移到现代化建设上来，怎样根据人民意愿和国家需要，推进好现代化建设，成为邓小平重点思考的问题。

搞现代化建设，首先要弄清楚中国与先进国家现代化的差距。为此，在邓小平等领导人的倡导下，1978年前后，我国在封闭半封闭10年多以后，打开国门，相继派出多批经济代表团、考察团，赴日本、西欧和美国等西方发达国家考察。这些代表团、考察团出国最大的感受，就是世界经济发展太快了，现代化发展一个年代一个水平。邓小平本人也频繁出国访问，通过实地考察，邓小平真切地了解到了当代世界现代化发展的水平，感受到了中国与外部世界的差距。这促使邓小平思考，下决心设定在20世纪末实现四个现代化的战略目标。

---

① 《邓小平年谱（1975~1997）》上卷，中央文献出版社2004年版，第97~98页。

1978年9月,邓小平会见来访的日本新闻界人士时,他说,到20世纪末,我们实现了四个现代化,我们也还是不富,我们的水平与你们差得远。1979年3月,邓小平在会见英中文化协会代表团时,第一次提出了"中国式的四个现代化"的概念。他说,我们定的目标是在本世纪末实现四个现代化,我们的概念与西方不同,我姑且用个新说法,叫作中国式的四个现代化。后来邓小平在中央政治局会议上又把"中国式的四个现代化"表述为"中国式的现代化"。中国式的现代化是一个全新的概念,同四个现代化相比,有什么不同?1979年7月,邓小平在青岛接见山东省和青岛市委负责人时,第一次为"中国式现代化"定出标准。他指出,人均收入达到1 000美元,吃得好、穿得好、用得好,这就是到20世纪末要实现的"中国式的现代化"。

1979年12月,邓小平在会见日本首相大平正芳时,提出一个著名的、影响中国以后几十年命运的设想,即到20世纪末达到小康水平。他说,我们的四个现代化的概念,不是你们那样的现代化的概念,而是"小康之家"。邓小平进一步解释道,本世纪末,中国的四个现代化即使达到了某种目标,我们的国民生产总值人均水平也还是很低的,比如国民生产总值人均1 000美元,也还得付出很大的努力。就算达到那样的水平,同西方来比,也还是落后的。所以,我只能说,中国到那时也还是一个小康的状态。①

小康目标的提出,是邓小平从中国的国情出发,并参考世界发达国家现代化建设的经验,对20世纪50年代以来我们党提出的要在20世纪末全面实现四个现代化目标的重大调整和修改。这一目标的提出,对我们党科学制定和完善现代化发展战略目标,具有十分深远的意义。

3. "三步走"发展战略的确立。

怎样实现小康目标,邓小平做了精心的设计和规划。他多次

---

① 《邓小平文选》第二卷,人民出版社1994年版,第237页。

指出，争取 20 年翻两番，10 年翻一番，两个 10 年翻两番，到 20 世纪末人均国民生产总值达到 800～1 000 美元，进入小康社会。邓小平的这个构想，1981 年 11 月被写入五届人大四次会议通过的《政府工作报告》。报告指出，力争用 20 年的时间使工农业总产值翻两番，使人民的消费达到小康水平。

1982 年 9 月，党的十二大报告正式把邓小平提出的本世纪末实现小康目标的构想确定为今后 20 年中国经济发展的战略目标：从 1981 年到 20 世纪末的 20 年，力争使全国工农业的年总产值翻两番，即由 1980 年的 7 100 亿元增加到 2000 年的 2.8 万亿元左右。报告指出，实现了这个目标，我国国民收入总额和主要工农业产品的产量将居于世界前列，整个国民经济的现代化过程将取得重大进展，城乡人民的收入将成倍增长，人民的物质文化生活可以达到小康水平。①

在制定和不断完善 20 世纪末实现小康社会目标的同时，邓小平还在思考中国下一个世纪的发展目标。1984 年 4 月，邓小平指出，我们的第一个目标就是到本世纪末达到小康水平，第二个目标就是要在 30～50 年内达到或接近发达国家的水平。1987 年 2 月，邓小平在会见外宾时提出，到下世纪中叶我们建成中等发达水平的社会主义国家，把他之前提出到 21 世纪中叶我国要达到或接近发达国家水平的目标，修改为达到"中等发达水平"，这一修改，无疑使这一发展目标更加符合实际，也更加好把握了。

1987 年 4 月，邓小平在同西班牙政府副首相会谈时，第一次比较完整地概括了从新中国成立到 21 世纪中叶 100 年间中华民族百年图强的"三步走"经济发展战略。他说：我们原定的目标是，第一步在 80 年代翻一番。以 1980 年为基数，当时国民生产总值人均只有 250 美元，翻一番，达到 500 美元。第二步是

---

① 《十二大以来重要文献选编》上，人民出版社 1986 年版，第 14 页。

到20世纪末,再翻一番,人均达到1 000美元。实现这个目标意味着我们进入小康社会,把贫困的中国变成小康的中国。那时国民生产总值超过万亿美元,虽然人均数还很低,但是国家的力量有很大增强。我们制定的目标更重要的还是第三步,在21世纪用30~50年再翻两番,大体上达到人均4 000美元。做到这一步,中国就达到中等发达的水平。①

1987年10月,党的十三大正式确认了邓小平提出的三步走发展战略:第一步,实现国民生产总值比1980年翻一番,解决人民的温饱问题。这个任务已经基本实现。第二步,到20世纪末,使国民生产总值再增长一倍,人民生活达到小康水平。第三步,到21世纪中叶,人均国民生产总值达到中等发达国家水平,人民生活比较富裕,基本实现现代化。然后,在这个基础上继续前进。

"三步走"战略把国家现代化这样一个宏伟目标,同十多亿人民群众的实际生活结合起来,先解决温饱问题,然后是小康水平,再是比较富裕的生活,使人们感受得到,体会得到。至此,邓小平完成了我国现代化建设"三步走"战略的设计。

4. "三步走"战略在中国现代化道路上的意义。

邓小平的"三步走"战略是基于我国经济社会发展实际提出的现代化发展目标,在我国现代化发展上具有重要的意义。

其一,"三步走"战略丰富和发展了我国现代化建设思想。毛泽东、周恩来等第一代领导人当时对于现代化的认识是以工业化为核心的。1953年,毛泽东在制定过渡时期总路线时,把工业化确定为我国经济发展的目标,提出了为实现社会主义工业化而奋斗的口号。1956年9月,党的八大进一步提出要在大约三个五年计划时期内,基本上建成一个完整的工业体系。这是一个在工业化的基础上实现四个现代化的设想。邓小平"三步走"

---

① 《邓小平文选》第三卷,人民出版社1993年版,第226页。

战略，不再把现代化的主要内容集中在工业化上，而是工业、农业、国防和科学技术的现代化。"三步走"战略还增加一个非常重要的内容，就是把我国建设成为高度文明、高度民主的社会主义国家，这一点对于国家现代化发展至关重要。

其二，"三步走"战略符合现代经济发展理论。一般来说，一个国家的现代化发展需要经历传统社会阶段、起飞准备阶段、起飞阶段、发展成熟阶段、高额消费阶段、追求生活质量阶段。"三步走"战略符合现代增长理论关于现代化建设长期性、阶段性发展的特点，中国的现代化建设必然是一个长期的过程，而且有着非常明确的阶段性目标。"三步走"本身就是三个阶段、三个台阶，每个大的阶段里都包含有小的台阶。邓小平多次强调，发展是硬道理，要抓住时机上台阶，过几年有一个飞跃，上一个台阶。

其三，"三步走"战略内含社会成员共同富裕的设计。"三步走"战略中，不仅提出了国民经济翻番的设计，而且明确提出来"温饱水平""小康水平""中等发达水平"等直接描述改善人民生活的概念。这就避免了以往经济发展的缺陷，更好地反映了新时期中国现代化建设发展的内在规律和本质要求，更加关注民生。"三步走"战略将新时期中国现代化建设的中心由过去重视国力的增长转向改善人民生活水平、共同富裕，极大地提高了人民群众参与国家现代化建设的积极性和主动性。

（二）全面建成小康社会的核心内涵和新特点

经过全党和全国人民的努力，到 2000 年我国已胜利实现"三步走"发展的前两步，总体上步入小康社会。2002 年党的十六大提出了全面建设惠及十几亿人口的更高水平小康社会的目标，2007 年党的十七大提出全面建设小康社会的新要求，2012 年党的十八大将"全面建设小康社会"调整为"全面建成小康社会"。全面建成小康社会，强调的不仅是"小康"，更重要的也是更难做到的是"全面"。"小康"讲的是发展水平,"全面"讲的是发展的平衡性、协调性、可持续性。①

1. 全面建成小康社会的核心内涵。

其一,全面建成小康社会所涵盖的领域更加全面。相比于提出小康社会之初主要关注经济发展和人民生活水平,党的十八大对全面建成小康社会宏伟目标做了清晰的勾画,小康社会的思想内涵,在经历了过去"三位一体"到"四位一体"再到党的十八大的"五位一体"的发展,即包括经济建设、政治建设、文化建设、社会建设、生态文明建设五个方面。从最初的"两个文明"扩展到党的十八提出的"三个文明",即物质文明、精神文明、政治文明。"全面"体现在经济、政治、文化、社会和生态文明等方面和物质文明、精神文明、政治文明的全面发展,任何一个方面发展滞后,都会影响全面建成小康社会目标的实现。

其二,全面建成小康社会所覆盖的人群更加全面。全面建成小康社会是惠及全体人民的小康,就是要在2000年全国人民总体达到小康的基础上,使十三亿人中的所有人群都实现小康。习近平总书记强调:"没有全民小康,就没有全面小康。"我们到2020年不能一边宣布全面建成了小康社会,另一边还有几千万人口的生活水平处在扶贫标准线以下,这既影响人民群众的满意度,也影响国际社会的认可度。"小康不小康,关键看老乡。""全面实现小康,一个民族都不能少。"也就是说,无论是城市居民,还是农村居民;无论是中等收入群体,还是低收入人群;无论是人口较多的民族,还是人口较少的民族,都要共同实现小康。

其三,全面建成小康社会所覆盖的区域更加全面。全面建成小康社会是城乡区域共同发展的小康,无论是经济较发达地区,还是欠发达地区,都要全覆盖。习近平总书记强调"没有农村的

---

① 参见习近平在党的十八届五中全会第二次全体会议上的讲话,2015年10月29日。

全面小康和欠发达地区的全面小康,就没有全国的全面小康。"缩小城乡区域发展差距,不仅仅是缩小 GDP 和增长速度的差距,而且是缩小居民收入水平、基础设施通达水平、基本公共服务均等化水平、人民生活水平的负面的差距。因此,统筹城乡发展,统筹区域发展,推进新型城镇化建设,加快城乡一体化进程,是全面建成小康社会的重要任务。

其四,全面建成小康社会所要达到的水平更高。全面建成小康社会不仅要覆盖全部领域和人群,而且要有更高水平的目标要求:经济保持中高速增长,创新驱动发展成效显著,发展协调性明显增强,人民生活水平和质量普遍提高,国民素质和社会文明程度显著提高,生态环境质量总体改善,各方面制度更加成熟、更加定型。这里的关键是"建成",是党向人民、向历史作出的庄严承诺。如期全面建成小康的难点首先是要完成定量目标,同时还要完成定性目标。如果片面地把有限指标当作全面小康目标,导致可量化目标完成情况好、不可量化目标完成情况差,就会出现目标完成情况与人民群众实际感受不符的尴尬局面。

那么,什么是全面建成小康社会的核心内涵呢?那就是以人民为中心的发展。以人民为中心就是坚持发展为了人民、发展依靠人民、发展成果人民共享。在小康建设的道路上,从当年强调允许和鼓励一部分人先富先好起来,到今天强调全体人民的小康,突出了以人民为中心的发展思想,这是党和国家发展方针的一个重大转变,为全面建成小康社会增加了新的重要内涵。以人民为中心的发展思想,是全面建成小康社会的核心内涵和要义,体现了我们党全心全意为人民服务的根本宗旨,体现了人民是推动发展根本力量的唯物史观,体现了逐步实现共同富裕的目标要求。

2. 全面建成小康社会的新特点。

其一,全面建成小康社会是实现中华民族伟大复兴中国梦的关键一步。小康社会一直是中国人千百年来孜孜以求的美好梦想。实现中华民族伟大复兴中国梦是近代以来几代中国人的夙愿。党的十八大以来，习近平总书记多次把全面建成小康社会放在实现中华民族伟大复兴中国梦的大格局中去阐释，明确提出全面建成小康社会和中华民族伟大复兴中国梦是两个相互联系、相互交融的阶段。没有全面小康的实现，民族复兴就无从谈起。"全面建成小康社会是实现中华民族伟大复兴中国梦的关键一步"，指出了全面建成小康社会的历史方位，揭示了全面建成小康社会之于中国梦实现的意义。现在我们比历史上任何时期都更接近中华民族伟大复兴的目标，这个目标必须经过全面建成小康社会这一重要基础、关键一步、发展阶段，凸显全面建成小康社会的重要性，将极大调动人民群众投身全面建成小康社会的主动性和创造性，为实现中华民族伟大复兴中国梦打下坚实的基础。全面建成小康社会被看作是实现中国梦的阶段性目标，使中国梦的目标更加清晰，有利于增强人民群众实现中华民族伟大复兴中国梦的信心。

其二，全面建成小康社会在"四个全面"战略布局中居于引领地位。党的十八大前，我们党也注重小康社会建设、深化改革、依法治国和从严治党四个重要问题，但四个方面缺乏有效整合，小康发展地位不突出，整体效能受到影响。党的十八大以来，以习近平同志为核心的党中央，坚持问题导向，既注重"全面"，又抓住重点，提出了突出全面建成小康社会引领地位的"四个全面"的战略布局，创造性地把全面建成小康社会这一奋斗目标、全面深化改革这一发展动力、全面依法治国这一重要保障、全面从严治党这一根本保证有机联系、科学统筹起来，为我们党在新形势下治国理政，坚持和发展中国特色社会主义注入新的时代内涵。理论和实践都说明，"布局"是可以随着形势任务的发展变化而有所调整、有所补充的。它既是现实的，又是动态的。"四个全面"战略布局，是习近平总书记从坚持和发展中国特色社会主义全局出发作出的新战略思考、提出的新战略要求、制定的新战略部署，是党和国家的行动指南。

其三，以创新协调绿色开放共享新发展理念引领全面建成小康社会。在深刻总结国内外发展经验教训和发展大势的基础上，针对我国发展中的突出矛盾和问题，党的十八届五中全会提出了创新、协调、绿色、开放、共享五大发展理念，这集中反映了我们党对经济社会发展规律认识的深化。在较早的发展阶段上，发展往往局限于经济领域，尤其强调经济总量扩大，造成以经济增长替代更广义发展的理论和实践倾向。随着小康社会的不断推进，发展条件和发展环境在发生变化，一些曾经行之有效的理念，随时间的变化效果在减弱。实现全面建成小康社会目标，我们面临的问题更复杂、发展的任务更艰巨，这主要表现在五个突出：发展动力不足问题突出，发展不协调问题突出，资源环境约束问题突出，对外开放总体水平不高问题突出，共建共享不够问题突出。五大发展理念，正是为了破解这五个方面的突出问题提出来的，是全面建成小康社会的指挥棒和红绿灯，具有极强的现实针对性。

其四，如期全面建成小康社会主动引领经济发展新常态。我国经济发展进入新常态，是世界经济长周期和我国发展阶段性特征及其相互作用而产生的必然结果，是今后相当长一段时期内我国经济发展的基本性质和主要特征。新常态下，我国经济发展的主要特点是：增长速度要从高速转向中高速，发展方式要从规模速度型转向质量效率型，经济结构调整要从增量扩能为主转向调整存量、做优增量并举，发展动力要从主要依靠资源和低成本劳动力等要素投入转向创新驱动。在全面建成小康社会的决战期，以全面建成小康社会引领经济发展新常态，就是以更加主动的姿态适应、把握我国经济发展的大逻辑，针对我国经济发展表现出的速度变化、方式改变、结构优化、动力转换等特点，更好发挥主观能动性、更有创造精神，坚持以提高发展质量和效益为中心，实施创新驱动战略，强化统筹协调，努力推进供给侧结构性改革，保证经济保持中高速增长。

其五，全面建成小康社会关键在于做好补齐短板这篇大文章。现在我国发展不平衡、不协调、不可持续问题仍然突出，短板现象普遍存在。经济社会发展中的短板特别是主要短板，是影响如期实现全面建成小康社会目标的主要因素，必须尽快把这些短板补齐。不仅经济、政治、文化、社会和生态等领域有短板，而且各个地方也有各自的短板，比较突出的是脱贫攻坚、社会事业发展、生态环境保护、民生保障等。全面建成小康社会关键在于补齐短板。改革开放以来，我国充分发挥市场机制，整合国内国际两个市场、两种资源，弥补了经济发展面临的一系列短板，创造了经济发展的奇迹。但有一些领域的短板补的不好，如"三农"、民生、生态等，大多与政府缺位有关。近几年，随着经济总量的快速提升，一方面我国整合国内国际两个市场两种资源的规模越来越大，要求越来越高，难度越来越大；另一方面全面建成小康社会的短板，大多需要发挥政府的作用。因此，补短板的思路需要适时地从以往发挥市场机制补自己之短，转向主要依靠"政府+市场"补短板。

其六，扩大中等收入群体关系到全面建成小康社会目标的实现。扩大中等收入群体，是全面建成小康社会的具体要求，是有效扩大内需的重要源泉，是实现共同富裕的基本路径，也是实现橄榄形社会结构的转型和跨越中等收入陷阱的重要支撑。以前我们的政策，主要是鼓励一部分人先发展起来，中等收入群体发展政策比较模糊。进入21世纪以来，我国高度重视扩大中等收入群体，推进政策逐渐加强。党的十八大强调要扩大中等收入者的比重。党的十八届三中全会提出，规范收入分配秩序，完善收入分配体制机制和政策体系，增加低收入者收入，扩大中等收入者比重，努力缩小城乡、区域、行业收入分配差距，逐步形成橄榄形分配格局。扩大中等收入群体进入发展的快车道。在经济发展新常态下，扩大中等收入群体的重点和难点是：一方面要使低收入者群体进入中等收入群体,另一方面要让现有的中等收入者不会因各种原因重新回到低收入群体。从某种意义上说,扩大中等收入群体是一个国家长治久安的必经之路。但实际上扩大中等收入群体,并不单单是财富上的扩大,还需要全方位的社会保障制度和完善的法律体系来保障中等收入群体的权益。

(三)制约全面建成小康社会的重点难点问题

在党的十九大报告中,习近平总书记深刻阐述了我国发展新的历史方位,即中国特色社会主义进入新时代,我国社会主要矛盾已经转化为人民日益增长的美好生活需要和不平衡不充分的发展之间的矛盾。但是我国仍处于并将长期处于社会主义初级阶段的基本国情没有变,我国是世界最大发展中国家的国际地位没有变。这"一个转换、两个没有变",决定了发展仍然是解决我国所有问题的关键,是全面建成小康社会的关键,是经济强国建设的关键。

改革开放以来,我们靠聚精会神搞建设、一心一意谋发展,取得了骄人的成就。党的十八大以来,习近平总书记多次强调,解放和发展生产力是中国特色社会主义的根本任务,发展是解决中国一切问题的金钥匙,是解决中国所有问题的关键。发展是基础,经济不发展,一切都无从谈起。实现全面建成小康社会奋斗目标,仍然要把发展作为第一要务,努力使发展达到一个新水平。发展是硬道理的战略思想要坚定不移地坚持,同时必须坚持科学发展,以人民为中心的发展。

经济发展进入新常态,在增长速度不可避免换挡的同时,我国仍处于可以大有作为的重要战略机遇期,经济增长持续向好的基本面没有变,良好发展态势可以保持。但同时也要看到,如期全面建成小康社会,建设经济强国,也面临着社会主要矛盾转变的艰巨挑战。如期全面建成小康社会首要的是经济发展水平,要实现更高质量、更有效率、更加公平、更可持续的发展。全面建成小康社会，更重要、更难做到的是"全面"。"小康"讲的是发展水平，"全面"讲的是发展的平衡性、协调性、可持续性。习近平总书记指出，如果到2020年我们在总量和速度上完成了目标，但发展不平衡、不协调、不可持续问题更加严重，短板更加突出，就算不上真正实现目标。重视全面建成小康社会的短板，是我们努力的重点和难点。

1. 解决好经济发展的质量和效益问题。

党的十八大以来，党中央综合分析世界经济长周期和我国发展阶段特征及其相互作用，作出了我国经济进入新常态的重大战略判断。新常态下我国经济发展的主要特点是速度、方式、结构、动力发生变化。这些变化，是我国经济向形态更高级、分工更优化、结构更合理的阶段演进的必经过程。推动"十三五"时期我国经济社会发展，把适应新常态、把握新常态、引领新常态作为贯穿发展全局和全过程的大逻辑，在很大程度上需要提高经济发展的质量和效益，改变过去那种跑马占地似的粗放型增长，改变过去那种拼资源能源的规模型增长，改变过去那种拼低成本要素的速度型增长。步入经济发展新时代，全面建成小康社会发展要有一定速度，但这个前提应当是绿色的GDP、创新的GDP，必须是高质量、高效益的GDP。必须是遵循经济规律的协调发展，必须是遵循自然规律的可持续发展，必须是遵循社会规律的包容性发展。具体实施层面，要以2017年年底的中央经济工作会议精神为指导，紧紧围绕推动高质量发展做好以下八项工作，一是深化供给侧结构性改革；二是激发各类市场主体活力；三是实施乡村振兴战略；四是实施区域协调发展战略；五是推动形成全面开放新格局；六是提高保障和改善民生水平；七是加快建立多主体供应、多渠道保障、租购并举的住房制度；八是加快推进生态文明建设。

2. 解决好发展不平衡、不协调、不可持续问题。

发展不平衡、不协调、不可持续问题也就是全面建成小康社会短板所在。从宏观上看，短板无处不在，不仅经济、政治、文化、社会和生态等各个领域有短板，而且各个地方也有各自的短板，即使是经济发达地区，短板也同样存在。从微观上看，各地短板的种类和长短具有相对性、多样性和差异性。全面建成小康社会，覆盖的领域要全面，是五位一体的全面进步。经济发展进入新常态后，解决我国经济社会发展的诸多难题，将主要依靠增进公平激发全体人民的创新活力，形成经济增长的不竭动力。因此，在新旧动能转换的经济发展新阶段，补短板的核心或关键是补公平的短板，增大中等收入群体，努力跨过中等收入陷阱，顺利完成第一个百年目标，并为完成第二个百年目标奠定坚实的基础。根据"十三五"全面建成小康社会目标要求，最突出、具有普遍性的短板有以下几方面：一是脱贫短板。我们党历来重视"三农"问题，始终把解决好"三农"问题作为全党工作的重中之重。虽然全面建成小康社会不是人人同样的小康，但如果现有的农村贫困人口生活水平没有明显提高，全面建成小康社会就不能让人信服。所以，习近平总书记把农村贫困人口脱贫看作是全面建成小康社会最艰巨的任务，是最突出的短板。[①] 二是民生短板。民生是人民幸福之基、社会和谐之本。增进民生福祉是我们党坚持立党为公、执政为民的本质要求。习近平总书记指出，让老百姓过上好日子是我们一切工作的出发点和落脚点。三是生态短板。人与自然的关系是人类社会最基本的关系。生态兴则文明兴，生态衰则文明衰。我们党一贯高度重视生态文明建设。经过多年的快速发展，我国经济建设取得历史性成就，同时也积累了大量生态环境问题，成为影响人们生活质量提高的一块突出短板。我们要尽力补上生态文明建设这块短板，助推全面建成小康社会。

---

① 陈宝生：《破解制约全面建成小康社会的重点难点问题》，载于《光明日报》2016年7月23日。

3. 提高风险防控意识和能力。

"十三五"时期，我国发展面临的各方面风险不断积累甚至集中显露。从经济风险防控来说，随着我国经济发展进入新常态，产能过剩化解、产业结构优化升级都需要一定的时间和空间，经济下行压力增大，容易引发一些突出矛盾和问题。一是地方政府债务风险。部分城市建设规模和速度超出财力，政府债务负担过重，财政和金融风险不断积累。二是金融风险。近年来，我国宏观债务水平持续上升，产能过剩行业信贷风险逐步显现，处置"僵尸企业"的融资风险，高杠杆下的汇市、股市、债市、楼市风险上升，跨境资本异常流动风险增大。三是产业风险。发达国家再工业化吸引本国制造业回流，新兴经济体和其他发展中国家大力吸引低端产业和订单转移，加之中美贸易摩擦带来许多不确定性的出现，使得我国产业面临提升竞争力和避免空心化的双重挑战。四是国际贸易风险。西方国家等强化贸易保护主义，除反倾销、反补贴等传统手段之外，在市场准入环节对技术性贸易壁垒、劳工标准、绿色壁垒等方面的要求越来越苛刻。尤其是2018年初的新一轮持续升级的中美贸易摩擦，大大加剧了国际贸易风险。2018年政府工作报告强调要抓好决胜全面建成小康社会的三大攻坚战。

4. 全面小康目标不能仅仅简化成有限指标。

梳理全面小康目标的提出过程不难看出，全面小康是一个定量与定性兼备的目标，内涵十分丰富。经济、社会方面的一些目标虽然可以量化，但必须注意防范两种倾向：一是简单对待量化目标导致降低标准，甚至出现偏差。比如，对于到2020年实现城乡居民人均收入比2010年翻一番的目标，不能只盯着数字。因为即使人均收入实现翻番，但如果收入差距过大，就可能出现人均收入翻番但贫困人口众多的问题。这就不能说实现了"惠及十几亿人口的更高水平的小康社会"目标。二是只注重有限目标导致以偏概全。将全面小康目标量化，是为了分析的简便和直观，而且只能选择其中比较重要而且可以量化的部分。这种有所取舍并将定量目标具体化为某几个指标的做法，不可能全面准确地反映和评价全面小康建设的实际进展情况。① 有些目标本身就难以量化，如果强行量化，效果反而不会好。必须认识到，有些目标不能量化、没有量化，并不代表这些目标不重要。全面小康是"五位一体"的整体，五个方面彼此作用、互为条件，缺少任何一个方面都不可能建成全面小康。既然存在难以量化的目标，可量化目标的情况也比较复杂，那么，在实践中就应特别注意防止将全面小康目标简化成有限指标的倾向，避免这一倾向对全面小康建设的误导。更要看到，全面建成小康的难点不在于完成定量目标，而在于完成定性目标。如果片面地把有限指标当作全面小康目标，导致可量化目标完成情况好、不可量化目标完成情况差，就会出现目标完成情况与人民群众实际感受不符的尴尬局面。

（四）全面建成小康社会的战略举措

全面建成小康社会是中国历史上史无前例的伟大跨越，当前还面临着不少困难和挑战。进一步推动全面建成小康社会，要特别关注以下几方面。

1. 准确把握我国发展的重要战略机遇期内涵的深刻变化。

经济发展进入新常态，在增长速度不可避免换挡的同时，经济增长持续向好的基本面没有变，良好发展态势可以保持。我国仍处于可以大有作为的重要战略机遇期，当前世界正面临百年未有之大变局，我国正由原来加快发展速度的机遇转变为加快经济发展方式转变的机遇，正由原来规模快速扩张的机遇转变为提高发展质量和效益的机遇。从总量上看，我国主要经济指标已居世

---

① 张占斌：《全面小康目标不能仅仅简化成有限指标》，载于《人民日报》2015年4月8日。

界前列，但按人均算就排到后面了。2017年，中国人均GDP在全球排名第74位。从综合发展水平看，特别是在创新能力、劳动生产率、社会福利水平等方面，我国与发达国家仍有很大差距。我国经济体量这么大，出了问题谁也救不了。只有把自己做大做强，才能有效抵御外部风险，任凭风浪起，稳坐钓鱼台。我们要瞄准全面建成小康社会目标，不断增强对以经济建设为中心重要性的深刻认识，坚定不移走改革开放的道路，牢牢抓住发展这个第一要务不放松、不分心、不懈怠，努力把自己的事情办好。

2. 更大程度靠创新来提高经济增长的质量和效益。

实现到2020年国内生产总值和城乡居民人均收入比2010年翻一番，未来三年经济必须保持一定的增长速度。"十三五"时期，国内生产总值每年平均增长速度需要保持在6.5%以上，主要经济指标平衡协调，才能实现翻一番的目标。要实现这样新的目标要求，不能靠新一轮的大干快上，也不能靠粗放型强力刺激。我们需要的是实实在在没有水分的增长，我们需要的是高质量高效益的发展，是遵循经济规律的科学发展、遵循自然规律的可持续发展、遵循社会管理的包容性发展。要实现这样的发展，我们比以往任何时候都更加需要发挥创新的巨大作用，必须把创新摆在国家发展全局的核心位置，实实在在增强自主创新的能力，加快从要素驱动、投资驱动为主向创新驱动发展为主转变，加快创新型国家建设，推动产业迈向中高端水平，保持经济中高速增长。

3. 坚定不移地推进供给侧结构性改革。

在全面建成小康社会的决胜阶段，越是面临经济下行压力，越应更好发挥主观能动性，创造性地推动发展。坚持以经济建设为中心不动摇，就必须坚持以经济体制改革为重点不动摇。未来经济体制改革的重点是坚定推进供给侧结构性改革。2018年政府工作报告也强调，要深入推进供给侧结构性改革。坚持把发展经济着力点放在实体经济上，继续抓好"三去一降一补"，大力简政减税减费，不断优化营商环境，进一步激发市场主体活力，提升经济发展质量。当前推动社会高质量发展，各项改革不断提速，改革举措出台数量之多、力度之大前所未有；注重了顶层设计，突出了对全面建成小康社会的回应；把以人民为中心的发展思想，体现在改革全过程中。现在最为关键的是，要强化改革责任担当，看准了的改革，要拿出政治勇气来，坚定不移地推进，要把已出台的各项供给侧结构性改革落实到位。要通过去产能、去库存、去杠杆、降成本、补短板，更好地解放要素、解放生产力，提高全要素生产率，为新经济健康成长提供更大的空间。在"互联网＋"时代，新产品、新产业、新业态、新模式活力迸发，新旧动能逐步转换，成为支撑经济发展富有活力和创造力的力量。

4. 加大制度创新和体制突破来补齐最突出短板。

要实现脱贫攻坚目标，就要补齐全面建成小康社会的最突出短板。核心问题是处理好政府与市场的关系，要通过制度创新和体制突破强化制度供给。现在贫困人口脱贫，就其基本性质而言，应该属于市场做不了或市场做不好的领域。因此，补短板的制度设计需要在市场对资源配置起决定性作用的基础上，发挥好政府的作用，解决好政府缺位和不到位问题。通过精准扶贫、精准脱贫，快些补上公共服务的缺位。其他方面的短板，也需要采取这些办法来解决。未来三年，也是我国发展面临各方面风险不断积累甚至集中显露时期，我们要通过制度创新和体制突破来补突出短板，增强防范各种各样风险的意识和能力，力争不出现重大风险或在出现重大风险时能够扛得住、过得去。

5. 破除制约中等收入群体扩大的各种体制机制障碍。

中等收入群体是扩大内需、释放消费红利的"主力军"，这个群体对产品服务的质量、性能和体验的要求，也有利于倒逼供给侧的改革。中等收入群体在一个国家所占比重越大，越有利于缩小收入差距，降低不公平感，促进社会和谐稳定。扩大中等收入群体，要短期政策和长期政策统筹规划。我们要切实按照中央要求，坚持有质量有效益的发展，做大蛋糕、分好蛋糕，破除制约中等收入群体扩大的各种体制机制障碍，使发展成果更多更公平惠及全体人民，切实扩大中等收入者比重。民间资本投资是中国经济发展的重要引擎，为我国经济增长作出了重要的贡献。当前，我们面临经济下行的压力还很大，民间资本投资遇到了许多新的问题和困难。扩大中等收入群体，特别需要大力促进民间资本投资发展，下大功夫破解民间资本投资遇到的各种困难，采取更加有力的措施保护产权和企业家的人身安全，消除各种隐性壁垒，真正调动企业家的积极性和创造性，从各个方面为扩大中等收入者比重创造条件。2018年政府工作报告明确强调，要支持民营企业发展。坚持"两个毫不动摇"，坚持权利平等、机会平等、规则平等，全面落实支持非公有制经济发展的政策措施，认真解决民营企业反映的突出问题，坚决破除各种隐性壁垒。构建亲清新型政商关系，健全企业家参与涉企政策制定机制。激发和保护企业家精神，增强企业家信心，让民营企业在市场经济浪潮中尽显身手。

五、新发展理念：经济强国建设的重要遵循

党的十八届五中全会提出创新、协调、绿色、开放、共享的新发展理念，这一新发展理念以中国经济社会发展的重大实践和理论问题为导向，紧紧扣住中国经济社会的趋势性变化和阶段性特征，以显著的中国意识、中国智慧，对实现什么样的发展、怎样发展问题作出新的系统阐释。[①] 牢固树立并贯彻落实五大新发展理念，是关系我国发展全局的一场深刻变革，是实现全面建成

[①] 顾海良：《新发展理念的马克思主义政治经济学探讨》，载于《马克思主义与现实》2016年第1期。

小康社会目标的根本保证,对我国经济社会长期持续健康发展、经济强国建设具有重大而深远的意义。

(一) 新发展理念催生新的发展理论

当前,我国进入全面建成小康社会的决胜阶段,处于全面深化改革的攻坚期、结构深度调整的关键期,面临跨越"中等收入陷阱"的严峻考验。现有的经济发展理论特别是作为西方经济学重要分支的发展经济学理论,面对中国经济发展的新阶段、新形势、新任务、新特点,表现出历史局限性和理论局限性,无法解释中国的发展问题,更不可能破解中国发展面临的重大理论和实践难题。① 这就需要落实新发展理念,构建经济发展新理论。

习近平强调,发展理念是发展行动的先导,是管全局、管根本、管方向、管长远的东西,是发展思路、发展方向、发展着力点的集中体现。党的十八届五中全会提出的五大新发展理念,从中国经济社会发展的战略全局高度,深刻揭示了"十三五"乃至更长时期实现更高质量、更有效率、更加公平发展的路径,必定催生新的发展理论。

党的十八大以来,党中央毫不动摇坚持和发展中国特色社会主义,勇于实践、善于创新,深化对共产党执政规律、社会主义建设规律、人类社会发展规律的认识,形成一系列治国理政的新理念新思想新战略。从"五位一体"总体布局到"四个全面"战略布局,再到五大新发展理念的提出,新一届中央领导集体的治国理政方略更加清晰、更加成熟。党的十九大报告提出的新时代中国特色社会主义思想的精神实质和丰富内涵中的十四个"坚持"中,就强调坚持新发展理念。发展是解决我国一切问题的基础和关键,发展必须是科学发展,必须坚定不移贯彻创新、协调、绿色、开放、共享的发展理念。由此可见,新发展理念和方

---

① 黄泰岩:《新发展理念催生新发展理论》,载于《人民日报》2016年4月18日。

略深刻揭示了我国经济社会发展的新特点和新规律，集中反映了我们党对我国经济社会发展规律认识的深化，并统一于实现和发展中国特色社会主义的实践中，统一于实现"两个百年"奋斗目标、实现中华民族伟大复兴中国梦的历史进程中。

中国经济过去的高速增长，创造了世界经济史上的"中国奇迹"。当前，经济发展的内在支撑条件和外部需求环境都已发生了深刻变化，要求经济增长速度进行"换挡"，要求经济增长目标向合理区间进行"收敛"，经济发展进入新常态。中国新常态经济突出表现为经济结构的全方位优化升级，包含着经济增长速度转换、产业结构调整、经济增长动力变化、资源配置方式转换、经济福祉包容共享等在内的一系列丰富内涵和特征。这就要求我们及时更新发展理念，用新理念引领经济发展新时代。

（二）新发展理念具有丰富的内涵

五大新发展理念针对新常态下我国发展环境、条件、任务和要求的新趋势、新变化和新特点，聚焦破解发展的明显短板，强调厚植发展的竞争优势，明确了全面完成"十三五"时期的目标、任务和要求，指出了决胜全面建成小康社会阶段的基本思路和根本方法，具有十分丰富的内涵特征。

习近平总书记所作的党的十九大报告强调，创新是引领发展的第一动力，是建设现代化经济体系的战略支撑。关于创新的内涵，美国经济学家熊彼特曾指出，"创新"是资本主义经济增长和发展的原动力，没有"创新"就没有资本主义的发展。在社会主义市场经济条件下，创新同样是驱动发展的第一动力。当前，中国经济除了传统内需不足的难题始终没有很好解决之外，供给侧的新难题也日趋严峻。一方面传统工业产能过剩，价格下行，亏损严重；另一方面新旧增长动力"青黄不接"，"互联网+"等新产品、新产业、新业态份额较低，不足以弥补传统行业下降的影响。在这种严峻形势下，要保持经济中高速增长，唯一的出路就是依靠创新。坚持创新发展，就是要把创新摆在国家发展全局的核心位置，不断推进理论创新、制度创新、科技创新、文化创新等各方面创新，让创新贯穿党和国家一切工作，让创新在全社会蔚然成风。

协调是持续健康发展的内在要求。改革开放以来，我国在经济社会发展上取得了卓越成就和丰富经验，但也存在发展不平衡、不协调、不包容、不可持续等突出发展问题，特别是区域发展不平衡、城乡发展不协调、产业结构不合理、经济和社会发展"一条腿长、一条腿短"等矛盾仍很突出。这些问题和矛盾，暴露出我国发展面临的一系列瓶颈制约因素，催生着发展理念与增长方式的深刻转变。党的十八届五中全会提出的"坚持协调发展"，也就意味着在"十三五"时期，我们要更加注重弥补经济社会发展领域中的薄弱环节，更加注重从拓宽发展空间中寻求发展后劲，更加注重从实现资源均衡配置中获得实现全方位的协调发展。

绿色发展是永续发展的必要条件。绿水青山就是金山银山。党的十八大以来，党中央将生态文明建设融入经济建设、政治建设、文化建设、社会建设各方面和全过程，形成了"五位一体"的总体格局。从改革开放的历史看，中国经济在经历了40年快速发展的同时，相伴而生的还有雾霾频发、河流污染、土地沙化、湖泊萎缩等严重的生态破坏。面对生态环境破坏的严峻形势，我们必须正确处理好经济发展同生态环境保护的关系，在生态环境保护上算大账、算长远账、算整体账，树立尊重自然、顺应自然、保护自然的绿色发展理念。坚持绿色发展，就是要坚持绿色富国、绿色惠民的基本国策，协同推进人民富裕、国家富强、中国美丽。

开放是国家繁荣发展的必由之路。"一花独放不是春，百花齐放春满园。"开放带来进步，封闭导致落后，已为世界和中国的发展实践所证明。当前，中国已经发展为世界第二大经济体，全球第一大出口国和第二大进口国、世界第一大吸引外资国和第三大对外投资国、世界第一大外汇储备国,已是一个名副其实的经济大国。如果说改革开放以来中国创造的发展奇迹得益于对外开放,那么经济新常态下中国的对外开放只会进一步扩大,没有任何理由改变。坚持开放发展,就是要丰富对外开放内涵,提高对外开放水平,协同推进战略互信、经贸合作、人文交流,构建以合作共赢为核心的新型国际关系,努力形成深度融合的互利合作格局,开创对外开放新局面。

共享是中国特色社会主义的本质要求。"天地之大,黎元为本"。改善民生,让人民共享发展成果,坚定不移走共同富裕的道路,是社会主义的本质要求,是社会主义制度优越性的集中体现,也是我们党坚持全心全意为人民服务根本宗旨的必然选择。截止到2017年底,我国人均国内生产总值增至 9 481 美元左右,并持续每年减少贫困人口 1 000 万人以上。这些都彰显了我们党以民为本、以人为本的执政理念,发展理念也正在实现由国富、国强向民富转变。坚持共享发展,就是要坚持发展为了人民、发展依靠人民、发展成果由人民共享,作出更有效的制度安排,使全体人民在共建共享发展中有更多获得感,朝着共同富裕方向稳步前进。

(三) 新发展理念具有鲜明的问题导向

党的十八届五中全会提出要坚持创新、协调、绿色、开放、共享的发展理念。这五大新发展理念不是凭空得来的,是我们在深刻总结国内外发展经验教训的基础上形成的,也是在深刻分析国内外发展大势的基础上形成的,集中反映了我们党对经济社会发展规律认识的深化,也是针对我国发展中的突出矛盾和问题提出来的。

我国创新能力不强,科技发展水平总体不高,科技对经济社会发展的支撑能力不足,科技对经济增长的贡献率远低于发达国家水平,这是我国这个经济大个头的"阿喀琉斯之踵"。新一轮科技革命带来的是更加激烈的科技竞争,如果科技创新搞不上去,发展动力就不可能实现转换,我们在全球经济竞争中就会处于下风。为此,我们必须把创新作为引领发展的第一动力,把人才作为支撑发展的第一资源,把创新摆在国家发展全局的核心位置,不断推进理论创新、制度创新、科技创新、文化创新等各方面创新,让创新贯穿党和国家一切工作,让创新在全社会蔚然成风。

我国发展不协调是一个长期存在的问题,突出表现在区域、城乡、经济和社会、物质文明和精神文明、经济建设和国防建设等关系上。在经济发展水平落后的情况下,一段时间的主要任务是要跑得快,但跑过一定路程后,就要注意调整关系,注重发展的整体效能,否则"木桶"效应就会愈加显现,一系列社会矛盾会不断加深。为此,我们必须牢牢把握中国特色社会主义事业总体布局,正确处理发展中的重大关系,不断增强发展整体性。

绿色循环低碳发展,是当今时代科技革命和产业变革的方向,是最有前途的发展领域,我国在这方面的潜力相当大,可以形成很多新的经济增长点。我国资源约束趋紧、环境污染严重、生态系统退化的问题十分严峻,人民群众对清新空气、干净饮水、安全食品、优美环境的要求越来越强烈。为此,我们必须坚持节约资源和保护环境的基本国策,坚定走生产发展、生活富裕、生态良好的文明发展道路,加快建设资源节约型、环境友好型社会,推进美丽中国建设,为全球生态安全作出新贡献。

国际经济合作和竞争局面正在发生深刻变化,全球经济治理体系和规则正在面临重大调整,引进来、走出去在深度、广度、节奏上都是过去所不可比拟的,应对外部经济风险、维护国家经济安全的压力也是过去所不能比拟的。现在的问题不是要不要对外开放,而是如何提高对外开放的质量和发展的内外联动性。我国对外开放水平总体上还不够高,用好国际国内两个市场、两种资源的能力还不够强,应对国际经贸摩擦、争取国际经济话语权的能力还比较弱,运用国际经贸规则的本领也不够强,需要尽快弥补。为此,我们必须坚持对外开放的基本国策,奉行互利共赢的开放战略,深化人文交流,完善对外开放区域布局、对外贸易布局、投资布局,形成对外开放新体制,发展更高层次的开放型经济,以扩大开放带动创新、推动改革、促进发展。

共享发展虽然是人人享有,各得其所,但不是片面追求改革成果的平均分配,更不是不劳而获。这就要求我们不仅要体现发展成果的分配相对公平,也要体现发展的权利、机遇和规则都相对公平,使广大人民最大限度地提升获得感。所谓公平,是指每个公民的付出与回报成适当比例。平均主义并不是真正的公平。世界上的各种事物都有其特性,不可能完全相同,因而差异的存在是客观的,如果非要把差异均等化,本身就是不公平。人们过去并没有真正理解公平的内涵,把公平简单地等同为均贫富。马克思主义认为,分配方式是由生产方式决定的,有什么样的生产方式,就有什么样的分配方式。当前中国处于社会主义初级阶段,生产力还不发达,物质财富还不充足,人们的精神境界还不够高。这一状况决定了共享发展理念下的社会分配需要将社会整体利益和个体利益统一起来,坚持公正和惠及全民的原则。因此在社会主义初级阶段,必须消除和避免平均主义的旧观念,以财产和收入的公平,促进社会公平,达到与经济社会发展水平相适应的相对公平。[1]

(四) 以新发展理念引领小康社会建设

坚持立足国内和全球视野相统筹,既以新理念新思路新举措主动适应和积极引领经济发展新常态,又从全球经济联系中进行

---

[1] 方晗:《全民共享:人民的主体地位和价值权利相统一》,载于《学习时报》2017年2月15日。

谋划,重视提高在全球范围配置资源的能力。党的十八届五中全会已吹响全面建成小康社会的"冲锋号",党的十九大明确要求贯彻新发展理念,建设现代化经济体系。必须坚持质量第一、效益优先,以供给侧结构性改革为主线,推动经济发展质量变革、效率变革、动力变革,提高全要素生产率。据此,我们必须抓准发展的着力点,将五大新发展理念贯穿于"十三五"经济社会发展的全过程和全领域之中。

1. 转变经济发展方式,提高经济发展的质量。

发展要有一定的速度,但这个速度必须有质量、有效益,必须实现的是没有水分的经济增长。从总体上看,我国产能很大,但其中一部分是无效供给,而高质量、高水平的有效供给又不足。我国是制造大国和出口大国,但主要是低端产品和技术,科技含量高、质量高、附加值高的产品并不多。我们既要着力扩大需求,也要注重提高供给质量和水平。在全面建成小康的攻坚阶段,牢固树立五大新发展理念,就是要以新的发展理念指导发展实践,努力改变以往高投入、高消耗、高污染、低产出的经济发展方式,促进社会劳动生产率提高、企业效益增强、投资效益上升,使发展在"十三五"达到一个新的水平。通过创新发展,增强经济增长的内生动力;通过协调发展,提升经济发展的整体水平;通过绿色发展,解决好生态环境污染和发展不可持续的问题;通过开放发展,提高发展的内外联动性和抗风险能力;通过共享发展,使广大城乡人民共享改革开放成果。

2. 加快推动结构性改革,培育经济增长的动力。

转方式和调结构是"十三五"时期的关键任务。当前,我国经济下行压力很大,这其中既有总量性、全球性、周期性因素的影响,但根本上讲,主要还是结构性问题。比如,当前经济增速放缓的一个重要原因是产业增长动力的"青黄不接",新旧产业出现"快打慢"现象。因此,贯彻落实好新发展理念,以供给侧结构性改革为主线,进一步加大结构性改革的力度,以结构调整带动经济增长，以经济增长促进结构调整。实施好"中国制造2025"，加快推进"互联网＋"行动计划，深化推进以人为核心的新型城镇化的各种体制机制改革，促进城乡要素资源的优化配置。要推动新技术、新产业、新业态蓬勃发展，瞄准世界科技前沿，形成一批重大创新成果，推进科技成果产业化，使创新成果变成实实在在的经济活动，形成新的产品群、产业群。

3. 以科技创新推动创业，以大众创业带动就业。

推进大众创业、万众创新，是发展的动力之源，也是富民之道、公平之计、强国之策，对于推动经济结构调整、打造发展新引擎、增强发展新动力、走创新驱动发展道路具有重要意义，是稳增长、扩就业、激发亿万群众智慧和创造力，促进社会纵向流动、公平正义的重大举措。坚持五大新发展理念，需要加快"双创"战略和政策的落地，实现创业激发和引入，以经济结构优化带动就业结构调整，以资金链引导创业创新链、创业创新链支持产业链、产业链带动就业链。巩固第一产业，拓展第二产业尤其是制造业，激发第三产业，通过"双创"推动服务业尤其是现代服务业的迅速发展。深入实施人才优先发展战略，深化教育体制改革和政策创新，更加注重职业教育大发展，努力培养出更多像德国那样的技术工人和工程师，支撑中国制造抢占国际产业的制高点。

4. 化解经济社会各种风险，解决好各种社会矛盾和问题。

"十三五"时期，可能是我国发展面临的各方面风险不断积累甚至集中显露的时期。我们面临的重大风险，既包括国内的经济、政治、意识形态、社会风险以及来自自然界的风险，也包括国际经济、政治、军事风险等。如果发生重大风险又扛不住，国家安全就可能面临重大威胁，全面建成小康社会进程就可能被迫中断。我们必须把防风险摆在突出位置，"图之于未萌，虑之于未有"，力争不出现重大风险或在出现重大风险时扛得住、过得去。对此我们必须要有清醒的认识。要树立底线思维，牢牢坚持新发展理念，增强忧患意识和风险意识，未雨绸缪，建立健全化解各种风险的体制机制。尤其要注意处理好人民群众的内部矛盾，注意回应群众呼声和关切，注重协调好各种利益关系。要加强对各种风险源的调查研判，提高动态监测、实时预警能力，推进风险防控工作科学化、精细化，对各种可能的风险及其原因都要心中有数、对症下药、综合施策，出手及时有力，力争把风险化解在源头，不让小风险演化为大风险，不让个别风险演化为综合风险，不让局部风险演化为区域性或系统性风险，不让经济风险演化为社会政治风险，不让国际风险演化为国内风险，坚决守住底线。

5. 发展更高层次的开放型经济，构建广泛利益共同体。

党的十九大报告指出，"世界正处于大发展大变革大调整时期，和平与发展仍然是时代主题"。站在全面建成小康社会的历史关口，我们党担负的发展任务异常艰巨，高难度改革需要高水平开放，不开放将没有出路，开放徘徊不前也没有出路。我们要继续保持战略定力，专心做好自己的事情，趋利避害，更好地利用国际市场和资源，拓展对外开放的广度和深度，开创对外开放新局面。提高贸易投资便利化水平，推动高铁、核电等装备制造业"走出去"。务实推进"一带一路"愿景与行动，加快在基础设施互联互通等领域启动实施一批前期收获性工程。充分利用好自由贸易试验区这个创新载体和窗口，在适当时期可批准设立若干新的自由贸易试验区。加快推进人民币国际化。要坚定不移地走开放发展之路，着力发展更高层次的开放型经济，积极参与全球经济治理和公共产品供给，提高我国在全球经济治理中的制度性话语权，构建广泛的利益共同体，实现中国发展与世界发展的良性互动。

6. 补齐经济社会发展的短板，坚决打赢脱贫攻坚战。

"十三五"时期是全面建成小康社会的收官阶段，能不能收好官，能不能如期全面建成小康社会，从"十二五"时期的实际情况看，最艰巨最繁重的任务还是在农村，特别是在贫困地区，这是我国全面建成小康社会最大的"短板"所在。到 2020 年，如果没有农村的小康，特别是没有贫困地区的小康，就没有全面建成小康社会。牢固树立共享发展理念，需要加快实施精准扶贫、精准脱贫战略，以更大决心、更精准思路、更有力措施，确保到 2020 年我国现行标准下农村贫困人口全部实现脱贫。2018 年政府工作报告也强调：加大精准脱贫力度，要求 2018 年再减少农村贫困人口 1 000 万以上，完成易地扶贫搬迁 280 万人。要深入推进产业、教育、健康、生态扶贫，补齐基础设施和公共服务短板，激发脱贫内生动力。攻坚期内脱贫不脱政策，加强扶贫资金整合和绩效管理，坚持现行脱贫标准，确保进度和质量，让脱贫得到群众认可、经得起历史检验。

六、新时代开启经济强国建设新征程

中国特色社会主义进入了新时代，这是我国新的历史方位。习近平总书记所作的党的十九大报告从党和国家事业发展全局高度，对新时代中国特色社会主义发展作出了战略部署，要求决胜全面建成小康社会、实现第一个百年奋斗目标，并乘势而上开启全面建设社会主义现代化国家新征程，向第二个百年奋斗目标进军。整体看来，党的十九大报告是我们党迈进新时代、开启新征程、续写新篇章的政治宣言和行动纲领，为党和国家事业进一步发展指明了前进方向。将强有力地推动中国从富起来到强起来，成为一个屹立于世界民族之林的现代化强国。

（一）习近平新时代中国特色社会主义思想引领经济强国建设

习近平总书记所作的党的十九大报告把十八大以来党的理论创新成果概括为新时代中国特色社会主义思想，党的十九大通过

第一章　经济强国建设的探索与遵循

的党章修正案把习近平新时代中国特色社会主义思想确立为我们党的行动指南,实现了党的指导思想的又一次与时俱进。整体来看,习近平新时代中国特色社会主义思想是"时代精神的精华",是在我国"发展起来"从大国走向强国的历史方位中生成的,是在推进"四个伟大"的历史性实践中生成的,具有典型的内生特质和鲜明的时代性色彩,对于凝聚全党全国各族人民的思想共识和智慧力量,决胜全面建成小康社会,夺取新时代中国特色社会主义伟大胜利,实现中华民族伟大复兴的中国梦,具有重大现实意义和深远历史意义。

习近平新时代中国特色社会主义思想的基本内容,包括"基本内涵"("八个明确")和"基本方略"("十四个坚持")两个方面。思想的"基本内涵",实际上讲的是坚持和发展什么样的中国特色社会主义,从理论上回答中国特色社会主义"是什么"的问题。思想的"基本方略",实际上讲的是怎样坚持和发展中国特色社会主义,从实践上回答中国特色社会主义"怎么办"的问题。

"八个明确"都是基于我国发展起来使大国成为强国这一历史任务而提出的,"八个明确"的内在逻辑是:坚持和发展中国特色社会主义,实现社会主义现代化和中华民族伟大复兴,这是习近平新时代中国特色社会主义思想的逻辑起点,是大国成为强国的根本主题和奋斗目标。以人民为中心,这是习近平新时代中国特色社会主义思想的价值取向,它为实现大国成为强国提供价值引领。推进"两大布局",这是大国成为强国的总体方略。完善发展"制度"和推进国家"治理"现代化,这是大国成为强国的根本路径。建设法治体系和法治国家,这是为大国成为强国提供法治保障。建设"世界一流军队",强国必须强军,这是实现大国成为强国的军事和国防保障。构建新型国际关系和人类命运共同体,这是为实现大国成为强国提供良好的国际环境。加强新时代党的建设,这是为实现大国成为强国提供强有力的政治保证。这八个方面的核心内容都是围绕大国成为强国，分别从主题目标、价值取向、总体方略、根本路径、法治保障、国防保障、国际环境、政治保证来讲的。

"十四个坚持"也是紧紧围绕我国通过发展从大国迈向强国而提出的。其中蕴含着三大逻辑：一是聚焦解决人民日益增长的美好生活需要和不平衡不充分发展之间的矛盾，即是为解决人民日益增长的美好生活需要和不平衡不充分的发展之间的矛盾而提出来的。如坚持以人民为中心，坚持新发展理念，坚持人民当家作主，坚持全面依法治国，坚持在发展中保障和改善民生，坚持人与自然和谐共生，坚持总体国家安全观。二是为实现强起来提供基本方略而确定的。如坚持新发展理念，坚持党对人民军队的绝对领导，坚持"一国两制"和推进祖国统一，坚持推动构建人类命运共同体。三是集中围绕"两大布局"来谋划的。如坚持新发展理念，坚持人民当家作主，坚持社会主义核心价值观，坚持在发展中保障和改善民生，坚持人与自然和谐共生。再如坚持全面深化改革，坚持全面依法治国，坚持全面从严治党。

习近平新时代中国特色社会主义思想，继承和发展了马克思列宁主义、毛泽东思想、邓小平理论、"三个代表"重要思想、科学发展观，系统地回答了新时代坚持和发展中国特色社会主义的总目标、总任务、总体布局、战略布局和发展方向、发展方式、发展动力、战略步骤、外部条件、政治保证等基本问题，必须不折不扣地贯彻到现代化建设的各领域、全过程。因此，习近平新时代中国特色社会主义思想在本质上是我国发展起来以后关于大国成为强国即实现强起来的理论，也是为实现中华民族伟大复兴，为使大国成为强国提供科学指导和行动指南。

（二）准确把握新时代我国社会主要矛盾变化，科学布局经济强国建设

党的十九大报告提出，"我国社会主要矛盾已经转化为人民

日益增长的美好生活需要和不平衡不充分的发展之间的矛盾"。从本质上看,主要矛盾转化这一关系全局的历史性变化,是对5年来中国发展历史性成就和变革的深刻总结,也是对40年来改革开放发展成果的历史回应,更是对未来中国发展方向、发展目标的精准定位。未来,我们要在继续推动发展的基础上,着力解决好发展不平衡不充分问题,大力提升发展质量和效益,更好满足人民在经济、政治、文化、社会、生态等方面日益增长的需要,更好推动人的全面发展、社会全面进步。

从社会发展实践看,不平衡问题,主要涉及经济不平衡、社会不平衡、制度不平衡等重要领域。其中经济不平衡是诸多不平衡中的重中之重,其主要包括产业不平衡、区域布局不平衡和动力形成不平衡等。具体说来,产业不平衡主要表现在,我国一些产业已经达到世界领先水平,一些产业还处于价值链的低端。区域不平衡主要表现在大的板块上,如东部、东北、中部、西部发展缺乏有效连接的战略通道。区域不平衡还表现在城乡之间的差距、贫困地区与富裕地区的差距。解决城乡差距,目前存在的问题,主要是"三个1亿人"问题,即促进约1亿农业转移人口落户城镇,改造约1亿人居住的城镇棚户区和城中村,引导约1亿人在中西部地区就近城镇化。动力不平衡主要表现在创新发展和新旧动能转换的差异上。我国经济发展进入新常态后,必须实施发展动力的转换,加快由传统的要素与投资驱动转变到创新驱动的轨道上来,这是建设中国社会主义现代化经济强国的内在要求。

整体看来,不充分问题,主要包括公平不充分、正义不充分、安全不充分、环境不充分等方面。其中公平不充分主要包括共享发展不充分、公平分配不充分、司法公正不充分、公共服务不充分等。共享发展不充分主要表现在,目前我国城乡之间、地区之间不能充分享有应有的权利,从而使得权利不平等问题突出。一定程度上的权利不平等加剧了机会上的不平等,收入、财产等方面的贫富差距加剧了结果上的不平等。公平分配不充分主要表现在，按城乡身份分配、按体制内体制外分配等。另外，过去较长一段时间实行效率优先、兼顾公平，用这样的政策取向来发展经济和处理社会关系，将难以实现公平分配。司法公正不充分主要表现在，一些司法人员作风不正，缺少应有的职业道德，徇私枉法、办案不廉等。公共服务不充分主要表现在，目前食品安全问题、教育和医疗资源配置等公共服务在城乡与地区之间还存在较大差距，依然存在发展不充分的短板。

要解决不平衡不充分问题，关键在于贯彻新发展理念，建设好现代化经济体系。党的十九大报告指出，我国经济已由高速增长阶段转向高质量发展阶段，正处在转变发展方式、优化经济结构、转换增长动力的攻关期，建设现代化经济体系是跨越关口的迫切要求和我国发展的战略目标。

党的十八大以来，以习近平同志为核心的党中央提出了一系列新理念新思想新战略。具体到经济领域，主要包括经济发展新常态、新发展理念和供给侧结构性改革等。其中经济发展新常态确定了发展语境，新发展理念提供了指导原则，供给侧结构性改革指明了改革的方向，从而形成了一个建设现代化经济体系的政策框架。按照十九大报告要求，建设现代化的经济体系，必须坚持质量第一、效益优先，以供给侧结构性改革为主线，推动经济发展质量变革、效率变革、动力变革，提高全要素生产率。建设现代化经济体系是多方面的，但经济发展新常态的把握、发展新理念的推进、供给侧结构性改革是当前及今后一段时期必须要做好的工作。建设现代化经济体系，必须把发展经济的着力点放在实体经济上，把提高供给体系质量作为主攻方向，显著增强我国经济质量优势。供给侧结构性改革揭示了当前中国经济存在问题的原因、面临的挑战和解决问题的根本路径。供给侧结构性改革不是一个简单的命题，而是一场系统的关于构建中国特色社会主义政治经济学的伟大实践。

（三）全面推进经济高质量发展强力支撑经济强国建设

2017年中央经济工作会议把党的十九大报告作出的重大判断——"我国经济已由高速增长阶段转向高质量发展阶段"，进一步明确为新时代我国经济发展的基本特征，进而作出了推动高质量发展的重大决策部署，对于引领我国经济向高质量发展阶段迈进、建设现代化经济强国具有重大现实意义和深远历史意义。

从经济发展的客观规律来看，高质量发展就是能够很好地繁荣满足人民日益增长的美好生活需要的发展，是体现新发展理念的发展，是把创新成为第一动力、协调成为内生特点、绿色成为普遍形态、开放成为必由之路、共享成为根本目的的发展。除此之外，中央经济工作会议强调："推动高质量发展，是保持经济持续健康发展的必然要求，是适应我国社会主要矛盾变化和全面建成小康社会、全面建设社会主义现代化国家的必然要求，是遵循经济规律发展的必然要求。"我们要深入领会这"三个必然要求"，努力增强推动高质量发展的自觉性和坚定性。只有迈上高质量发展的轨道，才能夯实经济强国建设的基础。

现在，我国经济正处于转变发展方式的关键阶段，传统发展方式已难以为继，同时世界新一轮科技革命和产业变革正在多点突破，只有推动高质量发展，形成优质高效多样化的供给体系，才能在新的水平上实现供求均衡，实现经济持续健康发展，才能为经济强国建设蓄积新的动能。另外，我国社会主要矛盾已经转化为人民日益增长的美好生活需要和不平衡不充分的发展之间的矛盾，不平衡不充分的发展就是发展质量不高的表现。从演化经济学的视角看，破解现阶段我国社会的主要矛盾，加快经济强国建设步伐，就必须依靠经济高质量发展赢得新的竞争力。

事实上，量积累到一定阶段，必须转向质的提升，这是经济发展的规律使然，也合乎唯物辩证法的基本原理。根据世界银行和国务院发展研究中心的研究显示，"二战"以后的一百多个中等收入经济体中,只有13个成功迈入高收入行列,这13个经济体有一个共性特点,就是经济增长都实现了由量到质的转型。那些徘徊不前甚至倒退的国家,就是没有抓住时机实现这种根本性转变。5年来,我国经济保持了中高速增长,现在经济总量已达到12万亿美元,占全世界的15%。我们要重视量的发展,但更要重视解决质的问题,把主要着力点转向质的提升正当其时,在质的大幅提升中才能实现量的有效增长。推动高质量发展,正是以习近平同志为核心的党中央审时度势、把握时机作出的战略决策,是我党积极运用马克思主义基本原理解决实际问题的生动体现,是遵循经济发展规律的必然要求。

也要看到,在我国这样经济和人口规模巨大的国家,高速增长阶段转向高质量发展阶段并不容易,不可能一夜之间就实现。从演化路径上看,我们还必须跨越两大关口:第一是非常规的我国经济发展现阶段特有的关口,特别是要打好防范化解重大风险、精准脱贫、污染防治的三大攻坚战。第二是常规性的长期性的关口,也就是要大力转变经济发展方式、优化经济结构、转换增长动力,特别是要净化市场环境,提升人力资本素质,增强国家治理能力。建设现代化经济体系,是跨越这两大关口的迫切要求,也是我国经济发展的战略目标。按照党的十九大报告的部署,牢牢把握高质量发展的要求、把握工作主线、把握基本路径、把握着力点、把握制度保障,不断增强我国经济创新力和竞争力,就一定能建设好现代化经济体系,持续推动我国经济的高质量发展,有力支撑经济强国建设。

(四)建设现代化经济体系扎实推进经济强国建设

"现代化经济体系"是党的十九大报告提出的一个新概念、新目标,它是按照新发展理念的要求,对经济发展作出的总体部署和科学安排,是习近平新时代中国特色社会主义经济思想的重要组成部分。当前,中国特色社会主义进入了新时代,我国经济发展也进入了新时代，已经由高速增长阶段转向高质量发展阶段。我们要推动高质量发展，就要进一步转变发展方式、优化经济结构、转换增长动力，必须要建设现代化经济体系，这是攻关期跨越关口的迫切要求，是适应引领把握中国经济发展方向的重要基础，是建设社会主义现代化强国、实现"两个一百年"奋斗目标、实现中华民族伟大复兴中国梦的重要途径。建设现代化经济体系是紧扣新时代我国社会主要矛盾转化、落实中国特色社会主义经济建设布局的内在要求，是决胜全面建成小康社会、开启全面建设社会主义现代化国家新征程的基本途径，也是适应我国经济由高速增长阶段转向高质量发展阶段，转变经济发展方式、转换发展动能和全面均衡发展的迫切需要，意义深远而重大。

关于现代化经济体系的科学内涵，习近平总书记进行了高度提炼和概括，并将之分解为七个方面的建设：要建设创新引领、协同发展的产业体系，实现实体经济、科技创新、现代金融、人力资源协同发展，使科技创新在实体经济发展中的贡献份额不断提高，现代金融服务实体经济的能力不断增强，人力资源支撑实体经济发展的作用不断优化。要建设统一开放、竞争有序的市场体系，实现市场准入畅通、市场开放有序、市场竞争充分、市场秩序规范，加快形成企业自主经营公平竞争、消费者自由选择自主消费、商品和要素自由流动平等交换的现代市场体系。要建设体现效率、促进公平的收入分配体系，实现收入分配合理、社会公平正义、全体人民共同富裕，推进基本公共服务均等化，逐步缩小收入分配差距。要建设彰显优势、协调联动的城乡区域发展体系，实现区域良性互动、城乡融合发展、陆海统筹整体优化，培育和发挥区域比较优势，加强区域优势互补，塑造区域协调发展新格局。要建设资源节约、环境友好的绿色发展体系，实现绿色循环低碳发展、人与自然和谐共生，牢固树立和践行"绿水青山就是金山银山"理念，形成人与自然和谐发展的现代化建设新格局。要建设多元平衡、安全高效的全面开放体系,发展更高层次开放型经济,推动开放朝着优化结构、拓展深度、提高效益方向转变。要建设充分发挥市场作用、更好发挥政府作用的经济体制,实现市场机制有效、微观主体有活力、宏观调控有度。

　　综上七个方面:创新引领、协同发展的产业体系;统一开放、竞争有序的市场体系;体现效率、促进公平的收入分配体系;彰显优势、协调联动的城乡区域发展体系;资源节约、环境友好的绿色发展体系;多元平衡、安全高效的全面开放体系;充分发挥市场作用、更好发挥政府作用的经济体制。毋庸置疑,这七个方面恰恰构成建设经济强国的重要方面。简而言之,其是构建经济强国的"四梁八柱",包含了经济强国建设的发展动力体系、产业支撑体系和制度保障体系,可以说,建设现代化经济体系,是扎实推进经济强国建设的关键和根本。

第二章

经济强国建设的指标与路径

只有创造过辉煌的民族,才懂得复兴的意义;只有历经苦难的民族,才对复兴有如此深切的渴望。在1820年前的一千多年,中国一直都是世界上最大的经济体,也是最强的政治中心。不幸的是,在现代威斯特伐利亚体系的历史中,没有一个先例像中国一样曾经站在世界之巅,并在长期衰败之后再度走向复兴。[①] 新中国成立后,逐步确立了社会主义制度,开始了民族复兴的伟大征程。改革开放,我们终于找到了实现中华民族伟大复兴的正确道路,取得了举世瞩目的成就。现在中国经济实力、综合国力大大增强,人民生活显著改善,正在实现从经济大国迈向经济强国的跨越。可以说,久经磨难的中华民族正在迎来从站起来、富起来到强起来的伟大飞跃。

党的十九大报告把党的十八大以来所发生的历史性变革和取得的历史性成就及其历史性影响,作为中国特色社会主义进入新时代的主要依据。并首次从五个方面对"新时代"的内涵进行解释:是承前启后、继往开来、在新的历史条件下继续夺取中国特色社会主义伟大胜利的时代;是决胜全面建成小康社会、进而全面建设社会主义现代化强国的时代;是全国各族人民团结奋

---

① [美]熊玠:《大国复兴:中国道路为什么如此成功》,湖北教育出版社2016年版,第2页。

斗、不断创造美好生活、逐步实现全体人民共同富裕的时代；是全体中华儿女勠力同心、奋力实现中华民族伟大复兴的中国梦的时代；是中国日益走进世界舞台中央、不断为人类作出更大贡献的时代。事实上，这五个"时代"的本质和核心就是实现从富起来到强起来，即从大国迈向强国的伟大飞跃。因此，站在中国特色社会主义进入新时代这一新的历史方位，加强研究经济强国建设的指标，科学地分析建设的路径，具有重要的理论和实践意义。

一、"两个一百年"奋斗目标的历史起点

党的十八大提出的"两个一百年"奋斗目标有其深刻的历史根源，这个目标沉淀了中华民族集体记忆的屈辱和苦难，也彰显了我们党带领全国各族人民走向全面小康、带领国家走向民族伟大复兴的坚定意志和决心。回顾历史进行横向与纵向地比较，让我们仔仔细细寻找"两个一百年"奋斗目标的历史起点。

首先看1750年，即18世纪中叶，这个时期正处于康乾盛世的高峰。这个时期，我国经济社会的基本特征是国家统一、社会安定、经济繁荣、国力强大。这一年，中国GDP总量占世界份额的32%，居世界首位。而欧洲的英、法、德、俄、意的国内生产总值共占全球的17%，这五国的GDP只有中国的一半稍多。[①] 此时正是中国封建专制发展到顶峰的时候，皇权对内独揽一切，对外闭关锁国，而欧洲国家虽然经济总量远远低于中国的经济总量，但欧洲国家已经走到了近代化的起跑线上。18世纪中叶以后，英国开始产业革命，随着1769年蒸汽机的发明，英

---

① 戴逸：《18世纪中叶以来中国与世界各大国国力的比较》，引自《思考中国》，红旗出版社2010年版，第32页。

国开始带领人类社会进入工业化时代，欧洲开始领跑世界，而中国还在农业社会中缓慢演进，这种盛世被学者称为"落日的辉煌"。康乾盛世及其经验教训，令人震动，发人深思，给人以深刻启发和长久回味。①

其次看1830年，这一年是道光十年。自从18世纪以来，世界格局迅速发生巨大变化。英国走上了工业革命的道路，法国爆发了资产阶级大革命，美国经历了独立战争，而中国的康乾盛世已成了"明日黄花"。从GDP总量看，我国的GDP总量虽然仍占到世界经济总量的29%，仍居世界首位，但人均GDP已经远远低于英国。这一年英国GDP占世界经济总量的9.5%，但产业结构与中国完全不一样。此时的英国钢铁产量不断增加，机器制造迅猛发展，开始向西欧各个国家输出蒸汽机及各种技术设备，而中国的GDP总量则主要来自农产品和手工业品。直到1840年，英国用产业革命带来的坚船利炮打开了中国的国门，中国开始沦为半殖民地半封建国家。

最后看1900年，这一年是光绪二十六年。这一年中国的GDP一落千丈，国内生产总值占世界生产总值的比重已降到6%。清朝政府在1898年进行了戊戌变法，但由于封建势力的强大，变法改革很快就失败了。而日本在19世纪下半叶通过明治维新，很快登上了近代化的列车，并开始步入世界经济强国的行列。这一年美国、英国、法国、德国、俄国、意大利、日本的GDP占全球经济总量的比重分别为：23.6%、18.5%、6.8%、17.9%、8.8%、2.5%、2.4%，这七个国家占世界生产总值达到80.5%，而此时的中国仅占6%，已从世界经济大国衰落为贫穷落后的国家。

从近代中国经济发展历程来看，我国在18世纪末全国耕地约为10.5亿亩，粮食产量达到2040亿斤。当时随马戛尔尼使团

---

① 徐伟新、刘德福：《落日的辉煌》，人民出版社2016年版，第284页。

来中国的巴罗估计，中国的粮食收获率高出英国。麦子的收获率为15∶1，而在欧洲居首位的英国为10∶1。① 康乾盛世时我国的手工业也得到了长足发展，手工劳动的分工进一步细化，商品市场得到了较大程度的发育。同时，中国的对外贸易急剧增长，单英国东印度公司每年从中国购买茶叶的贸易额就高达400万两白银。在此"盛世辉煌"的背景下，"康乾盛世"的统治者们关起了国门，妄自尊大，特别是限制工商业、蔑视科学技术，并加强集权和禁锢思想的做法，愈加严重地制约着经济社会的发展。落后就要挨打。清朝政府自恃"天朝物产丰富，无所不有"而拒绝开放、拒绝变革，其结果只能是在100多年的盛世之后进入衰退。随着1840年鸦片战争的爆发，中国逐渐变成半殖民地半封建社会，经济社会发展陷入全面危机之中。太平天国运动、戊戌变法、义和团运动、辛亥革命等一次次的抗争，终究未能改变我国从世界经济大国衰落并遭受经济强国屈辱的历史。今天再来反思这段历史，总结其经验教训，对于实现"两个百年"奋斗目标具有警醒意义。

其一，要善于把握历史发展的重大机遇。近代的中国，由于封建制度走向腐朽，封建统治者的夜郎自大、闭关自守，近代世界工业革命的滚滚浪潮中，中国没有把握住历史发展的机遇，最终逐渐落后于在近代工业革命中迅速崛起的西方各国，并陷入屈辱和落后的悲惨境地。而西方各国从1500年的地理大发现开始，紧紧抓住历史与现实赋予的每一次机遇，实现了经济社会的跨越式发展。西班牙、葡萄牙、荷兰、英国等国家在近代的崛起无一不是如此。党的十六大提出"战略机遇期"的概念，我们要好好总结历史的经验教训，真正利用好新一轮全球科技革命和产业革命的机遇期，为实现经济强国目标奠定基础。

---

① 张芝联等：《中英通使两百周年学术讨论会论文集》，中国社会科学出版社1996年版，第188页。

第二章 经济强国建设的指标与路径

其二,要善于推进国家的工业化和城市化。随着英国、法国、意大利等国家工业化的发展,一系列的资产阶级革命爆发,西欧各国开始进行了一系列改天换地的大革命,迅速地脱离封建传统的发展路线而加速前进,开始跃上世界文明的制高点。据统计,以英国为例,1776~1800年棉纺织出口从670万英镑增加到4143万英镑,24年间增长了5.18倍,到18世纪70年代时,城市人口已占全国总人口的50%,英国在工业革命的推动下,迅速完成了工业化和城市化进程。

其三,要善于形成鼓励科学技术创新的机制。英国学者李约瑟曾经说过:从公元1世纪到公元15世纪的漫长岁月中,中国人在应用自然知识满足人的需求方面,曾经胜过欧洲人,那么为什么近代科学革命没有在中国发生呢?这就是著名的"李约瑟之问",曾经引发国内外学术界对中国近代科学技术落后原因的广泛探讨。科学技术是第一生产力。17世纪以后,科学革命席卷了欧洲。1543年,欧洲科学革命先驱哥白尼发表了《天体运行论》,阐述了以太阳为中心的天文学说。特别是在17世纪和18世纪之交,牛顿发现了运动三大定律和万有引力定律,继牛顿之后,大批科学家、发明家等不断涌现。一个以科学、技术、实验为"三位一体"的科学创新机制开始形成,推动了西欧各国生产力的大幅度提升。而中国封建盛世的统治者却将科技知识视为"形而下",把发明创造称为"奇技淫巧",最终在世界经济发展竞争格局中沦为落后国家。

其四,要善于建立开放型经济体系。马克思、恩格斯在《共产党宣言》中曾说:"资产阶级在它的不到一百年的阶级统治中所创造的生产力,比过去一切世代创造的全部生产力还要多,还要大。"[①] 生产力的巨大发展将西方社会迅速推到一个更高的历史发展阶段,而相比之下的中国却在封建主义的桎梏中蹒跚前

---

① 《马克思恩格斯选集》第1卷,人民出版社2012年版,第405页。

行,丧失了重要的发展机会。因此,这段大国之衰的历史警示我们:要善于建立开放型的经济体系,要对当前和未来世界的大变动、大发展、大转折有一个清醒的认识,对我们的国情要有充分的把握,在对外开放中发展自己、壮大自己。

其五,要善于推动国家变革力量的形成。国内外学术界对中国经济社会衰落有一个认识很有影响,那就是中国是大陆型国家,重农抑商已久,是传统政策,重生产而不重分配。不仅整个领域自给自足,而且各府县也要遍种桑稻。加以中央集权,长期实行科举取士,使中国这个国家与社会表现出它独特的性格,所有知识分子的人生观也要根据这高层机构的需要而调整。[①] 像荷兰、英国等经济强国的崛起,无一不是依靠推动国家改革力量而实现经济强国的目标。如荷兰人推动商业银行制度、股份制的变革;英国"光荣革命"对政治制度的变革,等等,都为这些国家的繁荣发达发挥了重要作用。而中国封建盛世的君主们却拒绝变革,扼杀改革力量,最终导致了国家的衰败与落后。毋庸讳言,党的十八届三中全会强调了"全面深化改革"的理念,"改革是中国最大的红利"等思想深入人心,这同样是对大国之衰、大国之痛应有的历史反思与启示。

二、七十年的奋斗使中国成为一个经济大国

在马克思列宁主义同中国工人运动相结合的进程中,1921年中国共产党应运而生,并由此开始了中国"第一个百年"奋斗目标的历程。到1949年新中国成立初期,以1952年的统计数据来看,我国人口总量占世界总人口的22.3%,而经济总量只

---

① 黄仁宇:《资本主义与二十一世纪》,生活·读书·新知三联书店1997年版,第26页。

第二章 经济强国建设的指标与路径

占到世界生产总值的4.6%,同世界人均GDP水平相比,中国的人均GDP仅为世界平均值的23.8%。百废待兴的中国,开始了"第二个百年"的奋斗目标历程。在新中国成立之初,我国选择了社会主义国家——苏联的发展模式,即为了在短时间里赶上经济发达的资本主义国家,加强国防力量以抵御军事威胁和侵略,选择了优先发展重工业的战略。从经济发展角度讲,新中国成立之初的优先发展重工业的战略在比较短的时间里提高了国防和军事预防能力,大大加深了我国对工业化的认识,奠定了社会主义建设的经济基础。新中国成立以来,党带领人民探索中国经济社会发展的道路,有凯歌行进的岁月,也有曲折发展的时期。到1978年,我国占世界总人口的22.3%,这一年的GDP占到世界GDP的4.9%,比1952年提高0.3个百分点。从人均GDP水平来看,这一年我国人均GDP仅为世界平均值的22.1%,比1952年还少了1.7个百分点。① 这些艰辛的探索,促使了中国共产党人和人民的觉醒。

从"文化大革命"走出来的中国,痛定思痛。1978年12月,党的十一届三中全会作出了"将全党工作转移到社会主义现代化建设上来"的战略决策部署,提出对我国权力过于集中的经济管理体制和经营管理方法进行改革,并在自力更生的基础上积极发展同世界各国平等互利的经济合作,提高人民生活水平。自此,我国开启了改革开放的航程,开始在"两个一百年"奋斗征程中实现"由弱到大"的历史性转变。改革开放40年来,我国始终不渝地坚持以经济建设为中心,积极应对前进道路上的各种矛盾、问题和风险,取得了举世瞩目的成就。

改革开放以来中国创造的"经济奇迹",吸引了众多学者从不同角度来解读和解释,并将其上升到大国发展道路的一般理论

---

① [英]安格思·麦迪森著,武晓鹰、马德斌译:《中国经济的长期表现——公元960~2030年》,上海人民出版社2008年版,第57页。

层面。林毅夫指出,我国改革开放以来在经济上取得的奇迹在于发挥了我国的资源禀赋比较优势,从而创造出产品较高的国际国内竞争力。① 另外有研究者指出:中国改革开放的基本特征是渐进式的存量调整和增量提升,核心经验是"市场经济+社会主义"的改革发展模式。② 也有研究者认为:中国"经济奇迹"所创造的大国道路特征体现在社会平等、贤能体制、制度有效性和中性政府四个方面,并认为中国道路具有世界性的普遍意义。③

本书认为:中国创造的"经济奇迹"及走出的大国发展道路,其根本原因在于我国始终坚持中国共产党领导和市场化取向的经济体制改革,发挥了比较优势,优化了资源配置,在经济全球化时期提高了参与国际分工的竞争能力,使经济发展享有了"人口红利""资源红利""储蓄红利"。经过改革开放40年的发展,我国基本实现了由传统计划经济向社会主义市场经济的重大转变,社会主义基本经济制度逐步完善,现代市场体系初步形成,市场在资源配置中的决定性作用不断加强,改革与开放相互协调的新格局基本形成,推动我国逐步由经济大国迈向经济强国。

具体来看,我国40年改革开放的大国道路,主要表现为以下几个重要方面:

其一,释放农村改革红利,促进"三农"问题初步解决。解决好农业农村农民问题是全党工作重中之重,农村改革的成功,有力地维护了中国全社会的安定和整个国民经济的发展。家庭联产承包责任制的推行,率先拉开了中国经济体制改革的序幕,这一改革极大地促进了中国农业生产力的恢复和发展,促使中国农业和农村发生了巨大变化,农村改革红利得到极大的释放。农村税费制度改革、社会主义新农村建设、统筹城乡和城乡

---

① 林毅夫、蔡昉、李周:《中国的奇迹:发展战略与经济改革》,格致出版社1994年版,第195~199页。
② 《吴敬琏自选集》,山西经济出版社2003年版,第1~75页。
③ 姚洋:《中国道路的世界意义》,北京大学出版社2011年版,第80~95页。

第二章 经济强国建设的指标与路径

经济社会一体化发展等战略性的体制改革，以及近期党中央进一步强调深化农业供给侧改革、实施乡村振兴战略等重大决策部署为促进农业的发展、农村的繁荣、农民的富裕和农村改革红利的有效释放奠定了坚实基础。在农业持续发展的同时，农村经济社会全面进步，农民生活有了极大的改善。

其二，逐渐完善市场化价格机制，市场配置资源基础性作用增强。价格机制是市场经济配置资源最有效的调节手段，价格体系的改革在整个经济体制改革中具有十分重要的作用和地位。党的十二届三中全会拉开了价格改革的序幕，20 世纪 80 年代末我国加快了价格改革步伐，为积极理顺价格机制做了有益的探索。此后，商品服务和生产要素的市场化改革不断取得实质性进展。在进入 21 世纪以后，我国又着重推进要素和资源产品价格体系的市场化进程，加强对垄断行业价格的监管，为实现资源的优化配置和经济结构调整，建立起社会主义市场经济的价格体制，进一步为释放价格改革红利提供了有力的支撑。90 年代初期，80% 以上的实物商品和服务价格均已放开，由市场调节。截至目前，我国除了利率、汇率、石油、天然气、电力、土地等采取一定范围内有管制的价格政策之外，其余的基本都由市场定价。应当说，我国市场化价格体制的逐步完善，对于积极发挥价格信号对市场主体的引导作用，积极发挥市场对资源配置的决定性作用具有重要意义。

其三，不断完善基本经济制度，多种所有制经济共同发展。党的十八届三中全会明确提出："公有制经济和非公有制经济都是社会主义市场经济的重要组成部分，都是我国经济社会发展的重要基础。"从公有制经济看，经过 40 年的努力，我国国有企业微观经济基础再造任务已初步完成，绝大部分国有企业已成为同社会主义市场经济相适应的市场竞争主体。通过国有经济结构的战略性调整、企业制度创新、国有资产管理体制创新等一系列改革措施，为支持国有大型企业做大做强、国有资产保值增值、国企改革红利有效释放、发挥国有经济主导性作用等提供了体制保证。从非公有制经济看，改革开放以来，我国民营经济在市场机制和政府支持的共同作用下从无到有、从小到大，快速成长，企业数量迅速增加，素质不断提高，活力明显增强，已经成为国民经济的重要组成部分。

其四，深化财税体制改革，积极建立现代财政制度。党的十八届三中全会明确提出："财政是国家治理的基础和重要支柱，科学的财税体制是优化资源配置、维护市场统一、促进社会公平、实现国家长治久安的制度保障。"财税体制改革影响着收入分配体制、中央与地方政府的财政关系、财政决策权等一系列事关经济社会全局性的改革。从新中国成立之初高度集中的财税体制，逐步过渡到中央统一领导下的分级管理，再到分税制的财政管理体制。我国的财税体制为不断地与社会主义市场经济体制接轨、不断地向公共财政体制转变、不断地为释放财税改革红利提供了有力的保障。同时，在支持国有企业税收改革、农村税费改革、个人所得税改革等方面，财税改革为广大农村家庭和人民群众共享改革红利作出了巨大的贡献，为构建现代财政制度提供了重要支撑。

其五，释放巨大的人口红利，提升劳动力配置效率。根据有关学者的测算，在改革开放后的 20 年中，劳动投入对经济增长的贡献合计达到 67.64%，劳动投入是我国实现经济快速增长的最主要因素。[①] 从就业人口的绝对数量来看，我国用了 30 年左右的时间，完成了人口增长模式由高出生率、低死亡率、高增长率向低出生率、低死亡率、低增长率的转变。在这一过程中，就业人口增长速度快于总人口的增长速度，这就是"人口红利"的来源。党的十四届三中全会提出了劳动力市场的构想，并确定了

---

① 蔡昉、王德文：《中国经济增长可持续性与劳动贡献》，载于《经济研究》1994 年第 10 期。

劳动力就业体制改革的基本路径,这为我国释放巨大的人口红利指明了改革的方向。我国的农村劳动力源源不断地从内地转移到东部沿海地区,东部沿海企业利用劳动力成本低廉的比较优势,释放了巨大的人口红利,极大地提升了劳动力配置效率。

其六,释放投融资体制改革红利,资本深化逐渐得到加强。按照早期的经济发展理论,资本积累是经济发展成功的关键,落后国家与发达国家的最根本差距在于人均物质资本量的不同,为了实现自我持续的经济增长,投资占收入的比重必须从5%提高到12%或者更高的水平。高储蓄与高投资是中国经济增长的特点,投资是带动经济增长的"双引擎"之一。在改革开放历程中,我国积极推进金融、能源、铁路、电信等领域的投融资体制机制改革,推动劳动力由农业向工业、由农村向城市、由国有部门向非国有部门的持续转移,这是我国经济能够长期、高速增长的重要原因。而高储蓄率和高投资率既是这种增长模式的必然结果,也是劳动力得以持续转移乃至这种增长模式得以持续的关键原因。

其七,深化对外体制改革,释放对外开放红利。改革开放40年来,对内改革与对外开放始终相互促进、相互依赖。对外开放,是中国自1978年以来实行的一项基本国策,是在借鉴发达国家发展经验、研究世界经济发展趋势的基础上的重大实践。1979年和1980年,深圳、珠海、汕头和厦门试办经济特区,这是我国释放对外开放红利的初始阶段。此后,大连、秦皇岛、天津等14个沿海港口城市进一步实施开放政策,南京、武汉、重庆等沿江、沿边及内陆省会城市进入全面开放的阶段。我国在2001年11月成功加入世界贸易组织,国际地位迅速提高。共建"一带一路"、设立自由贸易试验区、谋划中国特色自由贸易港、成功举办首届中国国际进口博览会,这些对外开放措施为深化外贸体制改革、有效释放对外开放红利、促进国内经济社会的快速发展提供了可靠的制度保证。

三、我国经济从高速增长过渡到中高速增长阶段

我国改革开放40年来创造的"增长奇迹",走出了一条具有中国特色的大国发展道路,使我国成为一个名副其实的经济大国。我国已成为经济大国,但还不是经济强国。一个国家成为经济大国并不意味着就一定能够实现经济强国的目标。因此,深刻地分析我国当前经济发展所处的阶段,是科学研究强国发展路径的必要环节。

进入"十三五"后,关于我国经济发展与经济增长阶段的讨论,学界有不同意见。刘世锦认为:我国的经济发展阶段将由高速增长阶段向中速增长阶段转换。[1] 刘树成指出:世界经济已由国际金融危机前的快速发展期进入深度转型调整期,我国的经济发展已由高速增长期进入增长速度换挡期,或称增长阶段转换期。刘树成的研究结论认为:7.5%~9%的区间可称为中高速增长区间,我国经济开始进入中高速增长阶段。[2]

事实上,经济增长适度回落是经济达到中等收入之后的普遍规律。从国际看,"二战"以后的日本、韩国、德国等一批成功追赶型国家,在20世纪六七十年代经历了高速增长之后,无一例外地都出现了增长速度回落,回落的幅度平均在30%~40%之间。在这个阶段,这些国家开始由高速增长过渡到中高速增长阶段,再过渡到中速直至低速增长阶段。作为我们这样一个中等收入国家,经济增长已从原来的高速阶段进入了中高速阶段。李克强总理提出,"我们要在必要和可能之间、在转型升级与保

---

[1] 刘世锦:《我国增长阶段转换与发展方式转型》,载于《国家行政学院学报》2012年第2期。
[2] 刘树成:《中国经济进入中高速增长阶段》,载于《人民日报》2013年10月24日。

持合理增长速度之间,找到一个'黄金平衡点',使增长保持在合理区间,保证较为充分的就业,同时要加快结构调整,着力提质增效,使中国经济行稳致远。"①

我们认为:中国未来十年经济增长应控制在一定的区间之内,防止经济增长跌破"下限",经济增长将由高速增长转入到中高速增长阶段,这是我国经济在新的历史发展阶段的必然趋势。这其中的含义主要有两点:第一,"中速"是相对对内而言。"中速"是指在保持30多年每年平均近10%的高速增长后,我国经济增速逐步回落,总体上保持在6%~7%之间。第二,"高速"是相对对外而言。根据IMF的统计数据,2015年全球GDP增长率为3%,美国、欧元区的GDP增长率仅为2.6%、1.6%,日本的GDP增长率低到0.4%。因此,我国6%~7%的增长速度相对其他大国经济来讲仍然是高速。综合起来看,我们可以用"中高速增长阶段"来概括我国当前经济发展新阶段的基本特征。那么,我国进入中高速发展阶段的判断依据何在?可从以下五个方面加以分析:

一是全球经济发展格局的深刻调整。自2011年中国在经济总量超过日本成为世界第二大经济体之后,世界现有的以美国、日本等经济强国对中国发展的制约因素正在加剧。发达国家为了保持其在国际经济体系中的秩序红利、格局红利,不愿看到一个强大中国的崛起,不时采取一切手段掣肘中国经济的发展。诸如反倾销起诉、干涉中国企业的对外投资等事件频频发生,国际贸易摩擦日渐加剧,"中国威胁论""唱衰中国论""贸易保护论"等大有抬头的趋势。尤其是2018年持续升级的中美贸易摩擦,严重影响了我国合法权益和发展利益。这是制约中国经济发展不可回避的外部因素。同时,国际金融危机对全球经济发展形成严

---

① 李克强:《中国发展要寻找"平衡点"和"黄金点"》,中国新闻网,2013年11月3日。

重冲击，全球供给结构和需求结构都发生着深刻变化，无论是发达国家还是发展中国家都面临调整经济结构的巨大压力。这必然导致全球市场竞争更加激烈，各种形式的保护主义纷纷出台，从贸易向投资、技术、就业等各个领域扩散，国际贸易体系、国际金融体系正在发生深刻变化，全球治理的复杂性正在进一步增强，全球经济格局正在发生深刻的调整，全球利益格局正在重塑，致使我国经济持续发展的外部环境面临着严峻的挑战。

二是经济外部需求的常态萎缩。支撑40年的高速经济增长的重要因素之一就是我国走的是外向型经济发展道路，经济的主体力量是依靠外需拉动经济增长，依靠国际市场消化国内产能，以此带动经济的高速增长。但是从新的历史发展阶段来看，2008年以来国际金融危机的深层次影响还在不断延伸，世界经济复苏的不稳定性、不确定性因素增加，面临的下行压力和潜在风险有所加大，从而严重影响了世界经济复苏的进程。新兴工业化国家在短时期内，经济同样很难有较大的改观。这给我国稳定出口规模提出了严峻的挑战。美欧等经济强国相继提出"再工业化""2020战略""重生战略"等措施。发展中国家都在努力调整发展模式，重塑和加快发展具有比较优势的产业，抢占世界产业分工的制高点，这使得我国的外部需求环境持续萎缩低迷。据此，中国政府审时度势，在这一背景下提出了"构建扩大内需长效机制，促进经济增长向依靠消费、投资、出口协调拉动转变"的战略方针。因此，经济外部需求的常态性萎缩是我国经济进入中高速增长阶段的重要因素。

三是能源资源环境的瓶颈制约。改革开放40年来，我国经济年均增长9.5%，远高于同期世界经济2.9%左右的年均增速，可以说是中国奇迹、世界奇迹，但是快速发展也积累了不少问题。到了目前这个阶段，如果依然过度依赖投资，能源、资源高消耗支撑，环境的瓶颈制约会越来越明显，高速增长靠高投入、高能耗，已经难以为继了。根据国家统计局的数据，2011年我国石油和铁矿石的对外依存度分别达到 56.4%、56.7%，2015 年我国铁矿石的外贸依存度已高达 80%，2016 年我国石油的外贸依存度超过 65%，2017 年我国石油对外依存度达到 67.4%。可以说，能源资源的瓶颈制约因素在逐步凸显。多年来，我国走着高投入、高消耗、高污染、低产出的经济发展路子，原油、原煤、天然气、铁矿石等重要资源的供给制约因素在加剧。尽管中国 2017 年单位 GDP 能耗比上年下降 3.7%，但与世界经济强国相比，我国单位产值所消耗的能源、废气排放量、废水处理量等指标都有很大差距，可以说我国低碳经济、循环经济、绿色经济的发展还有很长的路要走。同时，我国的环境压力进一步加大，"十面霾伏"严重影响人民生活，这不仅是对传统发展路子的惩罚，也是能源资源环境制约因素进一步加剧的突出表现。所以，我国主动调整经济发展速度，逐步放缓经济增长步伐，以使经济增长能够适应我国资源禀赋特征和突破能源资源环境约束，是我国经济由高速转向中高速增长的重要内部因素之一。

四是传统人口红利的逐渐减少。从我国东部发达地区的实际情况看，劳动力供给的短缺更加明显，"刘易斯拐点"正在到来。许多企业反映，近年劳动力成本上升较快，企业的压力很大。可见，中国的传统人口红利正在逐渐减少。统计资料显示，2012 年我国 15～59 岁劳动力为 9.37 亿人，比 2011 年减少 345 万人，占总人口的 69.2%，比 2011 年末下降了 0.6 个百分点。到 2015 年，我国 15～59 岁劳动力总量将会减少到 9.28 亿人，到 2020 年的战略节点上，这个数值估计会减少到 9.16 亿人。① 与此同时，我国的老龄化趋势在不断加强。自从 2000 年我国进入老龄化社会以来，人口老龄化步伐明显加快。我国老年人口总数已超过 2 亿人，到 21 世纪中叶，老年人口规模预计将占总人

---

① 中国国际经济交流中心：《打造中国经济的升级版》，人民出版社 2013 年版，第 150 页。

口的 1/3 左右。与当今世界经济强国相比，我国人口老龄化所面临的形势更严峻，问题更复杂，困难更多。因此，这就从客观上决定了我国依靠劳动力资源丰富、劳动力成本低廉的"人口红利"支撑经济高速增长的模式已经难以为继。

五是经济结构矛盾的必然反映。从发展结构看，我国长期积累的结构性矛盾已经在逐步凸显，内需结构、产业结构、城乡结构、区域结构、收入分配结构这"五大结构"的失衡，使得我国经济发展的结构性矛盾日益突出。应当说，我国在今后一个发展时期，必须深入实施建设科教兴国战略、创新型国家战略、人才强国战略等，积极构建有利于经济结构调整的体制机制。这就要求我们必须主动调低经济增长速度，为经济结构调整留出时间、腾出空间。如果继续追求过高的增速，不仅违背经济发展规律，而且还会加剧已有的结构性矛盾，损害我国经济发展的可持续性。因此，从经济发展结构看，我们及时主动调整经济增长预期与增长速度，同样是我国经济由高速转向中高速增长的重要因素之一。

当然，从我国基本国情出发，由于城乡差距、地区差距、城镇化相对滞后等因素影响，经济发展具有很大的回旋余地和拓展空间，释放"大国红利"还有很大的余地，经济保持健康发展是有保障的。据我们初步研究认为：我国经济增长调整可以分为三个阶段：第一个阶段是从 2013 年到 2020 年，我国经济增长先从高速转入中高速，增长速度控制在 6%～7% 的区间内。这个阶段是我国第一个百年奋斗目标的战略机遇期，这样的增长速度能够为全面建成小康社会提供有力保障。第二个阶段是从 2020 年到 2035 年，我国经济增长从中高速转入中速增长，增长速度总体保持在 5%～6% 的区间内。这个阶段是我国基本实现社会主义现代化的重要时期。第三个阶段是从 2035 年到 2050 年，我国经济增长保持中速增长，增长速度总体保持在 4%～5% 的区间，这样的增长速度能够确保我国最终实现经济强国梦的伟大目标。

第二章 经济强国建设的指标与路径

四、从经济大国到经济强国还有多远的距离

学术界一般用国内生产总值的世界占比、科技创新水平指数、服务业产值占比、城市化率、国际储备货币占比等五个综合指标来表征和量化经济强国的基本内涵和特征。我们的研究参考了现有学术界的相关研究成果,并采用"专家调查法"来确定一个国家迈入经济强国的理论阈值。我们认为,一个国家迈入经济强国的门槛条件有五个:一是国内生产总值的世界占比至少要达到6%;二是科技创新水平指数要进入世界前五名的行列;三是服务业产值占比要超过70%;四是城市化率不能低于70%;五是国际储备货币占比要超过4%。①

需要指出的是,我们在评估一个国家是否是经济强国时,并不一定要求这个国家在这五项指标上都迈过理论阈值。通过"专家调查法"进一步得到研究结论:在迈入经济强国理论阈值的五项指标中,有四项或四项以上符合门槛条件,就可称之为"经济强国"。根据2012年的相关统计数据表明:美国在这五项指标上全部都超过了理论阈值,日本只在"国际储备货币占比"指标上与超过4%的阈值要求相差了0.1个百分点,而德国只在"国内生产总值的世界占比"指标上与超过6%的理论阈值相差了1个百分点,其余国家则至少有两项或两项以上的指标达不到理论阈值的要求。故可认为:美国、日本和德国是当今世界上名副其实的经济强国。

其一,从国内生产总值的世界占比看,中国已迈过经济强国的门槛。经济规模是衡量一个国家是否是经济强国的重要前提,

---

① 参见张占斌主编:《中国经济强国梦》,河北人民出版社2014年版;魏礼群、林兆木、张占斌等著:《从经济大国迈向经济强国》,人民出版社2015年版;张占斌、周跃辉著:《新常态下的大国经济》,湖南人民出版社2015年版。

一个经济强国首先必须是经济总量大国。1978年,我国经济总量居世界第11位,随后一路赶超世界主要经济体,2010年超过日本,成为世界第二大经济体,并在此后稳居世界第2位。我国占世界经济总量的比重逐年上升,据国际货币基金组织数据计算,2017年,我国国内生产总值达到12万亿美元,占世界总量的15%,为排在第三、四、五位的日、德、英三国总和,比1978年提高了13.2个百分点(见表2-1)。从这项指标来看,我国已经具备了迈入经济强国的经济总量门槛条件,但这是经济强国的必要而非充分条件。

表2-1　世界主要国家国内生产总值及占世界比重

国家	1978年			2017年		
	位次	国内生产总值（亿美元）	占世界比重（%）	位次	国内生产总值（亿美元）	占世界比重（%）
世界		85 429			798 655	
美国	1	23 566	27.6	1	193 906	24.3
中国	11	1 495	1.8	2	120 146	15.0
日本	2	10 084	11.8	3	48 721	6.1
德国	3	7 377	8.6	4	36 848	4.6
英国	5	3 359	3.9	5	26 245	3.3
印度	12	1 355	1.6	6	26 110	3.3
法国	4	5 082	5.9	7	25 836	3.2
巴西	8	2 008	2.4	8	20 550	2.6
意大利	6	3 140	3.7	9	19 379	2.4
加拿大	7	2 186	2.6	10	16 524	2.1

资料来源:1978年数据来自WDI数据库;2017年为预测值,来自国际货币基金组织WEO数据库。

其二,从科技创新水平指数看,中国离经济强国的阈值要求还有较远距离。具备强大的科技创新能力是世界经济强国的核心竞争力所在。科技创新水平指数可以通过从事研发的科学家数量、发明专利数量、科技期刊发表论文数量和研发经费这4项二级指标进行计算得到。按照2012年的相关数据进行分析,科技创新水平指数全世界排名前五位的国家分别是美国、日本、德国、韩国、英国。而中国的科技创新能力排名仅为第14位,尽管2015年、2016年科技创新水平有所提升,但与以科技创新强国支撑的经济强国相比还有很远的路要走。2017年10月党的十九大报告提出"加快建设创新型国家""创新是引领发展的第一动力,是建设现代化经济体系的战略支撑"等重要论断,据此可见,新时代继续坚持创新驱动发展战略显得仍然重要而迫切。

其三,从服务业产值占比看,中国的产业结构调整还有很大空间。当今的世界经济强国都走完了工业化的进程,产业结构呈现出高端化的特征,经济理论界一般用"服务业产值占比"指标来表征这一特征。世界银行的统计数据表明,2012年美国、日本、德国、英国、法国等国家的服务业产值占GDP的比重分别为78.6%、71.4%、71.1%、77.7%、79.8%,而2016年、2017年中国的服务业产值占GDP的比重均为51.6%。从这项经济指标来分析,我国离经济强国所应具备的产业结构特征的确还有一定距离。

其四,从城市化率看,中国的城市化还有很大的空间。城市化是一个国家现代化的重要内容,一个经济强国必定具有较高的城市化率。据世界银行统计,2012年美国、日本、德国的城市化率分别为82.6%、91.7%、74.1%。而中国2017年末城镇化率才为58.52%,户籍人口城镇化率才达42.35%。一般认为,发达国家的城市化率普遍超过70%,按此标准,我国城市化率有待进一步提高,按户籍人口城镇化率核算还有近30%的缺口。此外,我国还缺少具有国际影响力的城市群,这也是我国同世界经济强国的重要差距。

其五,从国际储备货币占比看,中国离经济强国的占比要求还有较远距离。经济强国往往具备发达稳健的金融体系,其国家货币往往被世界上其他国家作为流通、计价、计算货币,尤其作为储备货币。按照一般的衡量标准,一国货币在世界储备货币中占到4%,可被认为是一种国际化货币。国际货币基金组织宣布,自2016年10月1日起,人民币被认定为世界可自由使用货币,并将作为第五种货币,与美元、欧元、日元和英镑一道构成特别提款权(SDR)货币篮子,人民币历史性地成为世界储备货币。但是人民币在国际储备货币所占比重与美元和欧元差距较大。2017年12月,在中国金融四十人论坛上易纲表示,人民币距离真正一流的储备货币还存在差距,在信用卡、第三方支付、支付清算系统、托管系统以及市场的开放程度等方面都有待完善。据此来看,中国离金融强国支撑的经济强国还有一段距离。

五、从经济大国向经济强国迈进的路径选择

习近平总书记指出,"现在,我们比历史上任何时期都更接近中华民族伟大复兴的目标,比历史上任何时期都更有信心、更有能力实现这个目标",[①] 同时亦强调"我国是一个大国,决不能在根本性问题上出现颠覆性错误,一旦出现就无法挽回、无法弥补。"[②] 跨过"中等收入陷阱",在"两个战略"节点上实现全面建成小康、实现"由大到强"的历史性转变,需要按照党的十八届三中全会、党的十九大的战略部署,需要牢牢把握根本方向不动摇。

其一,坚持和完善基本经济制度,推进国家经济治理体系和治理能力现代化。以公有制为主体、多种所有制经济共同发展是我国社会主义市场经济的基本经济制度,也是中国特色社会主义

---

①② 中央文献研究室编:《习近平总书记重要讲话文章选编》,中央文献出版社、党建读物出版社2016年版,第18、102页。

制度的重要支柱。党的十八届三中全会指出:"国家保护各种所有制经济产权和合法利益,保证各种所有制经济依法平等使用生产要素、公开公平公正参与市场竞争、同等受到法律保护,依法监管各种所有制经济。"我国要实现"两个一百年"的奋斗目标、实现由经济大国向经济强国的历史性转变,就必须充分发挥各种所有制经济的比较优势,必须充分发挥一切劳动、知识、技术、管理、资本的潜力,必须充分发挥一切创造社会财富主体的积极性、主动性和创造性。因此,我们认为,积极发展混合所有制经济是未来坚持和完善我国基本经济制度的重要着力点。要不断完善国有资本、集体资本、非公有资本等交叉持股、相互融合的混合所有制经济实现形式。要同等保护各种所有制经济产权,公有制经济财产权不可侵犯,非公有制经济财产权同样不可侵犯。两种所有制经济不是互相排斥,而是要互相依存、互相协同、互相支撑。要赋予各种所有制经济同等使用各种生产要素的权利,通过市场化充分调动社会各方面参与国家经济治理的积极性,推进国家经济治理体系和治理能力现代化,以真正激发各种所有制经济的活力和创造力,为实现经济强国梦提供根本的制度保障。

其二,加快完善现代市场体系,发挥市场在资源配置中的决定性作用。党的十八届三中全会指出:"经济体制改革是全面深化改革的重点,核心问题是处理好政府和市场的关系,使市场在资源配置中起决定性作用和更好地发挥政府作用。"使市场在资源配置中起决定性作用,是全会作出的重大理论创新,也是思想解放的一次重大突破。这对于进一步理顺政府和市场的关系,加快转变政府职能,激发市场活力,实现"两个一百年"奋斗目标具有重要意义。完善的现代市场体系具有企业能够自主经营、公平竞争,消费者能够自由选择、自主消费,商品和要素能够自由流动、平等交换这三大基本特征。加快完善现代市场体系,需要从以下四个方面着力推进:一是要逐步建立公平开放透明的市场规则,完善主要由市场决定的价格机制,注重发挥市场在形成价格中的作用。二是要着力清除市场壁垒,提高资源配置效率和公平性,废除妨碍全国统一市场和公平竞争的各种规定和做法,反对地方保护主义和不正当竞争。三是要完善金融市场体系,完善人民币汇率市场化形成机制,落实金融监管改革措施和稳健标准。四是要加快转变政府职能,健全国家宏观调控体系,全面正确履行政府职能。这四个方面是我国实现"两个一百年"奋斗目标、实现从经济大国迈向经济强国的重要路径选择。

其三,保持合理经济增长速度,着力提高经济质量和效益。党的十八届三中全会强调"坚持发展仍是解决我国所有问题的关键这个重大战略判断",并要求"推动经济社会持续健康发展"。虽然我国在经济总量上已迈过了经济强国的门槛,但我们的GDP质量不高。在未来发展阶段,仍然必须牢牢抓住以经济建设为中心不动摇,持续扩大经济总量的同时,提高经济质量和经济效益。这既是我国实现"两个一百年"奋斗目标的重要条件,更是增加社会财富,改善人民生活,促进社会进步的必然要求。要坚持扩大内需为主的方针,努力提高消费的比重,促进经济发展的良性循环。要加快推进工业化、信息化、城镇化、农业现代化,促进"四化"协调发展、良性互动。要积极稳妥推进城镇化,完善城镇化健康发展体制机制,着力提高城镇化质量,逐步形成一批具有国际影响力的城市群,使其成为带动区域与全国经济发展的"火车头",为我国经济持续健康平稳增长提供动力和空间。要推动能源资源生产和消费革命,着力提高资源利用效率和效益,控制能源资源消费总量,降低能源资源消耗,使经济发展更多依靠节约能源资源和循环经济推动,推动经济绿色可持续发展。

其四,注重产业支撑和发展,推进产业结构转型升级。回顾经济大国、经济强国的崛起历程就会发现,经济总量的靠前只是迈向经济强国的必要条件,但关键在于经济结构。在1840年鸦片战争的时候,我国的GDP总量远高于英国,但当时英国是经济强国,而我国则沦为衰败之国,其中最重要的原因就在于我国处于产业结构的低端。因此，我们要坚持把解决好农业、农村和农民问题作为全国经济工作的重中之重。加快发展现代农业，增强农业综合生产能力，确保国家粮食安全和重要农产品的有效供给，这是在13亿的人口大国推进现代化建设必须始终要抓好的头等大事。同时要大力促进第一、第二、第三产业协调发展，着力构建现代产业发展新体系，强化需求导向，坚持大力发展制造业特别是先进制造业，加快传统产业转型升级，不失时机发展新兴产业，坚持合理布局建设基础设施和基础产业。要大力推动服务业特别是现代服务业的发展壮大，把服务业打造成经济社会可持续发展的新引擎。要注重发挥工业在实体经济中的主体作用，促进我国从工业大国向工业强国转变。要加强财税、金融、投资政策与产业政策的协调配合，发挥政策的导向作用。要坚持把生态文明建设作为优化产业结构的基本要求，使经济发展更多依靠现代服务业和新兴产业为引擎，更多依靠节约能源资源和发展循环经济推动。

其五，深化科技体制改革，增强自主创新能力。经济学家熊彼特最早提出了"创新理论"，引发了经济学界较长时间的讨论，推动了创新思想的传播和发展。新中国成立以来，两弹一星、载人航天、探月工程、高速铁路等取得的历史性突破，都是科技创新的硕果。改革开放以来，我国的全要素生产率（TFP）水平处于显著上升趋势，这表明技术变迁等因素在经济增长中发挥着重要作用。相关研究进一步表明：我国企业间还存在着明显的要素资源误置问题，还有国有企业和集体企业存在着不合理的要素资源配置。具有强大的科技创新能力和应用转化能力是迈向经济强国的战略支撑，必须摆在实现"两个一百年"奋斗目标、实现经济强国梦的核心位置。一是要坚持走中国特色自主创新道路，以全球视野谋划和推动创新，提高原始创新、集成创新和引进消化吸收再创新能力，更加注重协同创新。二是要深化科技和教育体制改革，加快建设国家创新体系，着力构建以企业为主体、市场为导向、产学研相结合的国家创新体系。着力提高教育质量,统筹各类创新人才发展,建设人才强国和人力资源强国。三是要完善知识创新体系,强化基础研究、前沿技术研究、社会公益技术研究,提高科学研究水平和成果转化能力,抢占科技发展战略制高点。四是要完善科技创新评价标准、激励机制、转化机制。完善科技创新政策环境,深入实施知识产权战略,加大知识产权保护,探索建立知识产权法院。同时,要不断健全创新的法治环境,促进创新资源高效配置和综合集成。

其六,实行人力资源强国战略,努力释放新的人口红利。随着全球经济一体化和知识经济时代的到来,人力资本的重要性已经越来越被认可和接受,人力资本日益成为一国的核心竞争力,对政治、经济、社会、文化和生态的发展具有关键作用,是一个国家由经济大国迈向经济强国的重要支撑力量。我国是人口大国,但不是人力资源强国。要实现"两个一百年"的奋斗目标,实现经济强国梦,必须加快实施人力资源强国战略。从实施层面来看,一是要加快实施科教兴国战略,深化教育领域综合改革,创新高校和科研院所人才培养体制机制,大力促进教育公平与教育普及。二是要逐步调整完善生育政策,促进人口长期均衡发展,进一步深入研究预防性优生学和进取性优生学,加强遗传咨询、检查、筛查、诊断等服务,为推动人力资源积累提供优质人口基础。三是要进一步提高我国医疗保健水平,促进优质医疗资源纵向流动,加强区域公共卫生服务资源整合,逐步理顺医药价格体系,提高我国人口的营养补给水平,为造就高素质的劳动力提供医疗保健支撑。四是要加强农民工职业技能培训,使工人的技术素质大幅度提高,并深化农民工随迁子女教育体制改革,为创造新人口红利创造条件。[①] 五是要积极应对

---

① 厉以宁:《发展优势和"红利"的创造》,引自《改革是中国最大的红利》,人民出版社2013年版,第28页。

老龄化趋势，加快建立社会养老服务体系和发展老年服务产业，积极研究和审慎对待推迟退休年龄制度建设，挖掘早期老年人的劳动力资源潜力。

其七，全面深化改革开放，构建新体制机制。党的十八届三中全会的核心主题就是研究我国全面深化改革的体制机制问题，因此，破除阻碍经济科学发展的体制机制，推动体制机制创新，是我国实现"两个一百年"奋斗目标，实现由经济大国向经济强国转变重要而紧迫的任务。在深化经济体制改革的同时，还需要推进政治体制、社会体制、文化体制等改革创新。一个经济体只有具备良好的体制机制，才能保证市场的有序竞争，保证各种生产要素平等参与市场交换，才能最大限度地激发市场主体的活力，才能更好地调动广大干部群众干事创业的主动性、积极性和创造性。据此，要按照党的十八届三中全会的决策部署进一步深化财税体制、金融体制、城乡一体化体制机制、开放型经济体制等领域的改革。要按照党的十九大的决策部署，坚持全面深化改革，必须坚持和完善中国特色社会主义制度，不断推进国家治理体系和治理能力现代化，坚持破除一切不合时宜的思想观念和体制机制弊端，突破利益固化的藩篱，吸收人类文明有益成果，构建系统完备、科学规范、运行有效的制度体系，充分发挥我国社会主义制度优越性。这就从客观上要求我们增强改革的系统性、整体性、协同性，敢于啃硬骨头、涉险滩，积极构建有利于实现我国经济强国梦的体制机制。

其八，发展海洋经济，加快建设海洋强国。中央政治局第八次集体学习就"建设海洋强国"主题进行了专题学习和研究，习近平总书记作出了"发达的海洋经济是建设海洋强国的重要支撑"的论断。我国有辽阔的海洋国土，实行海洋强国战略是一个国家突破资源约束和市场约束的重要因素，建设海洋强国不仅关系到我国对海洋资源的合理开发，而且关系到我国的国土安全和经济社会的可持续发展。根据国家海洋局发布的《2017年中国海洋经济统计公报》数据显示：2017年全国海洋生产总值77 611亿元，比上年增长6.9%，海洋生产总值占国内生产总值的9.4%。其中，海洋第一产业增加值3 600亿元，第二产业增加值30 092亿元，第三产业增加值43 919亿元，海洋第一、第二、第三产业增加值占海洋生产总值的比重分别为4.6%、38.8%和56.6%。据测算，2017年全国涉海就业人员3 657万人。由此可见，我国已成为高度依赖海洋的开放型经济，海上运输通道安全直接关系着国家的经济命脉。着力实施海洋强国战略，一是要提高海洋资源开发能力，发展海洋经济。二是要坚持保护海洋生态环境。海洋生态文明是我国生态文明建设不可或缺的重要组成部分，要保障海洋资源的可持续利用。三是要提高海洋维权执法能力，坚决维护国家海洋权益。要强化海上维权执法协调机制，提高海洋军事实力，为维护我国的海洋权益保驾护航。四是要加强海洋行政管理体制和海上执法体制建设。通过海洋管理体制机制的改革和创新，为建设海洋强国提供有力的保障。

其九，构建开放型经济新体制，提高开放型经济水平。在实现"两个一百年"奋斗目标、迈向经济强国的征程中，我们必须适应经济全球化趋势，推动对内改革对外开放，促进"引进来"和"走出去"更好地结合，加快培育和引领国际经济合作竞争新优势。一是要创新开放模式，深化沿海开放，扩大内陆开放，统筹沿海内陆沿边开放，打造分工协作、优势互补、均衡协调的区域开放新模式。二是要坚持出口与进口并重，形成以技术、品牌、质量、服务为核心的出口竞争新优势，加快加工贸易的转型升级，促进加工贸易从组装逐步向研发、设计等产业链高端拓展。三是要提高利用外资的综合优势和总体效益，拓宽利用外资渠道，优化外资使用结构，加强和改进利用外资的宏观管理。四是要加快"走出去"的步伐，积极扩大对外投资力度，合理利用国家的外汇储备，充分发挥我国在轻纺、服装等行业的比较优势，鼓励企业到境外投资办厂。五是要创新与发达国家的合作模式，加强与发展中国家及周边的合作往来，完善合作机制，拓展合作领域，创新对外援助方式，推进"丝绸之路经济带、海上丝绸之路"建设，加快实施自由贸易区战略，建设好上海自由贸易区这个创新载体，为顺利实现"两个一百年"奋斗目标和经济强国梦保驾护航。

第三章

经济强国建设的战略与动力

一、经济新常态下推进供给侧结构性改革

经济发展新常态,是党的十八大以来党中央综合分析世界经济长周期和我国发展阶段性特征及其相互作用作出的重大战略判断。供给侧结构性改革,是党中央适应、把握、引领经济发展新常态主动选择的治理药方。这个重大战略判断和主动选择的治理药方是习近平新时代治国理政思想的深刻体现,是中国特色社会主义政治经济学发展的重要里程碑,对经济强国建设具有重要指导作用。

(一)经济新常态和供给侧结构性改革思想提出的背景

2013年12月的中央经济工作会议上,习近平首次提出经济新常态的理念,2014年5月,习近平在河南考察时,再次提出新常态概念,并首次由新华社向全社会作了报道。2015年11月,习近平在中央财经领导小组第十一次会议上提出供给侧结构性改革。有关这两方面我国经济发展和经济结构改革的论述,有着深刻的历史和现实背景。

第三章　经济强国建设的战略与动力

1. 从大的历史时段看经济发展新常态背景。

2016年1月,习近平总书记在省部级领导干部学习贯彻党的十八届五中全会精神专题研讨班上指出:"从历史长过程看,我国经济发展历程中新状态、新格局、新阶段总是在不断形成,经济发展新常态是这个长过程的一个阶段。"① 从认识论来看,经济发展新常态实质上就是经济发展某一阶段的长期现象,是由经济发展客观规律所决定的。因此,观察和研究经济发展新常态需要有较长的眼界和时间跨度,甚至需要借鉴经济史的研究成果。

从世界范围看,人类正处于工业化时代,这个时代已经历了两百多年,发生了几次工业革命,但大多数国家迄今尚未完成工业化。18世纪以来的工业革命以其特有的发展动力,一波又一波地推动各经济体以远远高于以往的速度增长。从人类发展的历史来看,高速经济增长是工业化时期发生的一段特殊历史现象,也可以说是工业化时期区别于其他时期的特征性常态。在工业革命之前,人类的经济增长是极为缓慢的,完成工业化之后,高速增长也将不复存在。也就是说,现在我国经济增速有一定的回落,是新常态一个正常的规律性现象。②

我们现在总体上处于工业化的中后期,习近平总书记所讲的经济发展新常态特征已经到来,经济从高速增长转为中高速增长。从我国近几年经济增长实际状况来看,已从曾经的两位数增长率,下降到7%以下。我国经济总量不断扩大,当经济发展水平达到中高速以后,速度会相应慢下来,这是一个普遍的规律。今后随着发展可能还要降低,但我国经济增速降幅比韩国、日本当时要小很多。国内外研究表明,我国经济的潜在增长率显著地趋于下降。中国社会科学院的一项研究显示:结构性减速成为我国经济新常态的主要特征,并预测在2011~2015年、2016~2020年、

---

① 《习近平谈治国理政》第2卷,外文出版社2017年版,第245~246页。
② 金碚:《中国经济发展新常态研究》,载于《中国工业经济》2015年第1期。

2021~2030 年的三个时段内，我国潜在增长率区间分别为 7.8%~8.7%、5.7%~6.6% 和 5.4%~6.3%。①

人类社会发展的每个阶段都有一些鲜明特征，这些特征突出表现在两大维度上：一是发展的各种约束条件，包括外部因素和内部因素、物质因素和非物质因素、显性的制度因素和隐性的制度因素等；二是与各种发展约束条件相适应的发展动力结构、发展方式方法和经济运行的基本情况等。发展的每个阶段都会面临前一个阶段已经解决了其主要挑战之后又产生的新矛盾。一方面，历史的演进具有连续性和继承性，每一个阶段的常态，都是前一个阶段常态的延续，并非绝对的间断。另一方面，历史演进也具螺旋式上升的运动规律即差异性，不同阶段的常态又显著地区别于前一个常态，而呈现为一个很大程度上崭新的历史时空状态和一系列现象特点。

经济发展新常态是一个新的经济发展周期，这需要从我国经历由盛到衰的几个大历史时期看，特别需要从近代工业演变发展来看。我国的工业化历史已有一百多年，为了便于叙述，经济周期与政治周期视为相同，大致划分为四个阶段：工业化萌发阶段（1912~1949 年）、工业化初期（20 世纪 50~70 年代末）、工业化加速阶段（20 世纪 80 年代~2012 年）、工业化深化期（2013 年至 21 世纪中叶）。每个历史阶段的时长都在 30 年左右，每个历史阶段相对上一个阶段，都是明显的"新常态"。根据这一规律推断，工业深化期大体与习近平总书记提出的经济发展新常态相重合，也就是说经济发展新常态可能要持续 30 年左右的时间。我国工业化的深化时期从 2013 年开始，大约将延续到 21 世纪中叶。这是力求通过全面深化改革实现国家治理体系现代化的时代，这是全面建成小康社会向中华民族伟大复兴中国梦推进的时

---

① 李扬、张晓晶：《论"新常态"》，中国社会科学院经济学部研究报告系列，2014 年。

代。这就是我们所讨论的经济发展新常态的大背景。

2. 从改革开放40年看经济发展新常态背景。

经济发展新常态并非凭空产生,它是40年来改革开放经济增长的一个结果。我们要从战略高度认识经济发展新常态,切忌将其视为我国经济下行压力的一种政策托词,这将弱化新常态对我国经济政策和经济战略的指导意义。

经过40年的快速发展,我国经济发展取得了举世瞩目的成就,但也长期积累了一些结构性、体制性、素质性突出的问题。过去40年是我国改革开放的辉煌时代。发展是硬道理,不仅体现了那个时代经济发展的动力,而且也标示了改革开放的动力源泉。在这样的动力机制下,改革开放如火如荼,取得巨大成就,但也产生了许多矛盾和问题。这是我们适应、把握、引领经济发展新常态的前提。经济发展新常态是一个客观状态,是我们所选择的发展模式到今天必然要出现的一种状况,是一种内在必然性。视而不见,只能进一步扭曲我国经济,用不了多久会付出更大的代价来治理。

从国内因素看。一是经济增长速度过高不可持续。改革开放以来,我国经济保持了30多年的高速增长,1978~2012年我国经济保持了年均9.8%的高增长,2003~2007年期间更是达到了年均11.6%的增长速度,有效地支撑了小康社会建设和国家现代化建设。我国经济经过多年的高速增长后,必然会进入调整时期。未来一段时间,潜在增长率下降已成为不争的事实。随着劳动力供给下降、环境治理成本上升、消费向服务性商品倾斜,我国经济增长潜力下降,相应的GDP增速也会有所回落,继续保持高速增长已经做不到。二是经济发展方式不可持续。粗放型经济发展方式曾经在我国发挥了很大作用,但现在再按过去那种粗放型发展方式来做,不仅国内条件不支持,国际条件也不支持,是不可持续的。必须清醒地认识到,发展中的不平衡、不协调、不可持续等问题依然突出。三是产业结构处于全球价值链中低端水平。我国产业结构处于全球价值链中低端的重要原因是，现代产业体系发展滞后，落后的传统农业和低端产业广泛存在。四是经济增长动力主要由要素、投资驱动。改革开放 40 年来，我国经济增长主要依靠劳动力、资本、土地三大传统要素投入，是一种典型的要素驱动型。从当前的情况看，这三大要素均面临着诸多瓶颈约束，已难以支持我国经济可持续的发展。五是社会主义市场经济体制还不够完备。当前，存在诸如市场规则不统一、竞争公平性不够、要素市场发育不充分、政府职能错位越位缺位等问题。

从国外因素看。国际金融危机破坏了世界经济增长动力，而新的自主增长动力又没有形成，世界经济有可能维持一段时间的缓慢增长。与此同时，发达国家普遍认识到产业空心化的危害，纷纷采取优惠措施吸引投资、发展实体经济，促使一些跨国公司撤回本国，使得国际贸易增长愈加乏力，近几年国际贸易增速甚至低于世界经济增速。这些都对我国利用世界经济增长和国际市场扩张拉动国内经济增长造成了障碍。

3. 从"十二五"时期以来看经济发展新常态背景。

近年来，特别是 2010 年我国经济超越日本成为全球第二大经济体之后，我国经济增速持续下滑，过去多年高速增长积累的矛盾和风险凸显，经济明显出现了不同于以往的特征。但是，对我国经济的下滑究竟是受外部因素影响，还是意味着我国经济进入到一个新的阶段，一段时间理论界争论很大。这种争论不仅仅是理论上的，更重要的是，宏观政策导向将有所不同。如果我国经济的减速是外部因素所致，则意味着目前的经济增长是低于潜在增长率的，刺激政策可以大有所为。如果认为我国经济的减速是内在因素所致，则意味着经济减速的原因是潜在增长率下降，宏观政策必须在对经济减速保持克制和包容的同时，下决心通过改革解决我国经济持续增长面临的问题。根据新的发展阶段、我国经济发展的客观实际，习近平总书记对经济发展新常态做了一系列论述，效果令人信服。我国经济已经进入到一个和过去完全不同的阶段，必须用新的理念来思考我国经济，必须用新的政策手段把握经济大方向。这些对我国经济新周期的正确认识，为供给侧结构性改革推出奠定了基础。

"十二五"以来，经济增速显著下降，表面上的原因是需求不足，实际上是供给结构与市场需求脱节造成的供给失灵。一方面，以钢铁、煤炭为代表的部分行业，产能严重过剩，资源配置效率低下。另一方面，居民的有效需求受供给侧制约不能得到满足，国内消费和国内生产之间的脱节现象日益明显。如果不能有效解决供给失灵的问题，单纯地扩大内需政策必然会加剧长期的结构性调整难度。

2014 年 12 月，中央经济工作会议对我国经济发展阶段特征进行了全面总结，以此把握经济发展新常态。一是从消费需求看，过去我国消费具有明显的模仿型排浪式特征，现在模仿型排浪式消费阶段基本结束。二是从投资需求看，经历了 30 多年高强度大规模开发建设后，传统产业相对饱和。三是从出口和国际收支看，现在全球总需求不振，我国低成本比较优势也发生了转化。四是从生产能力和产业组织方式看，过去供给不足是长期困扰我们的一个主要矛盾，而现在传统产业供给能力大幅超出需求。五是从生产要素相对优势看，过去劳动力成本低是最大优势，现在人口老龄化日趋发展，农业富余劳动力减少。六是从市场竞争特点看，过去主要是数量扩张和价格竞争，现在正逐步转向质量型、差异化为主的竞争。七是从资源环境约束看，过去能源资源和生态环境空间相对较大，现在环境承载能力已经达到或接近上限。八是从经济风险积累和化解后，伴随着经济增速下调，各类隐性风险逐步显性化。九是从资源配置模式和宏观调控方式看，全面刺激政策的边际效果明显递减。

这些问题不是周期性的，而主要是结构性的。目前，我国相当多的产能是在世界经济增长黄金期面向外需以及国内高速增长阶段形成的,在应对国际金融危机冲击中一些产能又有所扩大,在国际市场增长放缓的情况下,仅仅依靠刺激国内需求难以解决产能过剩问题。这就相当于准备了两桌饭,就来了一桌客人,使劲儿吃也吃不完。这个问题不仅我们遇到了,其他国家也遇到了。① 由此得出,供给侧结构性改革,是新常态下经济工作的主线。

(二) 经济新常态和供给侧改革思想对实践的指导意义

党的十八大以来,以习近平同志为核心的党中央在科学分析国内外经济发展形势、准确把握我国基本国情的基础上,对我国经济发展作出一系列论述,形成了许多重要思想。其中经济发展新常态、供给侧结构性改革思想内涵特别丰富,集中表现出我国经济发展的特点,对实践有着重大指导意义。

1. 经济发展新常态是我国中长期经济发展最主要的特征。

经济发展新常态的提出,在国内外产生了广泛的影响。对于我们来讲,一个以经济发展新常态为表征的中长期历史阶段已经到来,经济发展新常态将成为今后相当长一段时期内我国经济发展的基本性质和主要特征。

经济发展新常态,与我国经济转型升级发展阶段密切相关,与经济持续健康发展密切相关。国内国外的新常态概念基本上是相对独立形成的。相比来说,我国新常态的内涵更为丰富,实践要比西方国家的新常态复杂得多。概括来说,国外新常态内涵如果不是悲观的,至少也是无可奈何的。我国则不然,经济发展新常态是迈向更高级发展阶段的宣示,它不仅分析了我国经济转型的必要性,而且明确指出了经济转型的方向,同时也指出了转型的动力结构。

---

① 《七问供给侧结构性改革——权威人士谈当前经济怎么看怎么干》,载于《人民日报》2016年1月4日。

第三章 经济强国建设的战略与动力

习近平总书记指出，新常态主要表现在经济领域，不要滥用新常态概念，搞出一大堆"新常态"，甚至把一些不好的现象都归入新常态。这是防止把新常态当成一个"筐"，什么都往里装。新常态不是一个避风港，不要把不好做或难做好的工作都归结于新常态，似乎推给新常态就有不去解决的理由了。新常态还是要更好发挥主观能动性、更有创造精神地推动经济发展。

经济发展新常态，有其特定的内涵和特点。2014年5月，习近平总书记在河南考察时指出："我国发展仍处于重要战略机遇期，我们要增强信心，从当前我国经济发展的阶段性特征出发，适应新常态，保持战略上的平常心态。"2014年11月，习近平总书记在亚太经合组织工商领导人峰会开幕式演讲中，集中阐述了经济发展新常态下，速度变化、结构优化、动力转化三大特点，指出新常态给中国带来新的发展机遇。2014年12月，习近平总书记在中央经济工作会议上，详尽分析了我国经济发展新常态的趋势变化。他指出："我国经济发展进入新常态是我国经济发展阶段性特征的必然反映，是不以人的意志为转移的。认识新常态、适应新常态、引领新常态，是当前和今后一个时期我国经济发展的大逻辑。"2015年11月，习近平总书记在省部级主要领导干部学习贯彻党的十八届五中全会精神专题研讨班上，系统阐述了新常态下我国经济发展的主要特点，与此前他在亚太经合组织工商领导人峰会开幕式上的观点相比，这次讲的特点更加突出，体系更为完善。他指出："增长速度要从高速转向中高速，发展方式要从规模速度型转向质量效率型，经济结构调整要从增量扩能为主转向调整存量、做优增量并举，发展动力要从主要依靠资源和低成本劳动力等要素投入转向创新驱动。"习近平总书记关于经济发展新常态的论述，思想深刻，内涵丰富，是我们党治国理政的一个新的重大战略思想。

当前，我国经济增速与前几年相比有所下降，这是经济发展新常态的正常现象。党的十八大以来，习近平总书记多次强调，发展必须保持一定的速度，但并不是单纯追求增长速度，而是追求有效益、有质量、可持续的发展。2013年4月，习近平总书记在博鳌亚洲论坛上就经济发展速度指出："中国在今后相当长时期仍处于发展上升期，工业化、信息化、城镇化、农业现代化带来巨大国内市场空间，社会生产力基础雄厚，生产要素综合优势明显，体制机制不断完善。经过我们努力，经济增速完全有可能继续保持较高水平"；"就是速度再快一点，非不能也，而不为也。"2014年7月，在习近平总书记提出经济发展新常态不久，中央政治局工作会议强调："我国发展必须保持一定速度，不然很多问题难以解决。同时，发展必须是遵循经济规律的发展，必须是遵循自然规律的可持续发展，必然是遵循社会规律的包容性发展。"这是习近平总书记关于新常态下经济发展几次重要表述，对认识新常态起到了重要作用。

怎样理解经济发展新常态，经济增长速度下降呢？自国际金融危机以来，发达经济体与新兴经济体均经历了程度不同的经济减速，我国当然也不例外。然而，我国的经济减速既与国际因素和外部冲击有关，更是结构性因素在起作用。习近平总书记近一段时间多次强调："当前和今后一个时期，我国经济发展面临的问题，供给和需求两侧都有，但矛盾的主要方面在供给侧。"①在供给侧，也就是结构性问题。

如果说全球新常态主要被描述为"新平庸"或长期停滞，那么，我国经济新常态体现在增长上的主要特征就是结构性减速。不过，这种因结构变化导致的经济增长速度由高速向中高速的下落，同时伴随着我国经济的总体质量和效益迈向中高端水平。总的来说，如果说全球新常态是对未来世界经济趋势的一种悲观认识，那么，我国新常态则包含着经济朝向形态更高级、分工更细致、结构更合理的阶段演化的积极内容。

---

① 《习近平谈治国理政》，第二卷，外文出版社2017年版，第253页。

第三章 经济强国建设的战略与动力

我国潜在增长率下降主要是由供给侧的生产要素相对稀缺性和全要素生产率的变化引起的。"十二五"以来，我国经济减速有两点主要原因。一是要素和资源供给的增长速度发生了减速性变化。人口红利逐渐消失，意味着推动高速增长的传统动力减弱，导致潜在增长率下降。同时，城镇化增速减缓，呈现出减速的趋势。二是产业结构正在发生变化。工业化使资源和劳动力从农业转向第二产业，现在我国工业化已经进入后期阶段，资源和劳动力开始向第三产业转移。第三产业的投资增长速度开始超过第二产业。

人口红利等因素导致的潜在增长率下降是趋势性的，不可逆转。但同时，当前还存在一些体制性因素从供给侧提高了经济活动的制度性交易费用和生产成本，而这些是可以通过改革矫正的。在这些可变因素和不可变因素的共同作用下，我国经济会经历一个随发展阶段变化下行，随后通过改革获得新的增长动力遏制下行，然后进入新的发展周期的过程。

经济发展新常态，经济增长动力是一个重要问题。经济发展新常态意味着发展方式将发生改变，从投资驱动、出口驱动的增长方式，转向创新驱动。不断提高要素质量，更多依靠人力资本的质量和技术进步，让创新成为驱动发展的新引擎。习近平总书记在这方面多有论述。2015年3月，习近平总书记在参加十二届全国人大三次会议上海代表团审议时指出："创新是引领发展第一动力。抓创新就是抓发展，谋创新就是谋未来。适应和引领我国经济发展新常态，关键是要依靠科技创新转换发展动力。"2016年5月，习近平总书记在中国科学院第十八次院士大会、中国工程院第十三次院士大会讲话指出："实施创新驱动发展战略，是应对发展环境变化、把握发展自主权，提高核心竞争力的必然选择，是加快转变经济发展方式、破解经济发展深层次矛盾和问题的必然选择，是更好引领我国经济发展新常态、保持我国经济持续健康发展的必然选择。"习近平总书记的系列讲话，从多个角度强调经济发展新常态发展动力问题,对于指导当前工作有着重要的意义。

必须明确,我国经济发展进入新常态,没有改变我国发展仍处于大有作为的战略机遇期,改变的是战略机遇期的内涵和条件。对发展条件的变化我们必须准确认识、深入了解、全面把握,顺势而为、乘势而上,更加自觉地坚持以提高经济发展质量和效益为中心,大力推进经济结构战略调整。要做到这些,正如习近平总书记所讲,关键在于全面深化改革、实施创新驱动发展战略、破解发展难题的力度。

自我国进入工业化后期,经济社会发展进入了新常态,面临着经济结构变化和增长动力转换的新要求。从要素供给角度看,当前劳动力数量和资本积累对增长的贡献已经显著下降并将进一步减少,增长的新动力主要在于通过要素质量提升和优化配置提高生产率。从社会总需求角度看,进入工业化后期投资和出口对增长的贡献已难以维持在较高水平,增长的新动力主要在于科技创新。

我国现代化同西方发达国家有很大不同。西方发达国家是一个"串联式"的发展过程,工业化、城镇化、农业现代化、信息化顺序展开,发展到目前水平用了二百多年时间。我们要后来者居上,把"失去的二百年"找回来,决定了我们的发展必然是一个"并联式"的过程,工业化、信息化、城镇化、农业现代化是叠加发展的。[①] 经济发展新常态处于这种发展状态之中,这需要科技发挥作用,推动工业化、信息化、城镇化、农业现代化同步发展。现在推进供给侧结构性改革的核心就是创新,"双创"为改革发展提供了新动能。通过创业带动就业,能够对冲经济下行产生的就业风险,通过创新实现提质增效,能够推动产业升级和创新驱动。通过创业创新,创造新需求,实现新供给,培养新技术、新产业、新业态和新模式,推动经济发展方式从传统

---

① 《习近平关于科技创新论述摘编》,中央文献出版社2016年版,第24~25页。

的要素驱动、投资驱动向创新驱动转变。而推进供给侧结构性改革，首先要激发"三大主体"即"市场主体"企业家、"创新主体"科研人员、"改革主体"官员的积极性和创造性，真正实现改革落地。其次，要推进模式创新、推进创业创新要素聚合。

新常态下经济增长的新动力来自哪里？大体而言，来源于三个方面：一是提高人力资本质量，以自主创新逐步替代技术引进和模仿，为经济增长提供不竭动力；二是促进信息、知识、创意、制度等新生产要素不断产生，让经济增长获得更多新增动力；三是通过供给侧结构性改革消除要素配置扭曲，提高全要素生产率，激发经济增长内生动力。第一方面的动力来自科技创新，第二和第三方面的动力来自制度创新以及系统创新。可见，创新为新常态下的经济增长提供核心动力，支持创新、鼓励创新、引导创新，就抓住了促发展、谋未来的"牛鼻子"。

实行创新驱动以及国家创新体系建设应以市场机制为基础、以企业为主导，但是，这绝不意味着政府可以袖手旁观。事实上，政府在创新驱动中的作用常常是不可替代的。在市场经济体制下，政府的功能，一是创造并维护一个有利于企业创新的社会经济环境。二是在创新的公共品领域，在具有外部性、垄断性领域中，发挥主导作用。需要强调的是，政府在产业选择、技术选择方面，不能过度干预，也应避免直接作为市场主体参与其中。在有必要实行产业政策的情形下，为克服政府失灵，应区分选择性产业政策和功能性产业政策，区分直接干预型和间接诱导型产业政策，这是创新发展里的核心要义。

2. 供给侧结构性改革是适应和引领新常态的重大创新。

"十三五"规划纲要第五章"发展主线"指出：贯彻落实新发展理念、适应把握引领经济发展新常态，必须在适度扩大总需求的同时，着力推进供给侧结构性改革，使供给能力满足广大人民日益增长、不断升级和个性化的物质文化与生态环境需要。

供给侧结构性改革是一个新的经济学术语，是党中央的重大创新。研究供给侧结构性改革,就要找到其经济学的理论来源。19世纪初,法国经济学家萨伊所倡导的古典自由主义经济学思想是供给学派最为重要的思想源泉。他所提出的萨伊定理,即供给自动创造需求的理论,是古典经济学关于供需关系最为重要的表述。萨伊定理所倡导的经济政策基本上以放任自由与不干预为特征,强调市场的绝对主体地位。此后横跨200多年供给学派经历了螺旋发展的过程。20世纪30年代,凯恩斯国家干预主义颠覆了这种自由主义思潮,但在70年代滞胀危机之后供给学派又重新登堂入室。供给学派强调供给会自动创造需求,应该从供给着手推动经济发展。其政策首先是减税,以提高人们储蓄、投资的能力和积极性。

在诸多的供给管理学派经济学家的逻辑框架里,都带着一个深深的烙印,那就是古典经济学所倡导的经济自由主义,比如,被供给学派奉为座上宾的弗里德曼,就是典型的自由主义者,它反对政府通过货币政策来干预经济,主张只实行单一货币规则,以控制通胀。再比如代表人物拉弗,他强调通过减税来减轻企业负担,企业负担轻了才能发展,政府才有长期的税收保障。

我国的供给侧结构性改革,理论基础是中国特色社会主义政治经济学。供给侧结构性改革具有明显的社会主义初级阶段特征,具有明显的经济转型特征。我国的供给侧结构性改革,重点是解放和发展社会生产力,用改革的办法推进结构调整,减少无效和低端供给,扩大有效和中高端供给,增强供给结构对需求变化的适应性和灵活性,提高全要素生产率。这不只是一个税收和税率问题,而是要通过一系列政策举措,特别是推动科技创新、发展实体经济、保障和改善人民生活的政策措施,来解决我国经济供给侧存在的问题。

从中国特色社会主义政治经济学的角度看,供给侧结构性改革的目的,是使我国供给能力更好满足广大人民日益增长、不断升级和个性化的物质文化和生态环境需要,从而实现社会主义生产目的。供给侧结构性改革，既强调供给又关注需求，既突出发展社会生产力又注重完善生产关系，既发挥市场在资源配置中的决定性作用又更好地发挥政府作用，既着眼当前又立足长远。

现在全球价值链正在进行重塑，我国在参与全球价值链的不断动态调整中，失去了一些传统产业的优势，也形成了很多自己的特点。我们正在以一种壮士断腕的决心来进行供给侧结构性改革。如果这个改革能够顺利成功，它对全球价值链的重要意义、对中国自身发展的重要意义，应该是不言而喻的。

从这个意义上讲，我国的供给侧结构性改革既有短期任务，也必须具有长期战略；既要做好打持久战的准备，又要组织好重点领域的歼灭战。从短期来看，要抓好以"去产能、去库存、去杠杆、降成本、补短板"为核心的五大战术任务；从长期来看，供给侧结构性改革要以转变经济增长方式为目标，特别是要转变发展理念，落实"创新、协调、绿色、开放、共享"的五大发展理念。

党中央经过综合判断认为：解决我国经济深层次问题，必须下决心在推进经济结构性改革方面做更大的努力，使供给体系更适应需求结构的变化。当前和今后一个时期，我国经济发展面临的问题，供给和需求两侧都有，但矛盾的主要方面在供给侧。供给侧结构性改革是今后一个重要任务，主要从化解产能过剩、传统产业转型升级、新兴产业的支持和培育三个方面进行推进。

中央提出，推进供给侧结构性改革是当前和今后一个时期我国经济工作的主线。推进供给侧结构性改革，必须在战略上打好持久战，坚持稳中求进，把握好节奏和力度。在战术上打好歼灭战，抓好去产能、去库存、去杠杆、降成本、补短板五大任务。

国际金融危机以后，越来越多的国家认识到，结构性改革才是走出困境的根本之策，但这是需要付出代价的。2016年5月，中央全面深化改革领导小组第二十四次会议强调："推进供给侧结构性改革，是对全面深化改革决心的重要检验。要认识到改革有阵痛，但不改革就是长痛的道理。对各种矛盾要做到心中有数，增强改革定力，抓住改革时间窗口，只要看准了的改革，就一抓到底，寻求必胜。"在这次会上习近平总书记指出："供给侧结构性改革本质是一场改革，要用改革的办法推进结构调整，为提高供给质量激发内生动力、营造外部环境。各地区各部门要把依靠全面深化改革推进供给侧结构性改革摆上重要位置，坚定改革决心，突出问题导向，加强分类指导，注重精准施策，提高改革效应，放大制度优势。"现在改革和发展已相互融合，发展前进一步就需要改革前进一步，改革不断前进也能为发展提供强劲动力。习近平总书记把供给侧结构性改革定位于"改革"，这是按照改革的规律来推进。用改革的办法推进结构调整，矫正要素配置扭曲，扩大有效供给，提高供给结构对需求变化的适应性和灵活性，提高全要素生产率。

供给和需求是市场经济内在关系的两个基本方面，是既对立又统一的关系。没有需求，供给就无法实现，新的需求可以催生新的供给。没有供给，需求就无法满足，新的供给可以创造新的需求。2016年1月，习近平总书记在省部级主要领导干部学习贯彻党的十八届五中全会精神专题研讨班上的讲话强调："供给侧和需求侧是管理和宏观调控经济的两个基本手段。需求侧管理，重在解决总量性问题，注重短期调控，主要是通过调节税收、财政支出、货币信贷等来刺激或抑制需求，进而推动经济增长。供给侧管理，重在解决结构性问题，注重激发经济增长动力，主要通过优化要素配置和调整生产结构来提高供给体系质量和效率，进而推动经济增长。"2018年3月，李克强总理在政府工作报告中强调，要深入推进供给侧结构性改革，坚持把发展经济着力点放在实体经济上，继续抓好"三去一降一补"，大力简政减税减费，不断优化营商环境，进一步激发市场主体活力，提升经济发展质量。

供给侧改革提出以后，存在一种误解，似乎强调供给侧改革,就是放弃需求侧。实际上新常态下的我国经济增长,既涉及供给问题,又涉及需求问题。供给侧改革不能忽视需求侧,也不能放弃需求侧的扩大需求,需要把供给侧改革和需求侧的扩大需求相结合,更加重视供给侧的改革。

经济发展新常态下,经济增长问题既有供给因素又有需求因素,而关键在于供给因素,由于需求因素中消费作用不足,只能通过投资这个唯一的因素带动增长,使经济发展陷入投资驱动和规模扩张而不能自拔,难以向效率提高型转变。供给问题,即生产问题是经济发展新常态中的关键问题,表现为供给结构问题、供给效率问题、创新能力不足问题等。因此,经济发展新常态下的经济发展既要进行供给侧改革,也要进行需求侧的扩大需求。通过供给侧改革调整经济结构、消化产能过剩和促进服务业发展,通过需求侧的扩大需求解决就业问题。

推进供给侧结构性改革,并不意味着放弃需求侧管理,而是要能动实施总需求调控,努力使经济运行保持在合理区间,营造有利于结构性改革的宏观环境。但实施需求侧管理也不意味着使用大规模刺激手段,而是要深挖国内有效需求潜力,开拓发展更大空间,形成对经济增长稳定而持久的内需支撑。要增强消费拉动经济增长的基础性作用,适应消费升级趋势,破除政策障碍,优化消费环境,维护消费者权益;发挥有效投资对稳增长调结构的关键作用,着力补齐我国基础设施和民生领域的短板,改造升级传统产业;深入推进新型城镇化,激活城镇化这个最大的内需潜力和发展动能;优化区域发展格局,推动"一带一路"建设、京津冀协同发展、长江经济带发展三大战略深入实施。

3. 推进供给侧结构性改革取得的成效。

当前,我国供给侧结构性改革已取得积极进展,"三去一降一补"效果明显。从去产能看,2016年钢铁、煤炭等重点行业超额完成年度规划任务。从去库存看,商品房待售面积下降明显,2016年全国商品房待售面积为69 539万平方米,与2015年相比下降了3.2%。从去杠杆看，企业部门负债率稳中有降，资金"脱实向虚"得到遏制，有利于更好地服务实体经济。从降成本看，企业的税费成本、用工用能成本、土地成本、物流成本、融资成本及制度性交易成本都不同程度地有所下降。从补短板看，通过加大对生态保护、环境治理、基础设施建设、科技创新、民生建设、水利管理以及第一产业等薄弱环节的投资力度，经济社会发展的薄弱环节得到有效改善。① 随着供给侧结构性改革的各项举措逐步落地以及适应新常态的经济政策框架逐步形成，持续依靠改革破解经济发展和结构失衡难题，我国经济呈现稳中向好的发展势头。2018年政府工作报告强调：五年来在淘汰水泥、平板玻璃等落后产能基础上，以钢铁、煤炭等行业为重点加大去产能力度，中央财政安排1 000亿元专项奖补资金予以支持，用于分流职工安置。退出钢铁产能1.7亿吨以上、煤炭产能8亿吨，安置分流职工110多万人。积极破除要素市场化配置障碍，降低制度性交易成本。据统计，目前中央政府定价项目缩减80%，地方政府定价项目缩减50%以上。全面改革工商登记、注册资本等商事制度，企业开办时间缩短1/3以上。可以说，供给侧结构性改革阶段性成效显著，营商环境持续改善，市场活力明显增强，群众办事更加便利。但总体看，我国经济供需不平衡、不协调的结构性问题依然突出，必须在巩固现有成果基础上，从长计、从远计，针对不断出现的新情况新问题，完善政策措施，防止短视思维，防止走老路，确保供给侧结构性改革取得长期成效。

（三）深化经济发展新常态下供给侧结构性改革

2017年12月中央经济工作会议指出，要围绕推动高质量发

---

① 高培勇：《打赢供给侧结构性改革攻坚战是全面深化改革的关键之举》，载于《求是》2017年第9期。

展，做好8项重点工作，其一就是深化供给侧结构性改革。要推进中国制造向中国创造转变，中国速度向中国质量转变，制造大国向制造强国转变。深化要素市场化配置改革，重点在"破""立""降"上下功夫。大力破除无效供给，把处置"僵尸企业"作为重要抓手，推动化解过剩产能；大力培育新动能，强化科技创新，推动传统产业优化升级，培育一批具有创新能力的排头兵企业。当前，中国特色社会主义进入新时代，站在新的历史起点，深化经济发展新常态下供给侧结构性改革应该牢牢把握和妥善处理以下三种关系。

1. 处理好政府和市场的关系。

政府和市场的关系，是社会主义市场经济体系发育和建设中的重要理论问题，是改革开放进程中涉及全面和长远的核心问题。通过长期的探索实践和经验总结，党的十八届三中全会明确提出了"使市场在资源配置中起决定性作用和更好发挥政府作用"的科学论断，其也是经济发展新常态下推进供给侧结构性改革的重大原则。在新常态下，经济发展由单一追求经济高速增长转向注重增长速度与增长质量的协调，发展动力也由强调要素投入转向强调技术创新的带动力，而这一系列转变背后，需要更科学的政府和市场关系作为支撑。一方面，能够由市场自行进行的改革，政府要充分创造条件，能放手的尽量放手。另一方面，我们要坚决避免西方供给学派所主张，改革极端排斥政府的调控作用，只强调市场调控作用的发挥，以及对之前政府"扭曲"市场行为的纠正。而我国的供给侧结构性改革，则在注重发挥市场作用的同时也注重发挥政府的作用。以产能过剩为例，有的学者就认为，产能过剩是市场经济下普遍存在的现象，因而没有必要由政府采取手段进行处理；但是应该看到，我国的产能过剩并非是市场单一作用的结果，而是或多或少与政府调控有关，要解决这一问题，也必须有政府的介入。从供给侧结构性改革的任务来看，都在不同程度上需要政府发挥作用，仅仅依靠市场机制难以解决。

2. 要处理好短期和长期的关系。

短期和长期的关系,是改革中涉及短期目标和长期目标之间的重要关系。从供给侧结构性改革来说,我们认为,当前总的原则应该是,二者一致时加速推进,二者不一致时短期目标要让位于长期目标。如在去产能的改革中,有的地方压缩了过剩产能,短期可能会对经济发展有一定的影响,但从中长期角度来看,会赢得产业升级的机会。因此,要有"壮士断腕"的勇气,去产能和清理"僵尸企业",才能换来长期发展的活力。从中长期目标来说,处理短期和长期关系,还是应该协同推进,总是单兵推进会产生新的市场扭曲和不适当市场预期,进而削弱长期增长的潜力。因此,目前对房地产问题,要看得远一点,避免因政策过头而导致"大起大落"现象。同时,要瞄准转变发展方式和提高增长可持续性目标,兼顾短期宏观稳定,加强政策协同,提高供给侧结构性改革整体效应。

3. 要处理好供给和需求的关系。

供给和需求是市场经济内在关系的两个基本方面,供给侧和需求侧是管理和调控宏观经济的两个基本手段。供求关系,决定价格变动是市场经济的客观规律。改革开放以来,随着消费需求、投资需求的快速扩张,我国经济长期处于短缺状态。社会生产力发展最需要解决的是活力和动力问题。因此改革的重点是推进放权让利,进而增强经济活力和动力。在放权让利的改革中,支持企业生产得多、生产得快的相关体制机制较快建立,但约束企业生产得好、制造得优良的体制机制建立则相对滞后。当市场需求对供给质量的要求不断提高时,经济体制内"责权利"等方面不够配套的问题就凸显出来。因为当产能利用效率长期处于过低水平时,企业的生产经营将长期处于亏损状态。此时不仅要调低产量,还需要削减产能,一些经营不善、生产水平低下的企业需要破产退出。经济政策是以供给侧改革为重点还是以需求侧为重点,要依宏观经济形势作出抉择,要保持二者之间相互配合、协调推进、有机统一。推进供给侧结构性改革，既要牢牢抓住提高供给质量这一主攻方向，又要利用好需求侧管理这个重要工具，以便使供给侧改革和需求侧管理达到动态平衡，为供给侧结构性改革创造条件。

二、创新驱动：经济强国建设的核心战略

随着第三次工业革命和第六次科技革命的到来，世界正进入创新密集时代，全球知识创造和技术创新速度明显加快，重大创新成果相继涌现。许多国家纷纷将创新战略作为国家发展战略的核心，力图提升本国竞争力。中国必须迎头赶上，抓住新一轮科技革命和产业变革的"机会窗口期"，加快实施创新驱动发展战略，抢占科技和产业的制高点，提高经济增长质量，从经济大国迈向经济强国。

（一）创新是一种更高层次的增长方式

创新驱动是依靠知识资本、人力资本和激励创新制度等无形要素实现要素的新组合，是创造新的增长要素。它不仅可以通过创新解决长期增长中的要素报酬递减和稀缺资源制约问题，而且为经济持续稳定增长提供可能，同时还能在日益激烈的国际竞争中占据竞争优势，以避免传统增长模式带来的各种贸易摩擦。创新驱动的经济增长是比集约型增长方式更高层次、更高水平的增长。

美国管理学家、战略学家迈克尔·波特将人类经济发展划分为四个阶段：从低到高依次是要素驱动阶段、投资驱动阶段、创新驱动阶段和财富驱动阶段。

第一阶段是要素驱动阶段，经济增长的基础是主要依靠土地、资本、劳动力等生产要素的大量投入驱动，换言之，该阶段

对健康廉价的劳动力、适合农作物生长的自然环境、自然资源等依赖程度较高。在这一阶段，具有竞争力的主导型产业是煤炭、石油等资源密集或劳动密集型产业。该阶段具有明显的粗放型增长方式的特征。

第二阶段是投资驱动阶段，主要靠大规模投资来促进经济增长。企业通过投资等手段获得先进技术，进入高附加值产业环节，从而提升竞争力。企业吸收、改良技术的能力较要素驱动阶段有显著提高。在这一阶段，具有竞争优势的主导型产业是钢铁、机械制造等重化工业。该阶段是粗放型向集约型增长的过渡阶段，兼具大规模要素投入和全要素生产率提高的比重特征。

第三阶段是创新驱动阶段，主要依靠知识创造和应用，提高企业自主创新能力，从而驱动经济长期、稳定增长。全民教育素质的不断提高，人力资本投资的持续增加，高效的产品及要素市场，良好的创新生态系统和创新文化是创新驱动增长的基础。创新不仅仅表现在技术领域，在制度、组织、体系、环境等多个方面也具有较强的创新能力，企业更多地依靠自主创新建立技术或产品的差异，并在国际市场形成一定的竞争优势。IT、新能源、生物医药等技术密集型产业占据主导地位。该阶段创新取代要素投入成为经济增长的主要推动力，经济增长将表现出典型集约型增长方式的特征。

第四阶段是财富驱动阶段。在这一阶段，产业升级到相对较高的水平，金融、房地产等行业挤占了大量的社会财富，商务成本大幅度上升，实业投资和创新行为受到冷落。企业乐于通过资本运作减少竞争来增强企业运营的稳定性，这反而削弱了企业的创新力，并不能从根本上增强企业的竞争优势。一国进入财富驱动阶段后，产业竞争力开始走下坡路，逐渐衰退。

根据经济学一般原理和先发国家的实践，经济增长呈现出阶段性的特点，在不同的经济增长阶段，经济增长的动力各不相同。由表3-1可见，在要素驱动阶段，要素投入贡献率高达60%，创新的贡献率仅为5%。进入创新驱动阶段后，创新的贡献率上升到30%，而要素投入的贡献率下降到20%。在四个阶段中，前三个阶段尤其是创新驱动阶段是保持国家竞争优势的主要力量，创新驱动阶段越长，通常会带来越久的经济繁荣。

表3-1　　　　　　　不同阶段不同要素的贡献率　　　　　　　单位：%

	要素投入的贡献	提高效率的贡献	创新的贡献
要素驱动阶段	60	35	5
投资驱动阶段	40	50	10
创新驱动阶段	20	50	30

资料来源：The Global Competitiveness Report，2013. World Economic Forum.

创新对于经济增长的贡献及对于国家的重要性受到越来越多国家的重视。尤其是近些年来，随着经济全球化的深入推进，国际竞争的加剧和互联网的兴起，各国都在通过实施创新战略提升本国竞争力。

具体来说，中国式创新驱动是指创新驱动主要指依靠科技进步、不再依靠传统的土地、资源、劳动力等初级要素实现发展，而是体现资源节约和环境友好的要求，以知识和人才为依托，以创新为主要驱动力，以发展拥有自主知识产权的新技术和新产品为着力点，以创新产业为标志。创新驱动具有四个鲜明特点：一是物质资源消耗少；二是经济增长质量高；三是生态环境绿色化；四是持续发展能力强。

（二）创新是中国经济迈向经济强国的重要引擎

创新驱动是推动经济转型升级，实现国家发展战略目标，引领中国从经济大国迈向经济强国"最根本、最关键"的力量。

1. 中国正处于从要素驱动、投资驱动向创新驱动转型升级阶段。

中国多年来的高速增长实质上是在所谓的比较优势理论指导下依靠廉价的劳动力、便宜的土地等要素资源换取的。然而，在进入新的增长阶段后，原来支撑中国经济高速增长的要素禀赋条件已不复存在，低成本竞争优势正在逐步减弱，中国经济增长面临愈来愈紧的发展瓶颈约束，这就要求我们实现发展动力的切换，从要素驱动发展转向创新驱动发展。如前所述，创新驱动是主要依靠知识、技术、劳动者素质提高和管理创新等高级要素，而不是主要依靠土地、资源、劳动力等初级要素规模扩张的发展模式，其本质是依靠自主创新，充分发挥科技的支撑和引领作用，走上内生性增长道路，实现科学发展、全面协调可持续发展。

2. 创新驱动有助于提高经济增长质量。

目前，中国经济总量位居世界第二，但整体质量不高也是客观事实。在许多行业，中国的产量都是世界第一；但在高端行业，中国与发达国家的差距也是显而易见的。比如，集成电路行业，中国对外依存度高达85%。在大国之间的较量中，"质"远比"量"更重要。在鸦片战争以前，中国经济占世界经济总量比重一度接近1/3，远超英国，但两者"质"的差距极为悬殊，因而，在与英国的竞争中，中国只有被动挨打。这次中美贸易摩擦中，也暴露出我国科技和产业的明显短板。中国和世界经济强国的差距，归根结底是创新能力的差距。应通过创新驱动，推动产业结构调整，提升中国在全球价值链中的地位，不断提高中国经济增长的质量和效益。

3. 创新驱动有助于推动产业转型升级。

通过科技创新改造传统农业，提高其信息化水平，建立现代农业体系，推进农业现代化。通过广泛运用高新技术和先进信息技术，提升传统产业装备与工艺水平，推动信息化与工业化的融合，加快用高新技术和先进适用技术改造提升传统工业产业，为传统产业升级提供有效技术支撑，实现从中国制造到中国创造的转变。顺应世界产业发展大势，通过创新驱动，大力推进生产性服务业的技术创新，发展互联网、电子商务等新兴服务业，提高产业的国际竞争力。

4. 创新驱动有助于缓解生态环境压力。

毋庸置疑，中国经济增长的成本除经济成本外，还应包括社会成本及生态环境成本。正如之前所述，中国取得的经济成就在相当大程度上是以牺牲生态环境换来的，人与自然的关系，人与社会的关系已经失衡。我们面临比以往任何时候都严峻的生态环境挑战——雾霾、土壤、水、酸雨等带来的负面影响正在显现。通过创新驱动，提高科技创新能力与资源利用效率，促进外延粗放利用资源向内涵集约利用资源转变，降低资源消耗，减少污染排放，促进资源节约与优化配置，实现经济发展与生态环境的同步改善，这才是人民群众所追求的中国梦。

5. 创新驱动有助于提高中国国际竞争力。

美国学者基辛格、布热津斯基等人认为，中国虽然是经济大国，却不是经济强国。中国在国家治理能力方面与强国相比还有较大差距，突出表现在三个方面：军事实力、创新能力、吸引人才的能力。也就是说，当今世界强国的竞争在很大程度上是创新能力的竞争，创新能力的高低决定了各个国家的前途命运。创新驱动既是各国保持经济增长，不断提升国家竞争力的关键战略，也是各国力图在金融危机后实现经济复苏，应对第三次工业革命挑战的核心举措。在未来的世界竞争格局中，创新制胜，通过创新抢占未来竞争制高点已成为发达国家的共识。

（三）中国迈向创新驱动已具备初步基础

经过多年高度增长，中国科技整体水平大幅提升，一些重要领域已跻身世界先进行列，已经成为具有重要影响力的科技大国。中国已经拥有了迈向创新驱动比较好的基础条件。

1. 经济实力大幅度提升。

经过40年的改革开放,中国经济总体竞争力提升,经济增长年均增速保持在9%以上,超越多个经济大国,成为经济总量仅次于美国的世界第二大经济体。中国的发展水平从1978年的人均GDP 155美元,排名全球倒数几位,提升到2017年的8 836美元,进入中等收入国家行列,人均GDP世界排名74位。1978年,中国外汇储备仅1.67亿美元,位居世界第38位,人均只有0.17美元;而2017年国家外汇储备3.13万亿美元,比2016年增加1 294亿美元。由此可见,中国物质条件显著改善,资金相对充裕,具备实施创新驱动战略的财力基础。

2. 拥有比较完善的产业体系。

长期以来,中国发挥劳动力资源丰富、工业门类齐全等比较优势,积极利用全球资源,承接国际产业转移,劳动密集型产业迅速发展壮大。轻工、纺织、电子等行业成为具有国际竞争力的产业。目前,中国已是世界制造业大国,有225种产品产量居世界前列,产业门类比较齐全。中国制造业的规模和全面能力已达到这样一个阶段,可以对产品进行逆向工程并在数月内将新产品线辅助大规模生产。这得益于中国领先的工业中心所具有的研发和制造能力,为一个充满活力的创新体系奠定了基础。[1]

3. 全社会研发投入不断增加。

经济的增长使得科研的投入不断增加。自2006年以来,中国科技投入呈现持续大幅度增长态势。国家财政科技拨款发挥杠杆作用,有效撬动社会资金加大科技投入。统计数据显示,2013年,全社会研发投入达到11 900万亿元,占GDP比重已经上升至2.09%。而2017年中国研发经费投入总量达到17 500亿元,

---

[1] 世界银行、国务院发展研究中心:《2030年的中国建设现代、和谐、有创造力的社会》,中国财政经济出版社2013年版,第191~192页。

占 GDP 的比重为 2.12%。纵向来比，2017 年中国研发经费投入总量比上年增长 11.6%，增速较上年提高 1 个百分点。横向来比，中国研发经费投入总量目前仅次于美国，居世界第二位。毋庸置疑，不断增加的研发投入支撑的科技发展，正有效推动着我国创新驱动发展战略、供给侧结构性改革和经济转型升级。

4. 人力资源优势正在显现。

截至 2014 年 9 月，中国专业技术人才总量已达 5 550 多万人，占全国人才队伍总数的 45.6%，高、中、初级专业技术人才比例达到 11∶36∶53，大专以上学历占到 68.6%，结构不断优化。特别是最近 5 年来，全国新增专业技术人才 860 万人，博士后研究人员近 6 万人，留学回国人员 105.57 万人，取得专业技术职业资格人员 945.15 万人，队伍发展的基础不断增强。[①] 目前，中国研发人员总量达到 360 万人年，超过美国的 193 万人年，居世界首位。统计数据显示，2007～2017 年（截至 2017 年 10 月）我国科技人员发表的国际论文共被引用 1 935.00 万次，与 2016 年统计时比较，数量增加了 29.9%，超越英国和德国，前进到世界第 2 位。整体上看中国科技论文数量不断快速增长的同时，质量也在显著提升。

5. 庞大的国内市场。

中国拥有 13.6 亿人口的庞大国内市场，能够吸引跨国公司和大批创新者。中国已经将本国产业体系嵌入全球化链条中，本土企业能够同时利用国内国外两个市场，其创新能够获得规模经济效应，并能够形成集群，增强竞争力。同时，中国的中等收入阶层规模未来 10 年将会翻一番，中国跨越"中等收入陷阱"后，其市场规模更是令人期待。再者，中国正在实施的新型城镇化战略，将为中国在城市规划、公共交通、绿色技术等领域创造巨大

---

① 盛若蔚：《我国专业技术人才队伍更加壮大》，载于《人民日报》2014 年 9 月 22 日。

的创新空间,与之相伴生的消费结构和产业结构的升级,基础设施建设、社会事业发展、生态环境保护都蕴含着巨大的市场需求和发展空间,这也是中国的潜在优势。

(四) 中国迈向创新驱动面临的挑战

中国既不是资源依赖型国家,也走不通对外依附的道路。中国必须走创新驱动型发展道路。整体来看,目前中国创新能力与世界先进水平存在一定差距,由康奈尔大学、英士国际商学院(INSEAD)和世界知识产权组织(产权组织)发布的2017年全球创新指数显示,瑞士、瑞典、荷兰、美国和英国是世界上最具创新力的国家,而包括印度、肯尼亚和越南在内的若干国家的表现则优于发展水平相当的同侪,中国仅排在第22位。据此可见,中国创新能力还远落后于瑞士、美国、日本等发达国家。

1. 企业创新能力不足。

中国企业对创新不够重视,创新投入低。有些企业动力不足,不愿意创新;有些企业能力太弱,不会创新;有些企业担心风险过大,不敢创新。规模以上工业企业有研发机构的仅占总数的25%,研发投入占销售额的比重仅为0.78%,而发达国家企业相应的数据则为80%和5%以上。多数企业创新存在持续投入能力差、消化吸收再创新能力弱、自主知识产权产出少、新产品贡献率低等问题。美国品牌咨询机构BCG公布了2016年度全球创新企业百强排行榜,其中位列前十名的分别是:苹果、谷歌、特斯拉、微软、亚马逊、Netflix、三星、丰田、Facebook、IBM、拜耳,美国企业占据了将近70%,而中国企业中排名最靠前的是排在第35位的小米和排在第46位的华为。这表明中国企业的创新能力与全球先进企业相比还有较大差距。

2. 专利比较少,轻视消化吸收。

世界知识产权组织统计显示,2016年中国国际专利申请数量达4.3万件,同比增长44.7%,位列全球第3位。中国的中兴通讯股份有限公司和华为技术公司分列国际专利申请人第1位和第2位。但是，根据曼海姆欧洲经济研究中心在2016年发布的一份报告，虽然中国的国际专利申请数量在近几年快速增长，但是其专利质量却无法跟上领先科技大国的水平。同时，中国引进技术后消化吸收投入不足。科技部门曾经做过测算，日本、韩国每花1美元引进技术，要花7美元进行消化吸收再创新。中国用于消化吸收的费用只相当于引进费用的7%，与日、韩相比差距悬殊。

3. 政府偏好影响创新。

过去，中国绩效考核管理偏好GDP的增长方式导致政府行为异化。从地方的发展实践看，市委书记和市长都成为企业化、公司化特征的代理人，不少地区都在谋求短期经济增长。部分地方政府行为短期化倾向明显，有的地方领导认为创新和科技是明天的事情，不是他们工作首要考虑的问题。部分地方政府采取零地价和减免税等优惠条件吸引投资，拼命在短期内扩大生产规模，扭曲资源配置。显然，这种投资激励政策极不利于鼓励创新。

4. 研发投入相对不足。

从全球企业研发投入现状看，中国企业整体研发投入不足。据欧盟委员会发布的"2016全球企业研发投入排行榜"显示，德国大众居首，中国华为排第8位。全球前100大研发企业投资占到整个2 500强企业研发的53.1%，前50强企业占40%。美国企业研发投入占全球的38.6%，其次是日本、德国和中国，中国企业的投资额同比猛增24.7%，全球占比由前一年的5.9%提高到7.2%。研发增长最大的行业是ICT（信息、通信和技术）、健康和汽车。前百强企业中中国大陆仅有6家，中国台湾地区有3家，且研发投入总额排名比较靠后。美国35家，且排名比较靠前，日本16家。整体看来，尽管中国研发投入增速较快，但是依然与美国、日本等发达国家差距较大，需要进一步积极引导企业的研发投入。

5. 技术对外依存度高，成果转化率低。

目前，中国技术对外依存度高达50%，而美国和日本在5%左右。中国95%的高档数控机床、80%的集成电路都依赖进口。中国科技成果转化率不足10%，真正产业化的不到5%，而发达国家科技成果转化率高达40%~50%。一个经典的例子是人工合成胰岛素。早在20世纪60年代，中国就率先实现了人工合成胰岛素，这项成果被国际同行认为达到诺贝尔奖水平，但遗憾的是，这项成果一直没有实现向产业转化。目前中国每年超过250亿元的胰岛素市场，95%以上被外企垄断。[①]

6. 科技资源配置不合理。

较长时间以来，政府财政科技资源封闭重复分散现象较为突出，部分科技计划、专项、基金定位不够明确，科研项目安排存在"小、散、偏"现象。不同类型的科研项目管理"一刀切"，政府职能存在"越位""缺位""错位"现象严重。科研项目立项不够公开透明、立项程序复杂、项目存在打包和"拉郎配"现象，验收走过场。科技成果转化为现实生产力的能力较弱，特别是高校、科研院所科技成果与市场不能有效对接。科研资金使用效益亟待提高，甚至出现一些违规违纪行为和腐败现象。

（五）实施创新驱动发展战略的方向与路径

实施创新驱动战略，当前最为紧迫的是要进一步解放思想，破除一切束缚创新驱动发展的观念和体制机制障碍，让一切有利于创新驱动的活力源泉充分涌流，为迈向经济强国培育强大新引擎。

1. 发挥企业在创新驱动发展中的主体作用。

党的十八届三中全会指出，强化企业在技术创新中的主体地

---

① 罗永章：《转化型创新人才不能再稀缺》，载于《光明日报》2014年8月2日。

位，发挥大型企业创新骨干作用，激发中小企业创新活力，推进应用型技术研发机构市场化、企业化改革。必须强调的是，企业强则科技强、产业强、经济强、国家强。创新型企业是创新驱动发展的主要载体，也是提升国家竞争力的重要基础。因此，应千方百计激发企业内在创新动力，使企业真正成为技术创新决策、研发投入、科研组织和成果转化应用的主体，促进科技成果向现实生产力转化。

一是强化对企业技术创新的源头支持。鼓励企业围绕市场需求建立自己的研发机构，引导企业加大研发投入力度，健全组织技术研发、产品创新、科技成果转化的机制，加强创新与市场对接，支持企业推进重大科技成果产业化。大力培育科技型中小企业。政府可设立中小企业发展专项资金等引导中小企业技术创新和改造升级。

二是推动企业技术创新战略转型升级。鼓励企业选择走符合企业比较优势的自主创新道路，充分发挥企业科技人员在新产品开发、新技术引进、新工艺运用方面的作用。促进资本、管理和技术等生产要素参与分配，激发科技人员创新创业活力，加强对企业技术创新前沿理论的研究，以增强企业在市场竞争中的核心竞争力为目标来提高企业技术创新水平。

三是推进开放式创新。当今世界的创新和生产日趋多元化和分散化，原本局限于一定区域的价值链被拉伸到不同的国家，全球价值链因此形成。如果"闭关锁国"，关起门来竞争只能让自己的创新能力萎缩，让自己始终处在价值链的低端。在新的全球竞争格局下，中国企业必须以全球视野谋划和推动创新，学会整合全球资源，通过向高手学习、与高手竞争，提高本国的创新能力。组建产业技术创新战略联盟，加强技术创新、商业模式创新和管理创新，提升企业技术创新开放合作水平。

2. 建立健全创新驱动发展的制度体系。

迈向创新驱动发展道路离不开相应的制度安排，而制度设计的合理与否将直接影响创新驱动与经济转型升级的最终效果。因此，务必坚决清除影响科技创新能力提高的体制障碍，有力打通科技和经济转移转化的通道，为创新驱动发展提供有效制度保障。

一是建立知识产权制度。知识产权的价值在于激励创新，防止侵权，促进竞争，保证充足的创造发明供应市场，刺激可持续而广泛的经济增长。有效的知识产权制度是保障创新者经济效益的基础。知识产权制度的核心——专利制度对于创新尤为重要，在美国人看来，专利制度就是将利益的燃料添加到天才之火上。美国等发达国家持续的创新是与其以专利制度为主的知识产权制度设计密不可分的。党的十八届三中全会提出，加强知识产权运用和保护，健全技术创新激励机制，探索建立知识产权法院，这是对创新驱动发展的重要支撑。通过加强知识产权运用和保护，引导科技成果转化各类主体建立利益共享、风险共担的知识产权利益机制。

二是完善财政金融制度。创新驱动发展并不意味着资金投入的减少，依然需要加大对科技创新的财政支持力度。加大财政科技投入，调整投入结构，完善支持创新的税收政策、政府采购政策，优先购买全面落实高新技术企业税收优惠、企业研发费加计抵扣、科技企业孵化器税收优惠等，发挥财政资金"四两拨千斤"的杠杆作用。推进科技金融创新，加大对企业技术创新的融资支持，鼓励金融机构开发支持企业技术创新的贷款模式、产品和服务，引导更多社会资本进入创新领域。构建以风险投资为核心的股权投资体系，完善多层次"金字塔型"资本市场，以金融创新支撑技术创新。建立新型科技创新投融资平台，为不同发展阶段的科技企业提供多样化的投融资服务。创新符合科技型中小企业成长规律和特点的新型科技金融产品、组织机构和服务模式。

三是建立协同创新制度。协同创新是指创新资源和要素有效汇聚，通过突破创新主体间的壁垒，充分释放彼此间"人才、资本、信息、技术"等创新要素活力而实现深度合作。形成以非线性、网络化、开放性为特征，以多元主体相互联合与协同互动为基础的协同创新模式。换个角度来讲，协同创新就是打通企业、政府、高校、科研、金融机构之间的隔阂，围绕产业链部署创新链，围绕创新链完善资金链，营造开放协同高效的创新生态。企业出题目，政府引导高校、科研部门研究相关题目，协同进行技术攻关，促进研究的能力和产业需求无缝对接。下一步应深化科研院所改革和高校科研体制改革，推动建立权责清晰、优势互补、利益共享、风险共担的产学研合作机制。

四是构建评价与评估制度。科研评价对科研人员犹如高考对学生，具有指挥棒的功效，直接影响科研人员的行为取向。受社会大环境影响，科研人员也存在"科研GDP"倾向，部分科研人员将主要精力用于跑项目，应付检查和评审，对于科研活动本身投入不足，学风问题和学术不端行为较为突出。因此，应改进现行科研评价制度，从重视数量转向重视质量，不能单纯地以论文论英雄，要更多关注科技成果本身的创新性和对社会的贡献。减少科研评价的"功利化"色彩，激励科研人员潜力作出一些原创性研究成果。

3. 培养创新驱动发展的人才。

创新驱动实质上是人才驱动。没有强大的人才队伍作后盾，自主创新就是无源之水、无本之木。20世纪下半叶以来，随着科学技术影响力的日益增强，高层次创新型人才已成为一个国家核心竞争力的重要标志。因而，要实施好创新驱动发展战略，加快形成一支规模宏大、富有创新精神、敢于承担风险的创新型人才队伍。要在创新实践中发现人才、在创新活动中培育人才、在创新事业中凝聚人才，推动中国从人口大国迈向人才大国、人力资源强国。

一是培养高素质人才队伍。下大力量培养造就高素质的人才队伍和从业劳动者。突出创新型科技人才队伍建设，培养一批科技领军人才和创新团队，引导其成为创新驱动的中坚力量。提高普通从业人员的技术、管理和劳动技能，加强培训，提高素质。营造优秀人才脱颖而出和尊重知识、尊重劳动、尊重创造的环境，让全社会创新的涌流不断迸发。实施创新驱动发展战略既需要研究开发人才和科学家，也需要高素质的管理人才和其他类型人才。应该看到，中国缺乏大量的高技能人才，如高级技工。从某种程度上说，高技能人才在一定程度上已经成为中国实施创新驱动发展战略的短板。为此，要不断加大高技能人才的培养力度，可采取学校教育培养、企业岗位培训、个人自学提高等多种方式，大规模开展技能人才培训。

二是完善人才评价指标体系。以创新实绩、同行评价、市场评价作为人才评价的重要参考指标，而不是以领导认可、人际关系作为评价标准。不断完善体现创新成果的人才评价体系，形成更为科学的人才评价制度。

三是大力吸引、选拔人才。以全球化视野谋划和推动创新必须拥有大批全球化人才。如前所述，美国成为世界科技实力最强国家的奥秘之一在于吸引了世界大批顶尖的科学家与工程师。据统计，全球技术移民总数的40%到了美国，外国科学家和工程师占全美科技人员总数的20%左右。中国虽然拥有数量居于世界前列的科技人力资源，但尖端人才和一流科学大师严重匮乏。应大力引进海内外高层次创新人才、创新团队、各学科的领军人物，以高层次人才引领高水平创新。借助第三方力量开展创新人才评选活动，不断加大对专业技术拔尖人才及创新创业人才激励的力度。打通人才流动、使用中的体制机制障碍，促进高校、科研院所的创新人才向企业流动。鼓励创新型人才向企业集聚，注重发挥企业家创新才能。搭建集聚多层次人才的活动平台，促进跨行业、跨学科领域的人才资源流通。

四是营造良好人才成长环境。加大对创新人才创业的支持力度。提高科研人才的薪酬待遇,夯实创新驱动发展的人才基础。完善鼓励技术要素参与收益分配政策,建立重实绩、重贡献的薪酬激励机制。中国必须走出所谓的具有"低劳动力成本"比较优势的观念误区。低工资只有吸引低素质劳动力,成为自主创新型国家必须有大批高收入、高水平的高端人才,这样才能不断推动创新,提升中国的竞争优势。重视青年科技人才。青年科技人才最有创造力,是一个国家能否持续保持创新发展的关键。但坦白说来,中国青年科技人才的工作、成长环境并不好。青年人才因为职称较低等原因,待遇普遍偏低,晋升职称压力很大,难以全身心投入到创新活动中去,这已是高校、科研院所的普遍现象。再者,现行科研管理体制、科研经费分配存在"马太效应",在争取项目和科研经费支持上青年人才处于劣势地位。

4. 提高创新驱动发展的政府治理水平。

实施好创新驱动发展战略,着力推动科技创新与经济社会发展紧密结合,关键是要处理好政府和市场的关系。要通过深化改革,进一步打通科技和经济社会发展之间的通道,让市场真正成为配置创新资源的决定性力量。

一是处理好政府与市场在创新驱动发展中的关系。处理好政府与市场的关系一直是深化经济体制的枢纽所在,也是实施好创新驱动发展的关键。政府要创造让市场发挥决定性作用的条件,首要的一点是从经济建设型政府转向公共服务型政府。按照党的十八届三中全会所提出的,将政府职能定位在宏观调控、市场监管、社会管理、公共服务与环境保护五个方面。要加大简政放权力度,取消不必要的行政审批事项,减少政府干预微观经济活动造成市场信号的失真和扭曲,最大限度地激发企业活力。建立公平的市场准入规则,消除"玻璃门""弹簧门""旋转门"等不公正现象,促进公平竞争。政府要相信市场,尊重市场。凡是市场和企业能做的都交给市场和企业,进而激励创新。加快资源价格和税收制度改革,建立反映资源稀缺性和环境影响的资源价格体系和税收政策，利用市场机制推动和引导企业创新。

二是发挥政府的公共服务职能。当然，强调市场并不意味着政府无所作为。科学和技术具有较强的外部性。不论是在发达国家还是新兴国家，普遍存在科技创新失灵的问题。因此，在创新驱动发展中，发挥市场机制作用的同时，政府应在企业不愿意投入或无力投入的领域发挥其功能，起到对市场的引导和补充作用。作为公共产品的提供者，政府将精力专注于支持前沿技术、重大共性关键技术、公益技术等具有"公共产品"属性、具有外部性的科学和技术产品与服务，促进科技创新政策和产业政策的融合，集中力量抢占制高点，为科技创新提供源源不断的动力。

三是营造良好的创新生态。创新是有规律的，支持创新必须尊重创新规律。如前所述，创新不同于发明、创造，它是一个新技术转化成为新产品、新产业的实现过程。在这一过程中，创新活动是由一系列环节组成的创新链，包括孵化器、公共研发平台、风险投资、围绕创新形成的产业链、产权交易、法律服务、物流平台等。政府的职责之一是围绕创新链营造良好的创新生态。通过消除创新链条中的障碍，最大限度地降低企业的创新成本，提高企业的创新效益。

5. 培育有助于创新驱动发展的文化。

实现创新驱动发展既需要正式制度的规范和引导，也需要非正式制度的激励。创新驱动发展，经济转型升级显然离不开良好的创新文化支持。

一是形成崇尚科学、追求卓越、尊重人才的社会氛围。注重宣传普及科学知识、科学方法、科学精神，提高全民族的科学文化素质，在全社会形成创新的良好风尚。在科研领域提倡科学精神：求真务实、诚实公正、怀疑批判、协作开放。坚持尊重劳动、尊重知识、尊重人才、尊重创造。改变当前科研评价体系中只重数量不管质量，不评估科技成果本身的创新性和贡献的陈旧做法。大力宣传献身科技事业并作出重大贡献的科学家、工程师,以及将科技成果成功转化的企业家。

二是倡导鼓励竞争,敢冒风险,宽容失败的创新精神。克服浮躁心态和急功近利倾向,破除扼杀创新精神的官本位意识和小农意识、培育创新意识、鼓励创新精神、激发创新活力、营造创新氛围、保护创新成果。

三是善于吸收人类文明成果。强调培育创新文化绝非故步自封,而是既要大力继承和弘扬中华文化的优良传统,又要吸收国外文化的有益成果。我们应以全球视野谋划和推动创新,这也是创新文化的组成部分。

四是培育创新文化需要制度保障。创新文化并不是自然形成的,制度安排也不可或缺。比如,通过改进教育体制,培养广大青少年的创新意识,提高其实践能力。再如,加快建立健全国家科技报告制度、创新调查制度、国家科技管理信息系统,大幅提高科技资源开放共享水平等,都有助于形成良好的创新文化。

三、新型城镇化:经济强国建设的持续动力

城镇化是伴随工业化发展,非农产业在城镇集聚、农村人口向城镇集中的自然历史过程。城镇化是现代化的必由之路,是保持经济持续健康发展的强大引擎,是促进社会全面进步的必然要求。[①] 改革开放以来,我国城镇化实践不断发展,取得了显著成绩,有力助推了经济强国建设。但我国城镇化发展过程中也出现了一些问题,如人口城镇化滞后于土地城镇化、半城镇化问题突出、各种"城市病"日益凸显,这些问题都严重制约着城镇化的健康发展。在这种形势下,要按照中央的要求,走一条新型城

---

① 《中央"十三五"规划建议重大专题研究》(第二册),中国市场出版社2016年版,第89页。

镇化道路。

(一) 为什么要走新型城镇化道路

中国的城镇化正处在加速发展的关键阶段，努力推进具有中国特色的新型城镇化道路，将为我国赢得比较优势和后发优势创造新空间，新型城镇化将成为我国现代化建设进程中的大战略，是能够推动我国经济持续健康发展的"王牌"引擎。只有充分认识新型城镇化的战略意义，才能明确新发展阶段新型城镇化发展的重点任务，有决心和勇气不失时机地推进改革，完善推进城镇化发展的体制机制，妥善解决城镇化过程中出现的各种问题，促进城镇化和经济社会的健康发展。

1. 城镇化是各国实现现代化的普遍规律和重要标志。

城镇化成为推进国家现代化发展的重要引擎。从世界各国城镇化进程来看，一般可划分为三个阶段：城镇化率在30%以下为初期阶段，农业经济占主导地位，城镇化速度比较缓慢。城镇化率达到30%~70%为中期阶段，现代工业基础基本确立，城镇化进入加速发展时期。城镇化率达到70%以上为后期阶段，城镇化进入平稳时期，发展速度趋缓，部分国家出现"逆城镇化"现象。城镇化带来了人口的转移与集中、产业的集聚和城市的扩张、社会结构和生活方式的转变，世界发达国家成为强国的过程就是其逐步提高城镇化率的过程。目前，全球城市居民已达36亿人左右，发达国家70%~80%的人口生活在城市，发达国家城镇化率多在70%~80%，少数为80%~90%，个别的达到100%。世界各国的城镇化发展，不仅是人口的简单聚集，而且是整个社会基本形态由农业社会向城市社会的转型，是产业发展、经济增长和社会进步的"晴雨表"。正是因为城镇化具有的特殊重要地位，有理由把城镇化确定为我国现代化建设的历史任务。

城镇化与工业化相伴相生并为工业化发展提供内生动力。工业化是城镇化的发动机，城镇化又是工业化的促进器，二者之间是共生互动的关系。工业化需要生产要素的集聚状态，只有生产活动集中才能降低工业生产的成本，形成集聚效应和规模经济。城镇化能够在较小的区域内集聚更多的生产要素，产生规模效益和分工协作效益，为工业化创造有利的条件。城镇化是工业化的必然趋势，伴随着服务业发展和科技进步，城镇化又极大地促进工业化不断提高水平，实现更好的发展。

城镇化成为政府与市场共同发挥作用的重要载体。城镇化需要政府与市场共同发挥作用，两个比较优势发挥好，就有助于城镇化的健康发展，反之则容易出现"城市病"。英国是工业革命的发源地，在城镇化进程中遭遇过一些严重问题，逐渐形成了以城乡规划为主体的公共干预政策。美国的城镇化进程过分依从市场需求，在资源和环境上付出了巨大代价。日本政府在工业化和城市化进程中发挥了积极的干预作用，根据人多地少和资源匮乏的国情，以较小的社会和环境代价获得较高的经济发展速度。一些拉美国家的城市化过于强调市场机制，大量农民涌入城市，导致过度城镇化，"城市病"丛生。世界各国城镇化的一条重要经验是：需要正确发挥政府和市场两只手的作用。

2. 新型城镇化是推动我国经济持续健康发展的"王牌"力量。

从我国中长期发展看，在一个农业大国的基础上推进城镇化，向现代化迈进，这是我们的最大国情。积极稳妥地推进城镇化进程，关系到"三农"问题解决和全面建成小康社会，关系到国家现代化建设的全局。城镇化能够成为推动我国经济持续健康发展的"王牌"力量，实现以人为本的科学发展。

新型城镇化有助于统筹城乡发展。我国实现现代化的重点、难点都在"三农"。解决"三农"问题，根本出路在城镇化、工业化、信息化和农业现代化。加强农业必须发展工业，富裕农民必须减少农民。城镇化一头连着工业化，一头连着农业农村现代化。积极稳妥推进城镇化进程，不仅可以有效推进工业化，壮大城市经济实力,而且可以为工业反哺农业、城市支持农村,为转移吸纳农村劳动力,促进农业规模经营,增加农民收入,为从根本上解决"三农"问题创造条件。信息化能够武装工业化,同时,也覆盖全社会。

新型城镇化有助于区域协调发展。近现代以来,各国经济发展的一个普遍规律是,沿海国家的经济发展,多从该国沿海地区开始,然后沿着内河向内地延伸,中国也存在经历类似情况。改革开放以来,环渤海、长三角、珠三角等地区率先开放发展,在形成外向型经济格局的同时,也形成了人口经济集聚程度较高的城市群,有力地带动东部沿海地区的快速发展。伴随着东部地区产业转移和中西部地区区域发展战略的展开,中西部地区也加快了城镇化发展。从更长期的视角看,中西部地区城镇化的发展,能够为我国经济发展创造更多更大的发展空间和回旋余地。

新型城镇化有助于经济社会均衡发展。国内外发展的历史表明,推进城镇化的过程,就是不断推动经济和社会均衡发展的过程。理论上看,城镇化的发展不仅仅是人口的空间迁移,更重要的是社会结构的转型,以及由此引发的政治体制和经济体制的重大变革。对一个区域来说,城镇不仅仅是经济的中心,更是教育、文化、科学、艺术、人才的中心。城镇化能够为经济社会均衡发展创造条件,我们必须在经济社会均衡发展的层面上来统筹考虑城镇化进程。

新型城镇化有助于人与自然和谐发展。我国人口多、底子薄,发展很不平衡,推进城镇化的同时面临人口众多、资源紧缺、环境脆弱等问题和矛盾。近些年来,我国城镇化发展过程中的区域资源、能源和环境约束日趋明显。这就要求我们在推进城镇化时,时刻关注如何解决人类不断增长的需求与自然有限供给能力之间的矛盾问题,处理好城镇化进程与资源开发、环境保护的关系,处理好眼前利益和长远利益的关系,促进人与自然的和谐发展,实现美丽中国的发展。

新型城镇化有助于平衡国内国外发展。世界经济失衡和再平衡已使我国外贸出口面临巨大的挑战，传统"大进大出"的贸易模式难以为继，扩大内需成为未来我国经济持续增长的国家战略。通过大规模的人口城镇化破解收入分配的城乡差距难题，提高居民收入水平与消费能力、培育壮大中等收入阶层，进而释放庞大的消费需求，是新时期中国实现经济转型的客观要求，将为扩大内需提供最强大、最持久的内生动力。同时，也为世界经济再平衡提供动力和空间。

3. 新型城镇化能够为创造巨大的内需投资提供动力和空间。

工业化创造供给，城镇化创造需求。推进新型城镇化将是我国最大的内需和投资所在，也是我国未来发展的最重要的比较优势。

新型城镇化将有效刺激需求并提高居民消费总水平。目前，城市居民人均生活消费支出是农村居民的3.6倍，若未来20年城镇化率每年提高1个百分点，从现在起到2030年，还将有3亿农民将转为市民，将产生巨量的需求和投资。随着大量人口进入城镇，必然会对城市住房、供水、供电、供气、交通和其他基础设施建设提出新的需求，进而衍生出巨大的投资市场。大批农民进入城市，变农民消费为市民消费，新增人口将对教育、文化、体育、公共服务等提出新的需求，成为拉动经济和投资的新增长点。只有减少农民，才能富裕农民。城镇化的发展能够加速农村剩余劳动力的转移，农村人口逐步转为城镇居民，有助于推进农业适度规模经营，提高劳动生产率，对增加农民收入和提高农民消费水平具有明显效果，进而使农村潜在的消费需求变为现实的有效需求。

新型城镇化有助于推动服务业发展并提升服务质量。一方面，城镇化是服务业发展的重要载体。城镇化的发展不仅能够推动以教育、医疗、社保、就业等为主要内容的公共服务发展，也能够推动以商贸、餐饮、旅游等为主要内容的消费型服务业和以金融、保险、物流等为主要内容的生产性服务业的发展，这都会对劳动力产生持续的巨大需求。另一方面，城镇化滞后造成了第三产业在国民经济中所占比例偏低。通过城镇化，每年大量的农民离开农业岗位而成为非农产业从业者，实现人口在城镇的集聚，推动服务业发展，改变城镇发展过于依靠增加物质资源消耗的现状，从而实现发展方式的转变。

新型城镇化有助于拓展就业空间，解决更多农村劳动力就业。农村经济的进一步发展和现代化进程的顺利进行，需要将滞留在农村的大量富余劳动力转移到城市的第二和第三产业，摆脱目前严重失调的人口城乡分布格局对国民经济持续健康发展的制约。积极稳妥推进城镇化，通过城镇经济的发展，可以创造新的就业领域和劳动力需求，提高吸纳农村富余劳动力的能力。同时，又会带动农村第二和第三产业的发展，拓展农村就业空间。

4. 新型城镇化有助于提高城镇化的质量并更好地改善民生。

改革开放以来我国城镇化取得了举世瞩目的成就，但也存在一些问题，主要是城镇化还落后于工业化的发展。病态城镇化问题急需解决，而新型城镇化有助于提高城镇化的质量并更好地改善民生。

积极稳妥推进新型城镇化是尽快改变我国城镇化滞后状态的迫切要求。无论是从城市化与工业化和经济发展的相互关系，还从国际比较的角度，我国城镇化水平都是滞后的。城镇化滞后会导致聚集经济损失，影响城市功能的发挥；会限制农业剩余劳动力流动和农业现代化进程，阻碍城乡二元结构的一元化进程；会抑制消费和投资增长，导致内需不足；会阻碍第三产业发展和产业结构调整；会加剧资源破坏和环境污染，不利于可持续发展。为了避免城镇化滞后带来的负面效应，必须积极稳妥地推进新型城镇化，改变城镇化滞后状态。

积极稳妥推进新型城镇化是实现人口与土地同步城镇化的迫切要求。新型城镇化实质上是人口和土地同步城镇化的过程。但在过去我国城镇化发展过程中,却出现了土地的城镇化快于人口城镇化的现象,也就是土地非农业化了,而人口并没有随之非农业化。一些地方政府在以地生财的利益驱动下,盲目拉大城市建筑框架,乱批乱占土地,热衷于扩大城区,增加开发区,土地利用十分粗放。一些地方政府人为地、机械地将非城市地区划入城镇,农村人口并入城镇人口,导致城镇人口规模在短期迅速增加。特别是一些地方以农村土地属集体所有为名,不与农民协商就强占和乱占农户的承包地,损害农民的合法权益。这些矛盾和问题,都迫切需要解决。

积极稳妥推进新型城镇化是促进大中小城市协调发展的迫切要求。由于受经济资源禀赋结构和经济发展阶段差异的影响,我国的城镇化在国家层面和区域层面都存在着不合理性和非协调性。一方面,与我国区域发展不平衡相联系,城镇人口呈现出更多向东部地区和大城市集中的现象,中西部地区城镇化水平明显偏低,拉大了区域之间的发展差距。另一方面,在一个区域内部,大中小城市布局不合理,中小城市人口密度较低,加剧了大中小城市发展的非均衡性。

积极稳妥推进新型城镇化是保障和改善民生的迫切要求。在现有公共财政体系下,新增城镇人口由于身份、城镇化时间的差异而出现了社会福利的固化和部分城镇人口的社会福利游离于城市社会保障体系之外。典型的例子是1.6亿的农村人口虽已在空间上实现了由农村向城镇的转移,成为城镇常住人口,身份上由农民变成了第二、第三产业的从业人员和主力军,但他们无法获得与城镇居民相同的国民待遇,他们的生产和生活仍处在城镇的边缘化状态,面临着户籍、居住、医疗、社会保障、子女入学等一系列问题,这种城镇内部的"二元结构"现象需要引起我们的高度重视。我们需要通过新型城镇化的发展破解城乡和城市内部"双二元结构",切实保障和改善民生。

(二)新型城镇化建设的新特点

针对城镇化过程中出现的各类问题,党的十八大提出城镇化要与新型工业化、信息化和农业现代化同步发展。2012年中央经济工作会议提出要走集约、智能、绿色、低碳的新型城镇化道路,为我国未来城镇化提出了新的要求。概括来说,我国新型城镇化道路主要表现为六个"新",即:新核心、新理念、新动力、新方式、新格局、新重点。2016年中央经济工作会议再次强调,要继续扎实推进以"人为核心"的新型城镇化,促进农民工市民化。在此基础上,2017年中央经济工作会议又强调,提高城市群质量,推进大中小城市网络化建设,增强对农业转移人口的吸引力和承载力,加快户籍制度改革落地步伐。

1. 新核心:以人为核心,要围绕为人服务展开。

我们强调的新型城镇化,是以人为核心的城镇化。城镇化是农业劳动力向非农产业转移、农村人口向城镇迁移的发展过程,同时也是城市先进的生产方式和文明的生活方式向农村普及的过程。城镇化的实质是农民生产方式的现代化和生活方式的文明化,是让农民进城共享现代化发展成果的过程。所以城镇化的核心是以人为本,一切都应该是为了城乡居民工作更好、生活更好。城镇化需要建设更多发达繁荣的城市,但城镇化不是"房地产化""造城运动",必须以人为核心。

我们过去的城镇化由于对人重视不够,造成了土地城镇化与人口城镇化的分离。根据国家发展和改革委员会专家估计,21世纪以来国内城市的建成区面积扩张了50%,而城镇人口只增加了26%,也就是说,我国土地城镇化的速度比人口城镇化的速度快了近1倍。城市发展越来越大,进城人员越来越多,但真正享受城镇发展成果的人却增加不多。2016年中国城镇化率为57.35%。其中,城镇常住人口79 298万人,比上年末增加2 182万人,乡村常住人口58 973万人,减少1 373万人。统计数据显示，2011～2015年，农民工总量增速分别为4.4%、3.9%、2.4%、1.9%、1.3%，增速逐年下降。但从2017年的最新数据来看，城镇人口占总人口比重（城镇化率）为58.52%，比上年末提高1.17个百分点；2017年户籍人口城镇化率为42.35%，比上年末提高1.15个百分点。由此可见，数亿人生产方式已经非农化，生活方式已逐渐城市化，但身份依然是农业的，长期处在非农非城、半农半城的状态，游离于乡村和城镇之间。新型城镇化要从根本上改变以往发展见物不见人的弊端，要围绕为人服务而展开，要牢固树立以人为本的思想。这里的"人"，不仅仅指进城务工人员，也包括还在农村生活和过去在城里工作生活的人。首先，降低城镇准入门槛，促进进城务工人员尽快融入城市成为市民，要真正解决进城务工人员的身份和待遇问题，使他们在城市真正站住脚，长期稳定下去，变为城镇居民。其次，要通过城镇化减少农民，为留在农村的农民致富创造条件，同时用城镇化发展的成果反哺农村，改善农民生活。最后，协调好新进城人员和城镇原居民的利益，不能为了新进人员的利益损害原居民的利益，要通过发展达到共赢。

2. 新理念：更加注重包容发展，使所有人群共享城镇化发展成果。

更加注重包容发展就是要使城镇化发展带来的利益和好处，惠及所有人群，特别是弱势群体。这就需要逐渐打破城乡二元体制和城镇内部因体制造成的机会、权利等不平等状况，为城乡和城镇居民提供均等的机会和平等的权利，改变城乡、城镇人员身份、待遇、权利等方面的差异。

首先，要统筹城乡发展。原有的城镇化模式重城镇发展，轻农村，甚至不惜牺牲农村、农民利益发展城市，导致发达的城市与凋敝的乡村并存。新型城镇化不以牺牲农村、农民利益为代价，要统筹城乡发展，破除城乡二元制度，推进城乡一体化，形成以城带乡、工农互惠、城乡一体的新型城乡关系。其次，要破除目前户籍与福利合一的社会管理制度，逐渐实现城市财政支出和公共产品提供对所有居民无差别、全覆盖。要逐渐使进城务工人员与城镇居民在子女教育、社会保障、住房、养老、社会管理等方面享有均等的待遇和权利，使二代农民工能够更快更好地融入城镇。最后，要逐步提高城镇的承载能力，为进城务工人员提供更多的机会和更好的环境。要积极完善城镇的功能，改善人居环境、基础设施和公共服务，着力提高宜居生活水平。要激发中小城市和小城镇的活力，注重产业发展，增加就业。同时，提高城市管理水平，解决好交通拥堵、住房紧张、环境恶化等"城市病"，不断提高城市容纳和承载能力，使更多的人享受到城镇化发展的成果。

3. 新动力："四化"统筹推动，形成促进城镇化发展的合力。

新型城镇化要坚持走新型工业化、信息化、城镇化、农业现代化"四化"协调互动、同步推动的道路。推动信息化和工业化深度融合、工业化和城镇化良性互动、城镇化和农业现代化相互协调，促进工业化、信息化、城镇化、农业现代化同步发展。

从国际经验和我国实际情况看，农业现代化是城镇化发展的基础，城镇化是实现农业现代化的前提，并带动农业现代化的发展，农业现代化是基础。推进城镇化，要靠夯实"三农"基础来支撑。农业现代化发展滞后于城镇化，不仅影响农村经济的持续发展，还会削弱城镇化进一步发展的基础。农业现代化要把保障国家粮食安全作为首要目标。工业化是城镇化的发动机，城镇化是工业化的促进器，城镇化必须有产业和市场支撑。在某种意义上讲，城镇化和工业化是一个硬币的两个面，二者是以工业化为龙头相伴而行、相互促进的统一发展，具有很强的同步性，城镇化率和工业化率一般呈正相关关系。城镇化发展要处理好与工业化的关系，如果工业化超前，城镇化滞后，就会使得工业发展缺乏市场和条件，从而拖工业化的后腿，无法实现发达的工业化。如果工业化滞后，城镇化超前，则会形成"过度城镇化"，带来严重的"城市病"。城镇化是信息化的主要载体，信息化是城镇化的提升机。城镇化对信息化具有推动作用，而信息化对城镇化具有带动作用。城镇化能够为信息化的发展提供广阔的发展空间，为信息产业提供需求，使信息化在城镇里发挥作用。信息化能够提升和整合城镇功能，使城镇功能和产业结构进一步优化，带动城镇化向更高级的城镇化迈进。

4. 新方式：融入生态文明，建设人与自然和谐的美丽中国。

新型城镇化是将生态文明融入全过程，实现人口、经济、资源和环境相协调，建设生态文明的美丽中国，实现中华民族永续发展的城镇化。这里有三层意思：一是在城镇化发展方式上，要融入生态文明的理念；二是在城镇化的建设过程中，始终遵循生态文明建设的要求，符合生态文明的指标要求；三是融入生态文明的新型城镇化发展是一种人与自然相和谐的发展，是一种可持续的发展。

首先，无论是在城镇化建设的总体规划中，还是在城镇化的大中小城市（镇）、产业、能源结构等布局中都要植入生态文明的理念，从顶层设计开始就要考虑人与自然、人与社会、人与人之间的和谐发展。其次，在城镇化建设的过程中，要把生态文明指标融入其中。要适应绿色化、低碳经济、循环经济、资源节约、环境友好、可持续发展的要求，必须做到集约、智能、绿色、低碳，把城市建设成为环境优美宜人、公共服务健全、文化氛围浓厚、社会和谐稳定、生活方便舒适的"宜居城市"。最后，新型城镇化发展的目的是建设生态文明的城镇，建设美丽中国；要从根本上改变目前许多城市面临的土地、空间、能源、水资源、环境严重透支、难以为继的境况，改变目前严重污染的状况，既要"金山银山"，又要"青山绿水"；做到能够满足当代人的需要，又不影响后世子孙的需要。

5. 新格局：以主体功能区规划为指导，形成科学的新城镇布局。

新型城镇化要改变以往城市无序发展的局面，要在主体功能区规划的指导下,在全国范围内重新进行城镇布局,形成全国城镇新格局。中国虽然地域广阔,但各地区自然环境和资源条件差别很大,有些地区适宜人类居住,发展的基础比较好,适合城镇发展。有些地区自然环境差,水土资源承载能力弱,不适合城镇发展。从现在的布局来看,部分地区的开发力度比较大,生产、生活用地的失衡严重影响到人们的生活质量。另外,城镇工业用地比例偏高,达到了26%,有的城市甚至超过50%。而且,这个趋势还在延续。因此,要进行统一规划布局。主体功能区指基于不同区域的资源环境承载能力、现有开发密度和发展潜力等,将特定区域确定为特定主体功能定位类型的一种空间单元。根据全国整体发展规划及各地具体情况,我国国土空间按开发方式分为优化开发区域、重点开发区域、限制开发区域和禁止开发区域。以主体功能区规划为指导进行城市重新布局有利于合理调整优化城市群格局,促进人口分布、经济布局与资源环境相协调。要在空间布局上以城市群为主体形态,大、中、小城市与小城镇协调发展。一是在空间布局上以城市群为主体形态,突出城市群的辐射带动作用;二是大、中、小城市与小城镇协调发展,注重发展的因地制宜;三是城市承载能力增强,突出的是城市的综合能力建设。

6. 新重点:制度等软件建设重要性更加凸显,释放改革红利。

城镇化不仅是一个城市建设开发的过程,而是一个复杂的系统工程,会带来经济和社会深刻的变化。以往我们推进城镇化重点放在城市建设上,通过摊大饼,修马路、盖高楼,大搞城市建设,见物不见人,积累了许多问题。新型城镇化以人为核心,要解决人的问题,今后推进的重点和中心将会逐渐从基础设施建设转移到制度、体制等软件建设和改革上。推进新型城镇化,必须更加重视"改革的推动力"。释放城镇化所蕴含的巨大内需潜力,为中国经济社会发展给予持久的动力,需要加快消除制约城镇化健康发展的体制机制障碍。需要加强制度的顶层设计,统筹谋划和大力推进户籍制度、土地制度、社会保障、财税金融、行政区划等方面的改革。逐步剥离附加在户籍上的福利待遇，健全户籍制度和居住证制度有效衔接的人口管理制度。探索实行城镇建设用地增加规模与农业专业人口落户数量相挂钩的政策。建立可持续的城市公共财政体系和投融资机制，为实现城镇基本公共服务、常住人口全覆盖和城市基础设施建设提供资金保障。通过财税金融体制改革，形成有利于城镇化健康发展的资金保障机制和有效激励机制。

（三）新型城镇化推进方向

新型城镇化努力推进的几个方向：

1. 加快推进农业转移人口市民化。

我国正处于城镇化较快发展的关键时期。2017年，我国常住人口城镇化率为58.52%，比上年末提高1.17个百分点。2017年户籍人口城镇化率为42.35%，比上年末提高1.15个百分点。由此可见，我国农业转移人口市民化取得了显著成就，但农业转移人口落户进程不够快，户籍人口城镇化率与常住人口城镇化率之间的差距依然较大，与国家提出到2020年两个城镇化率缩小的要求相比还有较大差距。主要原因是"两个积极性不高"：一是由于农业转移人口市民化成本分担机制尚不健全，地方政府吸纳农业转移人口落户积极性不高，特别是东部地区对吸纳跨省农业转移人口落户积极性不高；二是部分农业转移人口落户积极性不高，担心进城落户后自己享有的农村"三权"得不到保障、城市福利待遇又难以完全享有。

2. 优化城镇化布局和形态。

随着城镇化进程的持续深入推进，我国城镇布局不断优化、城镇体系不断完善。区域布局更加合理，中西部地区城镇化进程明显加快，在推进新型城镇化发展过程中，注重引导发展城市群，严格控制超大、特大城市，合理发展大城市，积极发展小城市，形成大中小城市协同发展的新格局。2016年，国务院先后批准实施了长三角、长江中游、中原等5个城市群发展规划，明确了成都、武汉、郑州等一批新的国家中心城市。京津冀、长江三角洲、珠江三角洲三大城市群以2.8%的国土面积集聚了18%的人口，创造了36%的国内生产总值，对全国经济发展的发挥了重要的支撑和引领作用。

进入"十三五"时期以来，我国城镇空间分布和规模结构实现了较大的优化提升，但与构建科学合理城镇化布局的要求还存在一定差距。主要体现在：一是区域间城镇化发展水平差距尽管在进程中逐渐缩小，但是很难在短时期间内消失。城市群主要分布在东部地区，中西部地区城市群多数处于雏形期。二是城市群内部分工协作不够、集群效率不高，部分特大城市人口与综合承载能力之间的矛盾加剧，中小城市集聚产业和人口的潜力没有得到充分发挥，尚未实现一体化高效发展。三是城市数量总体偏少，特别是中小城市严重不足。目前我国城镇人口已达7.71亿人，而城市数量只有653个。日本只有1.15亿城市人口，却有787个城市。美国虽然城市人口只有2.58亿人，城市数量却多达10 158个。除了数量少，中小城市尤其是大量的县城和建制镇发展还不足，主要原因是建设用地指标、资金、人才等重要资源匮乏，导致中小城市吸引力不强。

3. 建设和谐宜居城市。

进入"十三五"时期以来，我国城市水、电、路、气、信息网络等基础设施显著改善，保障性安居工程、地下综合管廊和海绵城市建设快速推进，教育、医疗、文化体育、社会保障等公共服务水平明显提高，绿色城市、智慧城市、创新城市和人文城市建设取得积极成效。但与此同时，我国城市规划、建设、管理水平不高，"城市病"问题日益显著，主要表现在一些城市空间无序开发、人口过度集聚、管理效率不高、设计缺乏特色、公共服务供给能力不足等方面。

加快新型城镇化建设。根据资源环境承载力调节城市规模，实行绿色规划、设计、施工标准，实施生态廊道建设和生态系统修复工程，建设绿色城市。加强现代信息基础设施建设，促进宽带网络提速降费，推进大数据和物联网发展，建设智慧城市。发挥城市创新资源密集优势，打造创业乐园和创新摇篮，建设创新城市。提高城市开放度和包容性，加强文化和自然遗产保护，延续历史文脉，建设人文城市。加强城市空间开发利用管制，促进国家级新区健康发展，推动符合条件的开发区向城市功能区转型，引导工业集聚区规范发展，建设紧凑型城市。

提升城市治理水平。创新城市治理方式，改革城市管理和执法体制，推进城市精细化、全周期、合作性管理。创新城市规划理念和方法，合理确定城市规模、开发边界、开发强度和保护性空间，加强对城市空间立体性、平面协调性、风貌整体性、文脉延续性的规划管控。全面推行城市设计，推进城市有机更新，提倡城市修补。发展适用、经济、绿色、美观建筑，提高建筑技术水平、安全标准和工程质量，推广建筑工业化和钢结构建筑。

4. 健全住房供应体系。

住房问题关系人民安居乐业和经济发展全局。改革开放以来，我国城镇住房市场持续发展，住房保障体系逐步健全，住房总量大幅增加，城镇居民人均住房建筑面积由 1998 年的 18.7 平方米增加到 2016 年的 36.6 平方米。"十二五"期间，各地大力推进保障性安居工程建设，加快实施城镇棚户区改造，截至 2015 年年底共改造各类棚户区住房 2 681 万套。城市中低收入家庭住房困难问题得到有效解决，房地产业对经济持续快速增长发挥了重要作用。

与此同时，当前房地产市场供求关系还存在一定程度的结构性失衡：一方面商品房特别是三、四线城市商品房库存持续增加，截至 2015 年年底竣工待售面积达 7.19 亿平方米，全国房地产开发投资增速持续下行；另一方面城镇非户籍人口的住房困难问题依然较为突出，城镇住房供应和保障体系还不完善，住房租赁体系尚未形成。

5. 推动城乡协调发展。

进入"十三五"时期以来，我国城镇居民生活水平全面提升，新型城镇化和新农村建设协调发展。农村居民人均纯收入或可支配收入年度实际增长速度均快于同期城镇居民人均可支配收入。统计局数据显示，2017年，全国居民人均消费支出18 322元，比上年名义增长7.1%，扣除价格因素，实际增长5.4%。其中，城镇居民人均消费支出24 445元，增长5.9%，扣除价格因素，实际增长4.1%；农村居民人均消费支出10 955元，增长8.1%，扣除价格因素，实际增长6.8%。与此同时，由于发展基础较为薄弱，我国城乡发展不平衡、不协调的问题依然存在，2017年我国城镇居民的人均消费支出是农村居民的2.23倍。城乡基础设施和公共服务资源差距较大，城乡一体化发展的体制机制不够健全，县域经济支撑辐射能力有待加强。

发展特色县域经济。培育提升充满活力、特色化、专业化的县域经济，提升承接城市功能转移和辐射带动乡村发展能力。依托优势资源，促进农产品精深加工、农村服务业及劳动密集型产业发展，积极探索承接产业转移新模式，融入区域性产业链和生产网络。以县级行政区为基础，以建制镇为支点，引导农村二三产业向县城、重点乡镇及产业园区集中，搭建多层次、宽领域、广覆盖的农村一二三产业融合发展的服务平台。加强县城市政设施和教育、医疗、文化等公共服务设施建设，提高县城垃圾资源化、无害化处理能力。扩大县域发展自主权，提高县级基本财力保障水平。加大对中西部地区发展潜力大、吸纳人口多的县城和重点镇的支持力度。

（四）新型城镇化道路怎样才能走得更好

走新型城镇化道路，必须正确认识城镇化发展规律，结合中国城镇化的特殊性，牢固树立以质量为核心的发展理念，降低城镇化门槛，建设包容性城镇，积极完善城镇化战略格局，多渠道筹措城镇化资金，积极深化制度改革。

1. 牢固树立以质量为核心的发展理念。

城镇化速度与质量协调发展的关键在于提高城镇化质量。从当前的情况看，城镇化已经进入以推进深度人口城镇化为特征、促进城乡一体化的新阶段，提高城镇化需要处理好以下几个方面的问题：一是要以人为本，妥善解决城市病问题。要提供与城镇经济发展水平相适宜的基础设施和基本公共服务，优先解决城镇人口的就业、安居、教育、医疗、交通等问题，提高城镇居民生活质量。二是要转变城镇发展模式，提升城镇的可持续发展能力。要加强城乡不同类别的空间管制，大力推进低碳生态城市建设，促进城镇集约紧凑发展；要围绕提升城镇发展软实力，加快城镇服务功能建设；要加强城镇综合管理，建立统一、协调、高效、合理的城镇管理体制，提高城镇管理服务水平。三是要加强城镇化与工业化、农业现代化同步发展。要适应新型工业化的要求，积极探索新型城镇化道路和模式；要积极探索工业反哺农业、城市支持农村的机制、途径和方法，妥善解决"三农"问题。四是要建立城镇化发展评价体系，确保城镇化健康发展。科学制定城镇化质量评价指标体系，将城镇化质量纳入政绩考核、重大事项督查范围，强化城镇化在经济社会发展中的作用。

2. 降低城镇化门槛。

要通过提供均等化的公共服务，降低农民进城务工的落户条件和成本，将符合条件的进城务工人员转化为城镇人口。一要适当降低农民工落户条件，允许符合条件的农民工市民化。根据城市的规模和综合承载能力，以就业年限、居住年限和城镇社会保险参加年限为基准，各类城市制定公平、公正的农民工落户标准。二要坚持房地产调控不动摇，引导房地产市场健康发展和房地产价格理性回归，坚决抑制高房价。同时，积极完善多层次、多元化的住房保障体系，逐步提高保障性住房在城镇住房供给中的比重。三要积极建立和完善城乡一体的公共服务体系。要逐步在全国范围内建立统一的教育、就业、医疗卫生、养老、住房、基本生活保障等公共服务体系。要适应农民工高流动性要求，尽快实现社会保险权益可顺畅转移、接续。四是要加快教育和医疗体制改革，切实解决城镇居民在教育和医疗方面的难题。此外，提高农民工的就业能力和收入水平也等同于降低了城镇化门槛。

3. 建设包容性城镇。

建设包容性城镇，强调城镇发展在经济、社会、治理、文化等领域的均衡与统一，强调城镇发展过程公平与效率的内在一致，强调城镇不同主体发展权利的同质均等性。首先，建设包容性城镇的关键在于建设高水平的公共服务体系。其中，公共服务的普惠化、均等化是完善公共服务体系的核心问题。其次，遵循城镇化的社会系统内生的运行规律，逐步减少乃至完全消除主导城镇化过程的"人治"色彩，以法治原则处理经济、政治、社会、法律之间不协调和系统失衡问题。最后，逐步消除不利于包容性发展的一切排斥性制度体系，促进农民工等城镇外来人口的城市接纳与融合，使包括农民工在内的城市贫困阶层享有事实上的平等权利。

4. 积极完善城镇化战略格局。

城镇化战略格局关系到城镇化的发展方向，是中国现代化发展战略的重要内容。要在国家现代化战略布局框架下，以习近平新时代中国特色社会主义思想和新发展理念为指导，认真研究制定我国城镇化发展的中长期规划和综合性的政策措施。要合理确定大中小城市和小城镇的功能定位、产业布局、开发边界，形成基本公共服务和基础设施一体化、网络化发展的城镇化新格局。特别是要遵循城市发展的客观规律，考虑不同规模和类型城镇的承载能力，以大城市为依托，以中小城市为重点，合理引导人口流向和产业转移，逐步形成辐射作用大的城市群，促进大中小城市和小城镇科学布局，加快构建和完善"两横三纵"城镇化战略格局。科学规划城市群内各城市功能定位和产业布局，强化中小城市产业功能，增强小城镇公共服务和居住功能。积极挖掘现有中小城市发展潜力，优先发展区位优势明显、资源环境承载能力较强的中小城市。

5. 多渠道筹措城镇化资金。

中国农民数量特别庞大、农民城镇化的总成本特别高，如何有效筹措城镇化所需的巨额资金，是提高城镇化必须解决的重大问题。要多种渠道筹措城镇化资金，除了各级政府加大投资之外，还应该鼓励农民集资建城，也可以采取批租土地、有偿转让土地使用权、合理分配使用土地增值收益、合资开发、发行债券、投资入股、贷款等多种形式和途径，实行各种优惠政策，吸引和筹集更多包括公有、民有、外资和农民的资金，用于城镇化。

由于农民工市民化是当前城镇化的重点，所以现在有效筹措城镇化资金重点要解决的是，农民工市民化的资金来源或者说农民工市民化的成本应该由谁承担的问题。应该由谁来支付这个成本呢？自然不能主要由农民工支付，因为农民工的收入已经很低，既无力支付，也不合理。当然，也不能由城市居民承担，因为这种成本开支不是由城市居民引起的。因此，农民工市民化的成本，除了雇佣农民工的企业要支付一部分之外，主要应该由各级政府支付，农民工自身也要直接支付一部分。因为只有权责利对等，制度才公平、合理、有效。农民工的低工资给企业带来低成本、高收入，企业应该对农民工一视同仁，给予城市职工同等的工资福利待遇，而且农民工市民化还能解除农民工的后顾之忧，安心、稳定地在企业工作，满足企业对劳动力特别是熟练劳动力的需求，缓解或消除"民工荒"现象，所以企业应该支付一部分农民工市民化的成本。这些成本主要是一部分职工技能岗位培训、社会保障和在城市居住的费用。

从表面上来看，农民工市民化的成本主要不由农民工支付，似乎也不合理，但从实质上来看，农民工市民化的成本只是名义上主要由各级政府和企业支付，实际上主要还是由农民工自己支付的。因为政府和企业支付的农民工市民化成本的资金来源主要是农民工创造的价值。领着低工资的农民工给企业创造了大量的利润，支付一部分农民工市民化成本，只不过是减少一点利润而已。当然企业也不能支付太多，否则企业利益受损，不利于增加投资和经济发展。而且，政府支付只是名义上的，实际上还是由农民工间接支付。因为，政府在这方面支付的资金主要来源于由农民工创造的价值转化而来的利润和税收。在政府支付的农民工市民化成本中会有一部分来自工业反哺农业的资金，也是对以往农民对工业发展的巨大贡献和牺牲的必要补偿，或者说是对农民过去创造价值的返还。

总而言之，农民工市民化所需资金的来源或筹集渠道，主要包括政府的财政支出、土地增值收益、雇佣农民工的企业的支出、农民工的直接支付和农民工转让承包地所得的补偿。政府的钱应用在刀刃上、关键点上，社会保障就是刀刃、城镇化就是关键，政府现在特别需要加大这方面的投入，能够取得一举多得的效果。至于现在政府花钱很多的基础设施建设，应该更多地鼓励民间投资。

6. 积极深化制度供给侧结构性改革。

城镇化是一系列公共政策的集合，城镇化的健康发展离不开体制机制创新。我国过去30多年城镇化的快速发展与体制机制创新密不可分，存在的矛盾和问题也与体制机制的不完善直接相关。今后一段时期推进城镇化健康发展，必须把深化制度供给侧结构性改革放在十分突出的位置，尤其需要在土地制度、户籍制度、就业制度和社会保障制度等重要领域和关键环节进行改革突破。如深化户籍制度改革，必须以去利益化、城乡一体化、迁徙自由化为目标和方向，在中央的统一规划下，剥离户口所附着的福利功能，恢复户籍制度的本真功能，同时改革嵌入户籍制度之中的其他二元制度，整体推进。

深化土地管理制度改革，一要按照有利于明确和保护土地物权的思路，虚化所有权，强化承包权，建立以承包权为核心的农地产权制度；二要严格界定公益性用地和经营性建设用地，逐步缩小征地范围，完善征地补偿机制，提高征地补偿标准；三要在不触碰18亿亩耕地红线的前提下，放开农村集体建设用地上市交易，保护农民成为农村集体用地交易主体地位，使农村集体建设用地与城市建设用地真正实现同地、同权、同价，形成集体用地和国有建设用地的土地供应双轨制；四要制定科学的土地利用总体规划和城镇发展规划，建立土地节约集约利用优惠政策，提高土地利用集约度。

深化财税金融体制改革，一要建立健全公共服务能力，调整财政支出结构，强化政府基本公共服务供给的责任，推进建立包括农民工在内的基本公共服务体系；二要加大中央财政转移支付力度，逐步提高中央财政在义务教育、基本养老、基本医疗等基本公共服务支出中的比重；三要加快地方税收体系建设，培育稳定的地方收入来源，加快开征房产税，增强地方政府提供基本公共服务的能力；四要合理确定土地出让收入在不同主体间的分配比例，将政府土地出让收入纳入公共财政进行管理，提高土地出让收入的使用效率，减少地方政府对土地财政的依赖；五要根据城镇基础设施和公共服务性质的不同，建立多元化、多渠道的资金供给模式。此外，还要通过加快市镇体制改革，提高社会管理能力，加快形成设置科学、布局合理、功能完善、集约高效的行政管理体制。

四、脱贫攻坚：经济强国建设的重要使命

消除贫困、改善民生、实现共同富裕，是社会主义的本质要

求,是我国经济强国建设的重要使命。党的十八届五中全会提出,到2020年,我国现行标准下农村贫困人口实现脱贫,贫困县全部摘帽,解决区域性整体贫困。我们要深刻领会党中央的决策部署,坚决打赢脱贫攻坚战,确保到2020年所有贫困地区和贫困人口一同迈入全面小康社会。习近平总书记在十九大报告中提出:要坚决打好防范化解重大风险、精准脱贫、污染防治的攻坚战,使全面建成小康社会得到人民认可、经得起历史检验。2018年政府工作报告明确提出,加大精准脱贫力度。要求今年再减少农村贫困人口1000万以上,完成易地扶贫搬迁280万人。综合看来,在脱贫攻坚难度越来越大的情况下,这1000万人的年度减贫目标相比前两年"含金量"更高,完成这一目标需要更加精准、更有针对性的措施。可见,打赢脱贫攻坚战是当前经济强国建设的重要历史使命。

(一)打赢脱贫攻坚战的重要意义

"贫穷不是社会主义",消除贫困、改善民生、逐步实现共同富裕是社会主义的本质要求,是经济强国建设的重要使命。党的十八大以来,党中央把扶贫开发工作纳入"四个全面"战略布局,大力实施精准扶贫,不断丰富和拓展中国特色扶贫开发道路,不断开创扶贫开发事业新局面,体现了新一届中央领导集体实现第一个百年奋斗目标的坚定决心和强大信心,也充分体现了中国特色社会主义的优越性。习近平总书记指出:"我们不能一边宣布全面建成了小康社会,另一边还有几千万人口的生活水平处在扶贫标准线以下,这既影响人民群众对全面建成小康社会的认可度,也影响国际社会对我国全面建成小康社会的认可度。"打赢脱贫攻坚战,是我们党在"十三五"时期重大而紧迫的任务,我们一定要从政治、全局、战略高度来看待和重视脱贫问题,实现《中共中央关于制定国民经济和社会发展第十三个五年规划的建议》确定的脱贫攻坚目标。

1. 打赢脱贫攻坚战是社会主义的本质要求。

贫困人口全部脱贫是全面建成小康社会的一个标志性指标，是"十三五"时期的重大战略任务。到2020年全面建成小康社会，是我们党确定的"两个百年"奋斗目标的第一个百年奋斗目标，是党向人民、向历史作出的庄重承诺。届时如果实现国内生产总值和城乡居民人均收入比2010年翻一番，人均国内生产总值将达到1.2万美元左右，按照世界银行现行标准，接近高收入国家水平，基本跨越"中等收入陷阱"。跨越"中等收入陷阱"是就国内生产总值而言的，但全面建成小康社会新的目标要求是全面的，是要惠及十几亿人口、收入差距缩小、人民生活水平和质量普遍提高的，是要城乡区域协调发展、生态文明建设、社会公平正义等取得显著进步的。与这些目标要求比，目前一些方面还存在着差距。其中最突出的是现有农村贫困人口脱贫和解决区域性整体贫困问题。全面建成小康社会这一目标能否最终实现，关键是要解决农村人口的贫困问题。习近平总书记指出，"小康不小康，关键看老乡"。全面小康，是惠及全体人民的小康，是不能有人掉队的小康，绝不能把贫困地区和贫困人口排除在外。全面建成小康社会最艰巨的任务是脱贫攻坚，最突出的短板就是，截至2017年底农村还有3000多万贫困人口。如期完成脱贫任务是全面建成小康社会的刚性目标、底线目标。只有打赢脱贫攻坚战，才能凸显全面小康社会成色，让人民群众满意、国际社会认可。

消除贫困、改善民生，逐步实现共同富裕，是社会主义的本质要求。改革开放四十年，我们取得了巨大的成就，但是，如果还有大量的贫困人口存在，脱贫问题没有解决，就很难说是实现了共同富裕。贫困往往是导致很多社会矛盾和问题产生的根源，当贫困还大面积的存在时，没有人能置身事外。因此，习近平总书记指出"解决农村的扶贫现状绝不能让一个少数民族、一个地区掉队，要让13亿中国人民共享全面小康的成果"。扶贫开发要始终以消除贫困为首要任务，以改善民生为基本目的，以实现共同富裕为根本方向，让困难群众过上有尊严的幸福生活，从内心感受到温暖，从而充分体现我国社会主义制度的优越性。让全体人民共享改革发展的成果，是我们党治国理政的基本理念。同时，习近平总书记还指出："中国梦归根到底是人民的梦，必须紧紧依靠人民来实现，必须不断为人民造福。"目前我国人民生活水平、居民收入水平、社会保障水平持续提高，但仍存在收入差距较大、社会矛盾增多、部分群众生活比较困难等问题。因此必须坚持发展为了人民、发展依靠人民、发展成果由人民共享，必须维护社会的公平正义。坚决打赢脱贫攻坚战，就是不断增进全体人民的福祉，就是真正践行共同富裕的理念。

2. 打赢脱贫攻坚战是经济增长的新动力。

当前，我国发展进入新常态，正处于新旧动能转换期，要保持经济中高速增长、迈向中高端水平，跨越"中等收入陷阱"，必须培育新的发展动能，拓展发展空间。贫困地区幅员辽阔，仅14个集中连片特困地区占国土面积就达40%左右，区域发展水平、居民收入与其他地区有很大差距。我们经常说中国经济发展有巨大的潜力、空间和回旋余地，一个重要方面就在贫困地区和贫困人口。

从消费方面看，这些地区增加收入，可以扩大有效消费需求，为产业结构调整升级赢得时间。从投资方面看，加强贫困地区基础设施和公共服务，既能新增有效投资需求，也有助于消化过剩产能。做好扶贫工作，可以催生新的经济增长点，推动经济健康发展。贫困地区的自然资源、土地资源和劳动力资源都很丰富，不少贫困地区拥有独特的自然条件，山清水秀、环境优美，土壤没有污染，如果将这些优势转换为多样化产品，激活潜在投资，并且形成一股新的消费力量，既有利于经济健康平稳的发展，又增进了全体人民的福祉。促进贫困地区加快发展，就可以形成新的经济增长极，为我国经济赢得更大的空间。通过东中西部密切协作，促进产业向中西部转移，可以让中西部劳动力就地就业，还可以促进经济增长。

3. 打赢脱贫攻坚战是实现国家长治久安的保障。

得民心者得天下，中国共产党执政的根本宗旨是全心全意为人民服务。我们党只有始终践行以人民为中心的发展思想，坚持为人民服务的根本宗旨，真正做到为人民造福，执政基础才能坚不可摧。只有全体人民过上了好日子，才能巩固党的执政基础。在国际风云激烈变幻的过程中，为什么我们党和我国社会主义制度岿然不动，而苏联和东欧国家等像多米诺骨牌一样倒下去了，就是因为我们党的路线方针政策给亿万人民带来了好处。中国共产党在中国执政就是要为民造福，而只有做到为民造福，我们党的执政基础才能坚如磐石。新中国成立以来，党和政府始终重视消除贫困，不断加大扶贫开发工作力度，尤其是改革开放以后，在党中央、国务院的领导下，扶贫开发工作成效显著，得到了广大人民的支持和拥护。在侧重农村贫困人口脱贫力度、完善贫困地区基础设施和公共服务、促进贫困地区经济发展等方面成果显著。新一届中央领导集体提出实施精准扶贫方略，誓言打赢脱贫攻坚战，这更是体现了我们党真正执政为民的信心和决心。

贫穷往往是引发社会矛盾、社会冲突、社会动荡的深刻根源。在人类历史上，富足总是伴随稳定，贫穷必然导致动乱。所以能否摆脱贫困，是关系到整个国家稳定和社会和谐的全局性问题。一方面，当前许多引发社会矛盾和冲突的群体性事件，如就业、收入分配、教育、医疗、生态、社会保障等问题的出现，主要是由于发展不足所引起的，加快发展，消除贫穷，是保证人民安居乐业、社会和谐稳定的基础。另一方面，由于贫困地区主要集中在西部民族地区，民族问题、宗教问题、边疆安全问题往往交织在一起，形成错综复杂的治理难题，也为国外敌对势力的干涉渗透提供了诱因和条件。所以，改革开放以来，我们党始终抓住发展这个主题不动摇不懈怠，深入实施西部大开发战略，加快西部民族地区的发展，尽快消除贫困，这对于维护民族团结，维护国家统一，维护主权和领土完整，实现国家的长治久安意义重大。"十三五"时期，扶贫开发工作不仅要在改善贫困人口生产生活条件上着力，更要注重提升教育、医疗、文化等方面的公共服务水平，使他们跟上全面小康的步伐。只有让全体人民安居乐业，社会才能和谐稳定，国家才能长治久安。

（二）充分认识脱贫攻坚面临的艰巨性

当前，我国进入了全面建成小康社会的决胜阶段，扶贫开发进入了啃硬骨头、攻坚拔寨的冲刺期。我们必须清醒认识到脱贫攻坚的严峻形势，客观分析脱贫攻坚面临的新问题新挑战。

1. 脱贫仍然是经济社会发展最突出的短板。

据统计，2015年我国农村贫困人口减少1 442万人，贫困发生率从2014年的7.2%下降到5.7%。虽然"十二五"扶贫开发工作圆满收官，但是截至2017年底，全国依然有3 000多万人的贫困人口。农村贫困人口能否脱贫，已成为全面建成小康社会的短板和重中之重，在全面建成小康社会的决胜阶段，我们必须尽最大努力补上这块短板。一是贫困群体规模仍然较大。目前，全国有14个集中连片特殊困难地区、592个国家扶贫开发工作重点县、12.8万个贫困村、2 948.5万个贫困户，中西部贫困人口规模仍然较大，全国重点县和片区县的贫困发生率平均达到22.1%。二是扶贫开发难度越来越大。经过30多年来持续不断的扶贫开发，现在所面对的都是贫中之贫，困中之困。一些贫困者非残即病，劳动能力较弱。经过多年的努力，容易脱贫的地区和人口已经基本脱贫了，剩下的贫困人口大多贫困程度较深，自身发展能力比较弱，越往后脱贫攻坚成本越高、难度越大。以前出台一项政策、采取一项措施就可以解决成百万甚至上千万人的贫困，现在减贫政策效应递减，需要以更大的投入实现脱贫目标。在脱贫攻坚工作中，要贯彻落实创新、协调、绿色、开放、共享的发展理念,充分发挥政治优势和制度优势,绝不让贫困地区和贫困人口在全面建成小康社会征程中落伍掉队。

2. 经济新常态是脱贫攻坚面临的新环境。

我国经济发展进入新常态后,经济下行压力在持续加大,这会影响到整体就业规模,结构性就业矛盾将会更加凸显,因此贫困人口就业和增收难度必然增大。发展方式从规模速度型粗放增长向质量效率型集约增长转换,增长动力由要素驱动、投资驱动向创新驱动转换,这些都会对劳动力的素质提出更高要求,而贫困人口缺乏的正是信息和技术,一些农民工因丧失工作重新陷入贫困,返贫压力加大。

产业结构仍在调整过程中,传统产业扶贫带动效应减弱,一些新的产业尚在成长之中。随着经济下行,地方财政收入增速放缓、区域之间发展差距加大、农村"老龄化"和"空心化"等问题也给扶贫脱贫工作带来新挑战。面对新的环境,扶贫脱贫需要不断创新理念,采用常规思路和办法按部就班推进,将难以完成任务。因此我们要探索结合生态保护脱贫、资产收益扶贫、光伏扶贫、电商扶贫、增加贫困人口在土地增值中的受益程度等新方式。

3. 脱贫管理体制机制和政策配套措施不够完善。

目前,扶贫组织人员呈现"上级队伍强,下面队伍弱"的局面,工作效能和协调力度较弱,缺乏政府多部门之间的协调与沟通,造成扶贫效率较低,扶贫政策执行不到位。从实际情况看,"中央统筹、省负总责、县抓落实"的管理体制存在各级职责不够明晰、执行不够有力等问题。贫困地区政绩考核偏重于地区生产总值,针对贫困户的政策措施总体上缺乏精准性、连续性、全面性,存在对精准扶贫精准脱贫的认识还不到位的问题,一些实际工作还停留在"大水漫灌"的传统观念和方式上。因此落实脱贫工作责任制显得尤为重要。要强化脱贫工作责任考核,全面落实扶贫开发工作成效考核办法;建立扶贫工作督查制度，强化责任追究。

扶贫和社会保障如何分工协调缺乏有效的政策安排，扶贫同农村低保、新农保、医疗救助、危房改造、家庭经济困难学生资助等政策尚未做到无缝衔接。扶贫开发资金使用效果及监管力度有待提高，各有关部门自有一套规划、自建一套系统，信息共享渠道不畅通，相互既有交叉重复，又有空白盲区。我国社会不缺少扶贫济困的爱心和力量，缺的是有效可信的平台和参与渠道，一些有能力有愿望参与扶贫的企业和个人宁愿把钱捐到国外去，也不愿用到国内贫困人口身上，导致形不成有效的扶贫合力。"十三五"规划纲要要求建立更广泛的参与机制。健全东西扶贫协作和党政机关、部队、人民团体、国有企业定点扶贫机制。鼓励支持民营企业、社会组织、个人参与扶贫开发，引导社会扶贫重心下移，实现社会帮扶资源和精准扶贫有效对接。创新参与模式，鼓励设立产业投资基金和公益信托基金，实施扶贫志愿者行动计划和社会工作专业人才服务贫困地区计划。

4. 贫困地区和贫困人口的发展能力和内生动力较弱。

老少边穷地区贫困问题集中，贫困人口普遍存在受教育程度低、健康水平低的"两低"情况，自我发展能力弱。建档立卡贫困村 70.8% 没有集体经济，内生发展动力严重不足。贫困人口之贫困因素较多，因病致贫、因学致贫突出，缺资金、缺技术普遍，因病返贫、因灾返贫、因市场风险返贫常见。

虽然中央财政投入扶贫的资金总量一直在增加，但同脱贫攻坚的需求相比仍显不足，财政扶贫资金分配和使用效率有待提高。应加大中央和省级财政扶贫投入，发挥政策性金融、开发性金融、商业性金融和合作性金融的互补作用，整合各类扶贫资源，拓宽资金来源渠道。创新扶贫开发政策，完善资源开发收益分享机制，提高贫困地区的内生动力。同时实施贫困地区人才支持计划和本土人才培养计划，提高贫困地区的发展能力。

贫困群众是扶贫攻坚的对象，更是脱贫致富的主体，在政策和资金倾斜的情况下，如果不注重调动群众积极性、主动性、创造性，反而会助长"等靠要"思想。党和政府有责任帮助贫困群众致富，但不能大包大揽，否则再多的扶贫资金也只能管一时，不能管长久。

（三）在精准扶贫上下真功夫实功夫

习近平总书记指出，脱贫攻坚要取得实实在在的效果，关键是要找准路子、构建好的体制机制，抓重点、解难点、把握着力点。空喊口号、好大喜功、胸中无数、盲目蛮干不行，搞大水漫灌、走马观花、大而化之、手榴弹炸跳蚤也不行，必须在精准施策上出实招、在精准推进上下实功、在精准落地上见实效。① 他明确指出，要坚持精准扶贫、精确脱贫，重在提高脱贫攻坚战成效。关键是要找准路子、构建好的体制机制。

1. 要明确扶贫脱贫的目标。

中央《关于打赢脱贫攻坚战的决定》指出：到2020年，稳定实现扶贫对象不愁吃、不愁穿，保障其义务教育、基本医疗和住房安全。贫困地区农民人均纯收入增长幅度高于全国平均水平，基本公共服务主要领域指标接近全国平均水平。确保我国现行标准下农村贫困人口实现脱贫，贫困县全部摘帽，解决区域性整体贫困。中央明确的"两不愁、三保障、两确保"精准脱贫目标是个整体，农民实际收入较快增长超过贫困线是基础，"两不愁、三保障"最关键。农村居民是否贫困，是否脱贫，要看农户的收入是否超过贫困线，这就需要精准调查农户的收入、支出和家产，以支出核收入，以家产查真实，坚决杜绝数字造假。更要看农户是否稳定实现了合理水平上的不愁吃、不愁穿，是否稳定实现了义务教育、基本医疗和住房安全有保障。

---

① 《习近平同志在中央扶贫开发工作会议上的讲话》，2015年11月27日。

2. 要找准扶贫脱贫的对象。

多年来,我国贫困人口的监测是以国家统计局的住户抽样调查为基础的。贫困人口监测为掌握总量、分析趋势都发挥了重要作用。由于其统计分类国际可比,调查方法基础扎实,历史数据连续积累,所以,它过去是、现在还是反映我国贫困人口总量、结构与基本趋势的法定数据。但也要看到统计监测数据是以少量的抽样调查户推算总体的,不能落实到所有具体人头上。所以,就需要以统计系统的总体数据为基础,通过逐家逐户的建档立卡,将贫困人口数落到家庭,落到人头,更准确掌握贫困人口的详细情况。确定扶贫对象,建档立卡,要充分发扬民主,发动群众参与。既要到村到户,开展深入细致的贫困状况调查,更要透明公开,把识别权交给同村百姓,让群众按他们自己的"标准"识别谁是穷人,以保证贫困户认定的透明公开、相对公平。

3. 要确定扶贫脱贫的责任主体。

到2020年全面完成脱贫攻坚战的历史使命,关键是明确责任主体,把责任落实到人。中央已经明确,脱贫攻坚工作机制是"中央统筹、省负总责、县为主体"。各贫困县县委和县政府承担主体责任,书记和县长是第一责任人。县级党委、政府应当把千斤重任担在肩上,明确对象、细化责任,因户施策、政策到位,确保如期完成脱贫攻坚决战决胜。

我们是社会主义国家,消除贫困是社会的共同责任。习近平总书记指出:"我们坚持动员全社会参与,发挥中国制度优势,构建了政府、社会、市场协同推进的大扶贫格局,形成了跨地区、跨部门、跨单位、全社会共同参与的多元主体的社会扶贫体系"。众人拾柴火焰高。目前,专项扶贫、行业扶贫、社会扶贫等多方力量互为支撑,开拓了全新的扶贫格局。从各方"单打独斗"到整合资源"握拳出击",这也是精准扶贫思维的重要体现。精准扶贫的思路可以动员我国民营企业、社会组织和公民个人广泛参与到扶贫的行列中来,开创多维联动的社会扶贫新格局。

4. 要精准实施扶贫脱贫各项措施。

习近平总书记强调，要解决好"怎么扶"的问题，按照贫困地区和贫困人口的具体情况，实施"五个一批"工程。要切实做到因地制宜，因户制宜，走出一条立足实际、精准扶贫、精准脱贫新路径。要从国家扶贫政策和村情、户情出发，逐户理清脱贫思路，明确工作重点和具体措施，一抓到底。贫困地区如期脱贫，离不开本地经济稳定发展和农民收入的持续增长。推进贫困地区发展的整体措施和常规举措当然也很重要，但关键的还是要落实到农户头上，帮助农民真正做到"两不愁、三保障"上。一定要把这两个方面更好地结合起来，既要整体发展，更要逐户脱贫。

5. 有序退出要精确。

已脱贫的农户精准有序退出也是非常重要的环节。在这方面，一是要通过细致审查、群众评议，明确已真正稳定脱贫的户和人，既不能使尚未脱贫的人退出，也不能让已稳定脱贫的人继续"戴帽"；二是在政策上为摘帽户留出一定的缓冲期，进一步培育和巩固自我发展的能力，防止出现大量返贫；三是严格退出程序，按照标准验收，增强脱贫工作绩效的可信度。

（四）多措并举推进贫困地区经济社会更好发展

认真贯彻中央扶贫工作会议精神，如期打赢脱贫决胜攻坚战，除了在扶贫工作上更加精准，扎实做好每一环节具体工作外，还要多措并举，进一步推进贫困地区经济社会的全面发展和更好地发展。当前我国进入经济发展新常态，这也是贫困地区的大逻辑。在增速换挡、结构优化、动力转换的大格局下，推进贫困地区经济社会全面发展，当下最重要的是在扶贫工作各个环节，深入贯彻落实五大发展理念，促进贫困地区经济又好又快发展。

1. 加强贫困地区基础设施建设，夯实脱贫发展根基。

基础设施是贫困地区经济发展与脱贫的"命脉"，要着力增强基础设施发展的整体性、协调性,处理好局部和全局、当前和长远、重点和非重点的关系,优先解决通路、通水、通电等问题,打通经济动脉、畅通农业农村发展的血脉,切实改善贫困地区的生产生活条件。一是强化交通、水利、电力建设。要继续采取有力措施,加快推动连接贫困地区的重大交通项目、乡村道路建设,解决好群众行路难、运输难问题。加快建设与贫困地区群众生产生活直接相关的水利工程,实施农村饮水安全巩固提升工程,全面解决贫困人口饮水安全问题。推进贫困地区农网改造升级,解决好贫困群众用电问题。二是推进信息基础设施建设。消除"数字鸿沟"、抓住"数字机遇"是贫困地区实现"弯道超车"的关键,贫困地区信息化建设可能引发一场新的扶贫方式变革。要加快信息化步伐,把互联网思维引入到脱贫攻坚中,加大财政投入,运用PPP、委托经营等方式,实现贫困村宽带网络全覆盖。比如,湖南的贫困山区通过互联网把绿色优质的农产品卖到城里去,既能帮助老百姓脱贫致富,也能让城里人享受到放心、健康的食品。三是加快文化基础设施建设。治贫先治愚,扶贫先扶智。要充分发挥"文化育民、文化富民"的积极作用,促进贫困地区经济社会全面发展。构建固定设施、流动设施和数字设施有机结合、相互补充的设施网络体系。对县级公共图书馆、文化馆等公共文化设施"填平补齐"、消除空白,以县为基本单位推动落实基本公共文化服务项目普遍达标、全面覆盖。

2. 推进贫困地区特色产业发展,打造脱贫发展引擎。

要着力实施创新驱动发展战略,抓住牵动贫困地区经济社会发展全局的"牛鼻子"。通过创新培育发展新动力、塑造更多发挥先发优势的引领型发展,做到人无我有,人有我优,人优我特。一是着力推动特色产业发展。发展特色产业、实施产业扶贫是落实精准扶贫和实现贫困群众增收脱贫的关键措施。要结合实际制定贫困地区特色产业发展规划,加大政策扶持力度,实施贫困村"一村一品"产业推进行动,扶持建设一批贫困人口参与度高、受益度高的特色农业基地。比如在荒山荒漠面积广阔、光照资源丰富的地区，发展光伏发电，农户用电不花钱，结余的电上网卖钱。二是持续优化产业结构。合理的产业结构是贫困地区长远发展的基础，要调整优化贫困地区产业结构，大力发展具有地方特色和市场前景广阔的优势产业。支持贫困地区有序合理开发当地资源，积极发展新兴产业，承接产业转移，加快一二三产业融合发展，让贫困户更多分享农业全产业链和价值链增值收益。三是大力推进农业现代化。农业的出路在现代化，要加快现代科技在贫困地区的推广应用，让农业经营有效益，让农业成为有奔头的产业。积极培育贫困地区农民合作组织，鼓励企业从事农业产业化经营，探索企业与贫困农户建立利益联结机制，促进贫困农户稳定增收。探索将财政资金投入设施农业、规模养殖等项目形成的资产，折股量化给贫困村和农户，让他们分享农业现代化的红利。

3. 加大贫困地区生态保护和建设力度，筑牢脱贫发展防线。

要切实贯彻绿色发展理念，把脱贫攻坚与建设美丽中国结合起来。加强贫困地区的生态环境保护和建设，既是当前治贫之举，也是长远固本之道。着力推进人与自然和谐共生，像保护眼睛一样保护生态环境，像对待生命一样对待生态环境，推动贫困地区形成绿色发展方式和生活方式，协同推进人民富裕、国家强盛、中国美丽。一是做好生态补偿脱贫。对于生存条件差、需要保护修复的地区，要结合生态环境保护和治理，探索生态脱贫的新路子，让贫困地区从生态环境保护中得到更多实惠。二是大力发展生态产业。努力构建生态化产业体系，支持贫困地区可再生能源开发利用，因地制宜发展太阳能、风能、生物质能等清洁能源，把生态优势转化为经济优势。三是实施好易地搬迁扶贫。对居住条件恶劣、生态环境脆弱、自然灾害频发地区的贫困人口，坚持群众自愿、积极稳妥的原则，实行搬迁安置，做到搬得出、稳得住、有事做、能致富。四是推进美丽乡村建设。把美丽乡村建设与扶贫开发有机结合,坚持科学规划,加大贫困村危房改造、农房抗震改造力度,推进贫困村环境综合整治力度。

4. 深化贫困地区结构性改革,增强脱贫发展能力。

要贯彻协调发展理念,促进总量与结构、数量与质量、速度和效益的有机统一。推进结构性改革是惠农强农的必然路径,要增强贫困地区经济持续增长动力,推动贫困地区生产力水平实现整体跃升。一是推进农业供给侧结构性改革。推动脱贫,农业发展是关键,必须找准贫困地区农业发展的"病根",用改革的办法推进结构调整,从供给端发力,提高农业供给体系质量和效率,减少无效和低端供给,扩大有效和中高端供给,增强供给结构对需求变化的适应性和灵活性,提高全要素生产率。二是推进贫困地区资源收益分配结构性改革。调整完善资源开发收益分配政策,更多地让贫困群众分享改革的成果。比如,在水电、煤炭、油气等资源丰富地区,高水平建设一批循环经济基地,把占用资源转变为农民股权,使农民受益;在拥有良好的自然环境和独特的人文环境地区,发展乡村游,把农产品变成旅游产品,农家院变成旅游设施,绿水青山变成群众脱贫致富的金山银山。三是加大贫困地区公共服务供给。与其他地区相比,贫困地区在居民收入、公共服务、社会事业等方面存在较大差距,解决农村贫困人口脱贫和区域性整体贫困问题,需要补上公共服务短板。比如,重大工程、重大项目向集中连片特困地区倾斜,解决制约发展的突出矛盾和问题,增强其经济社会发展支撑能力,为贫困群众发展生产、改善生活创造有利条件。

5. 弘扬自力更生奋斗进取精神,激发脱贫发展内生动力。

"授人以鱼不如授人以渔",扶贫不是慈善救济,而是要激发内生动力。要着力践行以人民为中心的发展思想,根据现有条件把能做的事情尽量做起来,积小胜为大胜,调动贫困地区和贫困人口积极性,不断朝着全体人民共同富裕的目标前进。一是尊重扶贫对象的主体地位。贫困群众是扶贫攻坚的对象,更是脱贫致富的主体，扶贫的根本出路是增强贫困群众的造血能力，脱贫致富终究要靠自己的辛勤劳动实现。要引导和促进所有能劳动的人自力更生，就业、创业，鼓励他们依靠自己的双手开创美好的明天。二是重视发挥广大基层干部群众的首创精神。"只要有信心，黄土变成金"。要做好对贫困地区干部群众的宣传、教育、培训、组织工作，引导他们树立"宁愿苦干、不愿苦熬"的观念，支持他们积极探索，为他们创造八仙过海、各显神通的环境和条件。三是振奋贫困地区和困难群众精神风貌。扶贫既要富口袋，也要富脑袋。人穷志不能短，没有脱贫志向，再多扶贫资金也只能管一时、不能管长久。要坚持以促进人的全面发展的理念指导扶贫开发，弘扬艰苦奋斗精神，丰富贫困地区文化活动，加强贫困地区社会建设。

五、完善以人民为中心的社会主义市场经济

从我国尚不完善的社会主义市场经济来说，更需要党和政府站在以人民为中心的立场上发展市场经济。党的十八大以来，我们欣喜地看到，以习近平同志为核心的党中央强调把以人民为中心的发展思想摆在治国理政的突出位置，这是对过去一些地方经济社会发展背离人民利益做法的矫正，是发展和完善社会主义市场经济必须维护的红线，也是经济强国建设的重要遵循。

（一）建设充分体现人民性的社会主义市场经济

社会主义是遵循公平正义的价值观，这是人民能够接受社会主义的一个原因所在。但是在社会主义市场经济改革发展中，这个问题并没有解决得非常圆满，仍存在着不少问题需要下大气力解决。

1. 以人民为中心的发展要体现在公平上。

当邓小平思考和提出"社会主义也可以搞市场经济"和

1992年确定了社会主义市场经济改革方向的时候，对于搞市场经济是否会产生公平与效率的矛盾，邓小平是有所警惕的。在1992年南方谈话时邓小平就不无针对性地说：如果富的愈来愈富，穷的愈来愈穷，两极分化就会产生，而社会主义制度就应该而且能够避免两极分化。他还尖锐地指出：如果导致两极分化，改革就算失败了。

1993年《中共中央关于建立社会主义市场经济体制若干问题的决定》，在关于收入分配上涉及效率与公平的关系时，确定了一个与当时的现实国情相适应的政策安排原则，即"建立以按劳分配为主体，效率优先、兼顾公平的收入分配制度，鼓励一部分地区一部分人先富起来，走共同富裕的道路"。这一基本政策取向实行了多年。这是为了消除计划经济下效率低下和绝对平均主义的痼疾，而现实地接受实行的政策理念和制度设计思路。尽管这具有一定的历史合理性，也确实取得了解放生产力和推动经济发展的明显成效，但是这一政策取向毕竟具有很大缺陷和局限性。它实际上是在特定历史条件下的一个急于求成的不得已的"次优选择"。① 当我国进入新的发展阶段，如果继续以"效率优先，兼顾公平"这样的政策取向来发展经济和处理社会关系，将难以克服不平衡、不协调和不可持续问题，因为这样的政策取向意味着默认可以用牺牲公平的方式来提高效率。显然，这与时代要求是不相符合的。

从公平实现的全过程来看，公平包括起点公平、过程公平和结果公平，它们依次继起，相互影响。在现代市场经济中，如果起点和过程都是公平的，那么由此而带来的竞争结果就可以视为符合公平原则，人们也会在很大程度上认可和接受这种结果。所以，起点公平和过程公平在构筑公平社会的过程中居于核

---

① 金培：《深化改革基于市场经济共识》，载于《社会科学战线》2014年第11期。

心地位。① 专家研究认为，结果公平需要把握重要一点，就是形成结果的起点和过程必须是公平的，否则它们所带来的结果就不会被社会所认可。

为了实现社会公平，同时促进经济效率，首先需要保障起点公平和过程公平。对于起点公平，要确保社会各阶层，特别是低收入家庭子女获得公平教育的机会。对于过程公平，则要求竞争规则公正、透明，竞争机会开放，人们拥有平等获取和利用生产要素的权利。以此为基础，通过社会保障、低收入群体补贴、消除贫困等措施对竞争结果加以适当校正，实现更高程度的结果公平。

向市场经济转变也是一个观念冲突和观念转变的过程。国外的经验表明，如果市场经济原则与原有的观念相冲突，引入市场机制便会造成社会骚乱不安，并很可能造成大规模的政治冲突。在中国，社会主义计划经济转变为市场经济以后，适应市场经济的很多新规则必然与某些根源于旧体制中人们普遍认同的观念相冲突。当市场交换取代计划成为资源配置的决定性协调机制以后，会危及依赖原有机制生存，并对原有机制合理性比较认同的人们的基本生存和既得利益，造成社会普遍不安。这就需要政府为这些人适应新机制提供帮助，并以说服为主要手段，以国家强制力为后盾，向社会公众灌输市场经济观念，在社会普遍推行市场经济原则，逐步使之合法化和法律化。② 尽管市场可以提高资源尤其是稀缺资源的配置效率，但是市场本身也有其局限性，不可能解决所有公平正义问题。就中国尚不完善的社会主义市场经济来说，更需要政府在诸多方面修正其缺陷和弥补其不足。这就决定了，我们站在人民立场上使市场在资源配置中起决定作用的

---

① 胡家勇：《试论社会主义市场经济理论的创新和发展》，载于《经济研究》2016 年第 7 期。
② 裴小革：《站在人民立场上加快完善社会主义市场经济》，载于《理论探讨》2014 年第 5 期。

同时，仍然要坚持发挥政府的作用，妥善处理效率和公平问题，防止贫富过分悬殊。

在从计划经济向市场经济转轨的过程中，随着人们自主意识的提高和自我管理能力的扩大，政治民主化也需要随之跟进，逐步用适应市场经济的民主行政的新理念取代传统的权威主义的治理理念，并以此推进行政管理体制改革，重新认识和塑造政府的总体职责。适应市场经济的民主政府的理念认为：政府的权力来源于人民的授予，社会经营权的主体是人民；社会的权力由多元的支配者相互控制与限制；政府的权威来源于政府与人民之间制度化的对话。政府的职责主要不在于控制和管制，而在于掌舵和服务；政府的行为不应以自身的需要为导向，而应以人民的需要为导向。

2. 以人民为中心的发展是社会主义市场经济的必然要求。

为什么说以人民为中心是社会主义市场经济发展的必然要求，这是由人民在经济发展中的地位和作用决定的，人民是经济发展的主体力量，对经济发展起着决定性作用。社会主义市场经济条件下，坚持人民的主体地位，就是坚持人民是社会实践的主体，而不是资本或者其他什么。但由于社会主义初级阶段生产力水平较落后，迫切需要通过引进和发展资本来改变落后的经济面貌。正如马克思所说：在其他一切方面，我们也同西欧大陆所有其他国家一样，不仅苦于资本主义生产的发展，而且苦于资本主义生产的不发展。因此，经济建设的紧迫性和对资本的现实需要，导致在我国社会主义市场经济建设实践中一直存在忽视人的现象，对经济发展的渴望导致很大程度上片面地追求 GDP 指标，其结果是在经济发展的同时，表现为对资本超过对人的重视。[①]从实践来看，随着我国经济发展，在取得比较大的成就的同时，

---

① 韩东：《坚持以人民为中心是社会主义市场经济发展的必然要求》，载于《改革与战略》2017 年第 1 期。

客观上也造成了对人自身的忽视。及时提出以人民为中心就是对这一趋势的扭转，使社会主义市场经济发展回归到人民发展的本源上来，真正发挥好人民在社会主义市场经济发展中实践主体地位的作用。

社会主义条件下，人是物的主人，而不是受物奴役，人是自觉地作为生产力中最积极、最活跃的因素推动生产力的发展。因此，对生产关系及时进行调整，重新正确认识人作为生产力发展的根本动力，是解决产能过剩和推进供给侧结构性改革的关键。人作为生产力发展中最积极、最活跃的因素，无论是科技发展、管理创新和大众创新创业，都离不开人的作用。因此，社会主义条件下，人民的发展决定着生产的发展，只有激发人民的创造力和创新精神，经济发展才能有不竭动力，才没有什么克服不了的困难。以人民为中心，发展依靠人民，就是肯定人民是经济发展的最大动力，在生产力发展中起主要作用。只要充分调动起人民发展的积极性，社会主义市场经济才能保持持续发展的动力。

改革开放以来，我国经济发展取得了举世瞩目的成就，跃升为世界第二大经济体。但与这一"中国奇迹"相比，社会建设相对滞后，成为我国经济社会发展的一块短板。党的十八大以来，我们党明确提出"守住底线、突出重点、完善制度、引导舆论"的民生工作思路，更加注重保障基本民生，更加关注低收入群体，更加注重制度建设，社会保障和民生建设迈上了新台阶。2015年，联合国千年发展目标在中国基本实现，中国成为全球最早实现千年发展目标中减贫目标的发展中国家，为全球减贫事业作出了重大贡献。习近平总书记一再强调，民生保障没有终点，改革只有进行时没有完成时，贯彻群众路线没有休止符，要有"功成不必在我"的精神，一茬一茬接着干。这些重要论述，为我们在新形势下坚持以人民为中心的发展思想，保障和改善民生指明了方向和路径。

（二）社会主义市场经济要在更大格局上服务人民

中国的社会主义制度之所以有特色，很重要的一条就在于我们建立了社会主义市场经济体制。确立以人民为中心发展的市场经济，要在更大格局上服务人民。

第一，贯彻落实全面建成小康社会的要求，按照五位一体的总体布局，不断增强科学发展的能力，努力提高人民的福祉水平。要加快补齐短板，必须雪中送炭，要持续加大扶贫开发攻坚的力度，加快实施精准扶贫、精准脱贫战略。加快实施以人为核心的新型城镇化战略，推动城乡协调发展，解决好"三个一亿人"问题，不断推进农民工市民化进程和提高户籍人口城镇化水平。要实施全面促进人口均衡发展战略，不断提高社会保障水平，在更高水平上增强教育、就业服务、基本医疗等公共服务的供给水平。要更好地践行绿色发展理念，为人民提供更干净的水、更新鲜的空气和更放心的食品。

第二，贯彻落实全面深化改革的要求，按照三大规律办事情，不断增强发展的内生动力，让人民得到更多实惠。当前，中国经济已经进入新常态，经济增速由高速向中高速转换，各种经济周期性和结构性矛盾更加突出。因此，在"十三五"乃至更长的一段时期，我们始终要牢牢把握好全面深化改革要求，切实遵循经济规律的科学发展，遵循自然规律的可持续发展和遵循社会规律的包容性发展，发挥好经济体制改革的牵引作用。推进供给侧结构性改革取得重要进展，放胆解放和发展生产力，不断增强经济发展的内生动力，做大经济的"蛋糕"，为人民谋取福利奠定坚实的经济基础。

第三，贯彻落实全面依法治国的要求，追求治理体系和治理能力现代化，不断增强法治市场经济水平，让人民切实感受到公平正义的阳光。公平正义是人类社会共同的向往和追求，也是坚持以人民为中心发展思想的重要保障。实现公平正义，要致力于我国治理体系和治理能力现代化，加快我国的制度现代化进程。特别是要加快社会主义市场经济法治化的进程。社会主义市场经济法治化的精髓在于对人民市场主体地位的确认，是人民的市场经济，努力让人民群众在每一个司法案件中都能感受到公平正义，不断提高社会主义市场经济的法治水平。

第四，贯彻落实全面从严治党的要求，夯实党执政的群众基础，不断增强我们党的执政能力，让人民有更大的信心。办好中国的事情，关键在党。落实好习近平以人民为中心的发展思想，关键也在党。我们要在全面从严治党上迈出新的步伐，像战争年代那样，与人民建立鱼水之情，建立血肉联系，与人民同苦、同乐、同命运。时刻聆听百姓的呼声建议，切身体验人民的喜怒忧乐，准确把握群众的思想脉搏。让我们的干部敬畏人民、依靠人民、服务人民，让我们的人民有更多的获得感和幸福感，增强人民对我们党和政府执政的信心。

第四章

经济强国建设的保障与依托

一、党的领导是经济强国建设的重要保证

加强党的领导对于革命、建设、改革具有举足轻重的意义,这已经被历史所证明。在经济发展进入新常态的历史阶段,需要我们党以更加坚定的改革决心,更加务实的发展举措,更加高超的领导能力,团结带领全国各族人民在经济强国建设中发挥更大的作用。

(一)党的领导对于经济强国建设的重要意义

改革开放40年来,中国经济取得了举世瞩目的成就,创造了世界经济史上的奇迹,这与党的领导发挥重要作用是分不开的。当前,我国已成为无可争辩的世界性经济大国,但还不是经济强国,没有经济的强大,就不可能实现中华民族的伟大复兴。党的领导是办好中国事情的关键,是中国相比较于其他国家的制度优势,是做好党和国家各项工作的根本保证。

1. 党的领导核心经受了历史的检验。

一个成熟的马克思主义政党在其发展过程中,必然要形成领导核心。恩格斯在《论权威》一文中深刻指出,权威和服从不

是由人的主观愿望确定的,而是社会发展的客观要求。列宁强调,历史上,任何一个阶级,如果不推举出自己善于组织运动和领导运动的政治领袖和先进代表,就不可能取得统治地位。回顾世界社会主义发展史,维护权威历来是马克思主义政党建设的重大课题。

在中国共产党的历史上,我们逐步形成了党、党中央和党的领袖三个层次的领导核心。党的领导核心是从外部关系而论,即中国共产党领导经济社会文化等各项事业,领导军队等各类组织,概而言之,就是总揽全局。党中央的领导核心是从内部关系而论的,即在党内各级组织中,党的全国代表大会及其选举产生的中央委员会、中央委员会选举产生的政治局、政治局常务委员会、总书记处于领导地位。领袖意义上的领导核心是从中央高层领导集体方面而论的,即单个领导人处于中枢地位,是党的领导、中央领导的人格化集中体现。领袖、中央、党构成一个同心圆,共同组成中国共产党领导核心的实体力量。[1] 从我们党的历史来看,党的领导核心的形成对于推动党领导的伟大事业向前进发挥了极其关键的作用。

三个层次的领导核心是中国国情及其决定的政治运行逻辑的必然结果,也是总结党的建设经验教训的必然结论。没有中国共产党这个核心,中国的各项工作就缺乏主心骨,很难整合多方力量完成经济强国的历史任务。没有党中央这个核心,由数百万个党组织、数千万党员组成的政党,就缺乏统一的步调。没有党的领导人这个核心,遇到大事党的高层领导则可能出现决策不一致,甚至可能存在分裂主义的风险,进而出现权力掣肘、无所作为的被动局面。

在中国共产党的历史上,在实践中形成坚强的中央领导集体并维护这个集体的权威,对我们这样的大党、大国尤为重要。

---

[1] 曾峻:《领导核心对政党为什么如此重要》,载于《政策》2017年第1期。

1935年，遵义会议前，由于没有形成成熟的党中央，导致党的事业几经挫折，甚至面临失败危险。遵义会议确立了毛泽东同志在红军和党中央的领导地位，我们党开始形成坚强的领导核心，从此中国革命便焕然一新。正是在党中央坚强有力的领导下，经过一代又一代中国共产党人团结带领人民继续奋斗，中国革命、建设、改革事业才取得举世瞩目的伟大成就。对于领导核心，毛泽东曾这样讲道：一个桃子剖开来有几个核心吗？只有一个核心，要建立领导核心，反对"一国三公"。邓小平也有这样论述：任何一个领导集体都要有一个核心，没有核心的领导是靠不住的。党的领导核心是对马克思主义建党学说的深刻揭示，是对中国共产党长期实践中形成的优良传统和独特优势的科学总结，对中国发展、对建设经济强国具有十分重要的意义。

考察众多现代国家的发展历程可以发现，政党扮演着重要角色，以政党为主体进行治理成为现代国家治理的一个重要特征。从学理上说，政党治理强调提升政党执政能力，实现政党权力运作制度化规范化，再由政党完成整合社会、形成良治、增强活力的目标。在我国，自中国共产党成为执政党并实现长期执政以来，中国共产党的治理探索已深深融入国家治理之中。在逐步实现人民富裕与国家富强的过程中，中国共产党的治理推动了当代中国国家治理的有效实现。

中国特色社会主义有很多特点和特征，但最本质的特征是坚持中国共产党领导。加强党对经济工作的领导，全面提高党领导经济工作的水平，是坚持民主集中制的必然要求，也是我们政治制度的优势。党是总揽全局、协调各方的，经济工作是中心工作，党的领导当然要在中心工作中得到充分体现，抓住了中心工作这个"牛鼻子"，其他工作就可以更好展开。①

---

① 《习近平关于社会主义经济建设论述摘编》，中央文献出版社2017年版，第318页。

第四章 经济强国建设的保障与依托

2. 经济强国建设需要党的领导核心。

当前,我们正处在世界格局深刻调整、国际竞争日趋激烈的时代条件下,正处在国内改革全面深化、发展全面推进的重要时期,党内"四大考验""四种危险"现实地摆在面前,治国理政担子之重、难度之大超乎想象。进行具有许多新历史特点的伟大斗争,推进中国特色社会主义伟大事业,推进国家治理体系和治理能力现代化,提升我国国际地位和影响力,我们比任何时候都更需要一个坚强的领导核心。

党的十八大提出,确保到2020年实现全面建成小康社会,党的十八届五中全会提出了全面建成小康社会新的目标要求,对全面建成小康社会进行了全面部署,"十三五"时期,是全面建成小康社会的决胜阶段。全面小康,覆盖的人口要全面,是惠及全体人民的小康,是全民共享的小康。全面建成小康社会,更重要、更难做到的是"全面"。"全面"讲的是发展的平衡性、协调性、可持续性。补上发展不平衡、不协调、不可持续的短板,是我们努力的重点和难点所在。一是解决好经济发展的质量和效益问题。新常态下我国经济发展的主要特点是速度、方式、结构、动力发生了变化,这些变化是我国经济向形态更高级、分工更优化、结构更合理的阶段演进的必经过程,实现这样广泛而深刻的变化是一个新的巨大挑战。二是解决好发展不平衡不协调不可持续问题。发展不平衡不协调不可持续问题是全面建成小康社会的短板所在。三是提高风险防控意识和能力。"十三五"时期可能是我国发展面临的各方面风险不断积累甚至集中显露的时期,如果发生重大风险扛不住,国家安全就可能面临重大风险,全面建成小康社会进程就可能被迫中断。因此,必须打好防范化解重大风险攻坚战。这个风险和挑战,必须要求加强党的领导,提高党建设经济强国的能力和水平。

21世纪第一个十年,中国人均国民总收入从不足1 000美元增加到超过 4 000 美元，按照世界银行的标准，中国在 2010 年开始由下中等收入国家进入上中等收入国家行列。此后经济增速虽有所下降，但到 2017 年，中国人均国民总收入达到 8 836 美元，在 2010 年的基础上又接近翻番，为全面建成小康社会奠定了新的历史台阶。从国际经验看，从中低收入经济体迈向高收入经济体，这是一个经济体最重要的转型期，不仅表现为国民收入由中等收入水平迈向高收入水平，也表现为经济发展方式由粗放型向集约型转变、产业结构由中低端向中高端提升、社会结构由"哑铃形"向"橄榄形"转型。这个阶段转型成功，就能跨过"中等收入陷阱"；转型失败，则会落入"中等收入陷阱"。第二次世界大战以来，日本、韩国、新加坡是少数几个成功跨过"中等收入陷阱"的国家，大多数国家，如拉美、苏联、东欧等国家则陷入了"中等收入陷阱"。

《人民论坛》杂志在征求了 50 位国内专家、学者的意见后，认为陷入"中等收入陷阱"的国家普遍具有经济增长回落或停滞、民主乱象、贫富分化、腐败多发、过度城市化、社会公共服务短缺、就业困难、社会动荡、信仰缺失、金融体系脆弱等十个特征。中国跨过"中等收入陷阱"具有中国共产党的坚强领导优势，我们有信心有能力。社会转型期通常是各种社会资源分流、各种社会力量分散、各种社会思潮分歧、各种社会组织分化、各种社会矛盾多发时期，客观上需要强有力的执政党。跨过"中等收入陷阱"，关键在于发挥优势、释放潜能，唯一出路在于深化改革，客观上也需要中国共产党的强有力领导。中国共产党具有自觉把握中国特色社会主义发展规律的科学理论、无私无畏造福民族和人民的崇高品格、强大的组织动员和统筹协调能力、勇于改革创新的坚强意志和丰富的执政经验，为我国全面深化改革和跨过"中等收入陷阱"提供了强有力的理念、思想、组织保证。

第四章　经济强国建设的保障与依托

（二）加强党对经济工作的领导

"以习近平同志为核心的党中央"的表述，既反映出中国共产党政治传统的连续性一面，同时也包含着发展性的一面，这必须从中华民族伟大复兴的大背景下，结合经济强国建设的要求来认识。做好经济工作必须加强和改善党对经济工作的领导。确立领导核心的直接目的在于维护中央权威，在于维护党的团结和集中统一领导，但这不是终极目的。终极目的在于更好地集聚一切积极因素，抓住更多的机遇，战胜实际的和潜在的风险，推动经济强国建设落到实处。

1. 以习近平新时代中国特色社会主义经济思想为指导。

2017年12月18日至20日召开的中央经济工作会议首次提出习近平新时代中国特色社会主义经济思想，并明确指出，习近平新时代中国特色社会主义经济思想，是5年来推动我国经济发展实践的理论结晶，是中国特色社会主义政治经济学的最新成果、丰富内涵和精神，是党和国家十分宝贵的精神财富，必须长期坚持、不断丰富发展。其主要内涵可以概括为"七个坚持"：在我国经济建设的根本方向保障上，"坚持加强党对经济工作的集中统一领导，保证我国经济沿着正确方向发展"，完善党领导经济工作的体制机制；在我国经济建设的价值取向上，"坚持以人民为中心的发展思想，贯穿到统筹推进'五位一体'总体布局和协调推进'四个全面'战略布局之中"；在对于经济发展新形势和新趋势的研判及其对策上，"坚持适应把握引领经济发展新常态，立足大局，把握规律"；在经济体制改革取向上，"坚持使市场在资源配置中起决定性作用，更好发挥政府作用，坚决扫除经济发展的体制机制障碍"；在当前和今后一个时期经济工作的主线上，"坚持适应我国经济发展主要矛盾变化完善宏观调控，相机抉择，开准药方，把推进供给侧结构性改革作为经济工作的主线"，为我国经济转型升级和持续健康发展拿出治本良方妙药；

在制定和部署经济发展战略上,"坚持问题导向部署经济发展新战略",制定和实施了包括创新驱动转型发展战略、京津冀协同发展战略、长江经济带发展战略、"一带一路"倡议、引进来和走出去并重战略、开创我国经济全面对外开放新格局战略、实施乡村振兴战略和精准扶贫脱贫战略等,对我国经济社会的发展变革产生了深远影响;在领导经济工作的策略和方法上,"坚持正确工作策略和方法,稳中求进,保持战略定力、坚持底线思维",扎实推进各项经济工作。习近平新时代中国特色社会主义经济思想实现了我们党经济建设指导思想的又一次新发展和新升华,科学认识和准确把握这一新思想的丰富内涵和精神实质,对于我们加快推动经济强国战略具有十分重要的意义。

2. 加强党领导经济工作制度化建设。

党的十八大以来,党中央加强了中央财经领导小组工作机制,完善制度,充实力量,突出重点,注重落实。在中央政治局常委会领导下开展工作,党领导经济工作取得明显成效。党中央形成了每季度分析研究经济形势的制度,同时定期研究部署重大战略问题,这几年先后专题研究了财税体制改革、城镇化发展、粮食安全、水安全、能源安全、创新驱动发展战略、"一带一路"倡议等一系列重大问题,对推动经济强国建设起到重要指导作用。2018年3月,中共中央印发了《深化党和国家机构改革方案》,将中央财经领导小组改组为中央财经委员会,负责财经领域重大工作的顶层设计、总体布局、统筹协调、整体推进、督促落实。4月2日,中央财经委员会召开第一次会议,研究打好三大攻坚战的思路和举措,研究审定了《中央财经委员会工作规则》。

3. 提高党领导经济工作法制化水平。

社会主义市场经济本质上是法治经济,经济秩序混乱多源于有法不依、违法不究,因此必须坚持法治思维、增强法治观念,依法调控和治理经济。要坚决摒弃以行政命令等方式来管理经济,习惯于用超越法律的手段和政策来抓企业、上项目推动发展,习惯于采取陈旧的计划手段、强制手段完成收入任务,这些办法必须加以改变。法治经济的本质要求就是把握规律、尊重规律。党的十八大以来,中央特别强调依法办事,自觉运用法治思维和法治方式来深化改革、推动发展、化解矛盾、维护稳定。

4. 增强党领导经济工作专业化能力。

我国经济发展到今天这样的水平,做好经济领导工作,必须有专业化能力支撑。领导干部要胜任工作,不说外行话、不干外行事,必须下大气力完善知识结构、增长实践才干,缺什么补什么,既要多学一些政治、经济、社会方面的知识,也要多学一点国际、战略、心理等方面的知识;要培养科学钻研精神,既要钻研宏观,又要熟悉微观。要坚持理论培训和实践历练并举,培养选拔一大批政治上强、懂经济、会管理的领导干部充实各级领导班子。

二、国家治理现代化是经济强国建设的前进方向

国家治理水平的高低是检验社会主义制度是否完善、定型的重要标志。从经济大国迈向经济强国显然离不开稳定成熟的制度支撑。国家治理体系和治理能力是一个国家制度和制度执行能力的集中体现。党的十八大以来,以习近平同志为核心的党中央在治国理政方面采取了一系列重大措施,把党对国家的治理能力全面提高到新的水平,形成了党中央治国理政的新治理观。

(一)迈向经济强国离不开国家治理现代化

科学的治理体系、良好的治理能力,是国家有序运行、健康发展的基本条件,也是人民安居乐业、社会安定有序、国家长治久安的重要保障,更是一个国家迈向经济强国的必由之路。

1. 国家治理现代是中国转型发展的必然选择。

回顾社会主义发展史，治理社会主义社会，在以往的世界社会主义探索与实践中没有成功的先例可循。马克思、恩格斯提出许多社会主义建设的重大命题，但缺少相应的实践。列宁也未能深入探索这一问题。苏联治理社会主义社会取得了一些实践经验，但也犯下了严重错误，严格说来算不上是成功的案例。1949年社会主义新中国成立后，中国共产党带领人民不断探索治理社会主义的问题，期间虽然也遭遇了严重曲折，走了不少弯路，但在国家治理体系和治理能力上积累了丰富经验、取得了重大成果。尤其是改革开放以来40年的进展尤为显著。中国在经济社会领域取得的辉煌成就与世界上一些地区和国家的乱象形成了鲜明对比。这从一个侧面反映出我们的国家治理体系和治理能力总体上是适应我国国情和发展要求的。

但是我们也应该清醒地认识到，经过40年的改革开放，中国特色的社会主义现代化进入了一个新的发展阶段。改革进入攻坚期和深水区，经济进入调整期，社会也进入矛盾多发期。与人民群众的期待相比，与应对日趋激烈的国际竞争相比，与全面建成小康社会的奋斗目标、实现中华民族伟大复兴中国梦相比，我们在国家治理体系和治理能力方面还存在许多不足，有许多亟待改进的地方。如果不进行全面改革，从制度层面破解国家治理中存在的种种隐患，我们现在所碰到的问题将有可能进一步恶化，甚至影响党的执政地位和执政基础。基于此，需要认真总结世界各国的经验与教训，提炼中国改革开放以来的成功经验，在发挥市场在资源配置中起决定性作用的同时更好发挥政府作用。从这个意义上讲，推进国家治理体系和治理能力现代化既是大势所趋，也是形势所迫，势在必行。

2. 国家治理现代化是转型升级的重要保障。

当前，我国经济正处于增长速度换挡期、结构调整阵痛期、前期刺激政策消化期叠加的阶段，正进入经济发展"新常态"。

第四章 经济强国建设的保障与依托

改革开放以来,我国经济进入"黄金发展期",经济增速年均接近10%,深刻改变了世界经济版图。2013年我国经济总量占世界比重达到12.3%左右,仅次于美国,已经成为世界第二大经济体、第一大工业国、第一大货物贸易国、第一大外汇储备国。综合国力和科技实力迈上新台阶,国际地位和影响力在不断上升。但发展中存在的不平衡、不协调、不可持续问题并没有得到根本缓解,经济社会风险加大,人口、资源、环境约束趋紧,保障和改善民生的压力上升。我国经济增速进入中高速阶段,虽然处在合理区间,但经济下行的压力依然存在。传统制造业产能过剩,战略性新兴产业核心竞争力不强,服务业发展相对滞后。同时,传统的人口红利、全球化红利、体制转轨红利渐行渐远,伴随着人民币的升值,我国在世界产业分工体系中的比较优势在迅速减弱。从发展模式来看,中国经济实质上是一种"三维"市场经济——战略性中央政府、公司化地方政府与竞争性企业。政府尤其是地方政府过度干预经济运行,在资源配置中发挥重要作用,影响了市场机制作用的发挥,进而造成了增长模式的畸形化,这种增长模式已经走到尽头,迫切需要改革。

3. 国家治理现代化是消弭社会矛盾的内在要求。

应该说,改革开放以来,中国取得了举世瞩目的经济成就,人民群众的生活有了大幅度改善,但社会转型与经济发展并不同步,人民群众的幸福感还有很大提升空间。一是贫富差距快速拉大。目前,我国的基尼系数还在0.46以上,仍处在较高水平。如果考虑到财产存量的差距,分配不平衡的问题更加突出。二是社会阶层分化加快。经过多年发展,我国已经形成了不同的社会利益群体,如城市原居民与外来移民,城市人与农村人,大城市居民与中小城市居民等。尤其是随着城镇化的快速推进,各种利益冲突日益严重。三是群体性事件时有发生,维稳成本快速上升。近年来,政府维稳支出已经超过国防支出,反映了国内稳定局势的严峻。政府存在花钱买稳定的倾向,但实践表明,人民币并不能全部解决人民内部矛盾。四是生态环境快速恶化,"十面霾伏"正挑战中国。人民群众对政府的要求也越来越高。五是党和政府的公信力在削减。许多地方政府陷入"塔西陀陷阱",即无论政府发布何种内容消息,民众多持怀疑抵制态度。这表明我们正面临诸多前所未有的新挑战。概言之,社会的快速变迁呼唤国家治理水平的提升,这也是迈向经济强国不可或缺的领域。

4. 国家治理现代化是满足民众公共需求的客观需要。

按照亚当·斯密的观点,在经济发展初期阶段,国家的责任无外乎保障国家安全,提供司法和基础设施等,但是随着经济活动的日趋复杂化,民众对国家的要求自然水涨船高,对政府的治理水平也提出更高的要求。在改革开放初期,中国民众的普遍要求是解决温饱问题,实质上是满足基本的生存需求。在这一阶段,对政府的要求相对较低。政府只要创造宽松的外部环境,人们通过自身劳动即可解决这些基本需求。但人们的基本生存需求满足后,对于教育、医疗、社会保障、生态环境等公共服务的需求快速上涨,对政府的要求也在不断提高。如果不及时适应这一变化形势,国家极有可能落入"中等收入陷阱",无法迈入高等收入阶段。尤其是随着气候变暖、全球公共安全、国际合作等公共类问题的凸显,更加需要提升国家治理水平,完善国家治理体系。因此说,国家治理现代化是满足公共需求的客观需要。

5. 国家治理现代化是应对各种风险挑战的应有之义。

从世界范围内来看,2008年爆发的全球性金融危机,对世界经济带来深远影响,世界进入深度变革与调整时期。时至今日,美日欧经济前景并不乐观,新兴市场国家经济增速普遍下滑,全球经济持续低迷。各种形式的保护主义抬头,气候变化、能源安全等全球性问题愈发突出。美国竭力倡导的TPP和TTIP,试图为世界重新制定规则。发达国家在高端制造领域的围追堵截和新兴发展中国家在中低端制造领域的追赶竞争导致我国陷入"三明治陷阱"。各国为走出危机,抢占先机,纷纷寻求变革,新一轮科技革命和产业变革正在孕育发展,这对我国来说是一把"双刃剑",既是重要机遇,也是严峻挑战。如果应对不当,我国不仅无法实现"跨越式发展",与发达国家的差距反而将进一步拉大。如何应对日趋复杂的国际竞争,提升我国参与国际治理的能力,提供全球性公共产品,这对我国而言也是一个崭新的课题。

(二) 国家治理现代化与迈向经济强国

国家治理现代化的基础是政府治理的现代化。基于此,党的十九届三中全会明确指出,要坚决破除制约使市场在资源配置中起决定性作用、更好发挥政府作用的体制机制弊端,围绕推动高质量发展,建设现代化经济体系,加强和完善政府经济调节、市场监管、社会管理、公共服务、生态环境保护职能,调整优化政府机构职能,全面提高政府效能,建设人民满意的服务型政府。《变革世界中的政府》提出:政府擅长的事情是有限的,而有效政府的关键在于做好政府擅长的事情,而不是无限扩大政府掌控的范围。为实现有效治理,首先需要确定政府的"作用应该是什么",政府"能做什么和不能做什么"。因此,推进国家治理体系和治理能力现代化的关键是提高政府治理能力。这也是从传统的国家治理体系向现代国家治理体系转型的难点所在。所以,提高政府治理能力,应重新认识与构建政府与市场、政府与企业、政府与民众、政府与社会、政府与政府的关系,促进政府治理现代化,进而助推中国迈向经济强国。

1. 辩证处理政府与市场的关系,用好"两只灵巧的手"。

政府与市场的关系是经济体制改革的枢纽,其实质是在资源配置中市场起决定性作用,还是政府起决定性作用的问题。在现代市场经济国家,市场通过价格反映供求关系进而对资源进行有效配置。纵览我国40年的改革发展历程,始终是围绕着如何认识与处理政府和市场的关系这一核心问题展开的。客观评价,我们对市场配置资源的优越性已有较为深刻的认识，也正是因为认识了市场的威力，激发了市场的活力，我国经济才能取得如此优异的成绩。可以说，我国市场配置资源的功能和条件逐渐形成。但是应该看到，我国政府与市场的关系还存在诸多亟待改进之处。一方面，表现为经济运行中行政对经济的干预过多，一个时期以来，行政手段是强化了，而不是弱化了。政府控制市场的权力太大，一些本来由市场和企业承担的职能却由政府主动地来承担了。另一方面，市场活力不足，市场竞争不充分，企业作为市场经济主体的作用发挥得不是很好，企业过多依赖政府的扶持，过多依赖政策的优惠。正因如此，习近平总书记2013年7月在武汉召开部分省市负责人座谈会时指出："以加快转变政府职能为抓手，处理好政府和市场的关系"。他在《关于〈中共中央关于全面深化改革若干重大问题的决定〉的说明》中进一步讲道"进一步处理好政府和市场关系，实际上就是要处理好在资源配置中市场起决定性作用还是政府起决定性作用这个问题。"

处理好政府和市场的关系，应相信市场，尊重市场，发挥市场在资源配置中的决定性作用。政府要学会"放手"，把以政府"有形之手"配置资源让位于市场的"无形之手"配置资源。面对日新月异的科技进步与复杂的市场环境，政府面临信息有限决策有限的局面，出错的概率在增大。真正了解市场的是企业，政府要减少对微观经济的干预，把属于市场的还给市场。同时，政府还要学会"收手"，把"闲不住的手"从不该介入的领域缩回来；攻克体制机制上的顽瘴痼疾，突破利益固化的藩篱，不断在制度建设和创新方面迈出新步伐，加快形成统一开放、竞争有序的市场体系，提高资源配置效率，更好地发挥市场作用。

在认识和肯定市场正面作用的同时，不应忽视市场因失灵而带来的负面效应。经济学大师萨缪尔森有一句名言：市场是没有良心也没有理性的。市场无法有效解决外部性、公共产品、垄断、信息不对称、偏好不合理、收入分配等难题。正是由于这种市场失灵和市场失败，需要政府发挥弥补性作用，这也是政府介入市场经济活动的基本理由。政府需要充当外部效应的消除者、公共产品的供给者、垄断的监督制裁者、完善信息的提供者、偏好纠正者、公平分配的调节者等角色。习近平总书记鲜明地指出："市场在资源配置中起决定性作用，并不是起全部作用。"其蕴含的深层含义是市场不可能包办一切，其与生俱来的天然缺陷决定了市场经济活动的开展离不开政府的合理调节。

2. 提升经济治理水平，释放各类企业发展的活力。

2017 年我国 GDP 总量达 122 503 亿美元，占世界比重为 15% 左右。可以说，我国经济已深度嵌入世界经济体系，治理难度与改革开放初期相比已不可同日而语。客观评价，我国已基本建立社会主义市场经济条件下的宏观调控体系，但与宏观经济的复杂程度及迈向经济强国的需求相比，传统的调控方式和手段已不合时宜，亟待改革。通过健全宏观调控体系，进一步退出微观经济领域，保持经济总量平衡，促进重大经济结构协调和生产力布局优化，减缓经济周期波动影响，防范区域性、系统性风险，稳定市场预期，防止大起大落，实现经济持续健康发展。

坚持市场化改革取向，大幅度减少政府对资源的直接配置，最大限度减少中央政府对微观事务的管理。坚决贯彻党的十八届三中全会提出的"三个一律"，即市场机制能有效调节的经济活动，一律取消审批；直接面向基层、量大面广、由地方管理更方便有效的经济社会事项，一律下放地方和基层管理；深化投资体制改革，除关系国家安全和生态安全、涉及全国重大生产力布局、战略性资源开发和重大公共利益等项目外的企业投资项目，一律由企业依法依规自主决策。在已经取消和下放行政审批事项的基础上，继续再接再厉，再取消和下放一批审批事项。减少和规范前置性审批，减少资质许可，减少行政性事业收费。大力推动各级政府对行政审批实行清单管理，清单之内的事项要建立规范、透明的程序，提供高效、优质的服务；清单之外的事项都由市场、社会主体依法自主决策，让企业"法无禁止即可为"，政府"法无授权不可为"。同时，还要加大对地方政府放权的力度，进一步发挥地方政府在占用信息方面的比较优势，充分调动两个积极性。

3. 强化市场监管，保障和改善民生。

市场在资源配置中起决定性作用后，市场竞争将更趋激烈，对政府治理的要求自然相应提高，政府的监管职能更需强化。强化监管与简政放权并行不悖。大量减少行政审批后，政府要加强发展战略、规划、政策、标准等的制定和实施，加强市场活动监管。从监管流程看，事中监管、事后监管区别对待。事中监管重点加强对市场秩序、安全生产、产品质量、资金信贷等方面的监测，及时发现问题并采取相应的纠正措施，防患于未然。事后监管则重点加强对执行情况的评估，依法查处违法违规行为。从监管职责看，各级政府共同承担。中央政府侧重加强法律和政策的引导，地方政府着力消除五花八门、名目繁多的地方保护壁垒，统一市场规则，维护市场秩序，消除市场封锁与割据，创造公平的市场竞争环境。未来发展的趋势是市场监管重心下移，加强市县等监管一线的力量。从监管方式看，全面监管与抽样监管相结合。充分利用大数据、云计算等现代信息技术手段，重点解决部分行业领域监管低效问题。同时，也可进行抽样监管，随机抽查部分企业，发现假冒伪劣等问题予以重罚，并列入黑名单，加大违法违规行为的经济和社会成本。

我国近年来取得举世瞩目的经济成就，成为世界经济增长的重要引擎，对世界经济增长的贡献率日益提升。但同时也应看到，在部分地区，由于盲目追求GDP，环境污染日趋严重，人民群众的幸福感没有随经济发展水平同步提升。习近平总书记在十八届中共中央政治局第六次集体学习时语重心长地指出："要正确处理好经济发展同生态环境保护的关系，牢固树立保护生态环境就是保护生产力、改善生态环境就是发展生产力的理念，更加自觉地推动绿色发展、循环发展、低碳发展，决不以牺牲环境为代价去换取一时的经济增长。"理论上，生态环境属于全民共享的公共产品，属于政府提供的基本公共服务之一。党的十八届三中全会将环境保护专列为政府职能之一，是基于"十面霾伏"等生态环境问题挑战中国的背景下，进一步凸显了政府为人民群众提供良好的生态产品的必要性与紧迫性，体现了新时期政府职能内容的新内涵。2018年5月18日至19日，全国生态环境保护大会在北京召开。这是党的十八大以来，首次在全国层面召开的、以生态环境保护为主题的大会，其重要性不言而喻。会上，习近平总书记深刻阐述加强生态文明建设的重大意义，明确提出加强生态文明建设必须坚持的重要原则，对加强生态环境保护、打好污染防治攻坚战作出了全面部署。

4. 深化财政体制改革，兼顾富民与强国。

国家治理应有利于增进全体人民的福祉，兼顾富民与强国。党的十八届三中提出，全面深化改革的出发点和落脚点是促进社会公平正义、增进人民福祉。强国与富民是内在统一的，不可偏废，迈向经济强国必须兼顾两者。如果国家经济实力强大了，但居民并不富裕，那么强国所带来的辉煌很难持久；反之，如果居民很富裕，但政府财力羸弱，则该国在国际舞台上也难以有所作为。因此，提高政府治理能力，迈向经济强国必须平衡好处理好富民与强国的关系。在认识到"大河有水小河满"的同时，更要看到"小河有水大河才不会干"。从公共经济学的角度来看，居民与政府是一种契约关系。居民通过向政府交税换取自己单独无法有效提供的公共服务。更进一步，居民与政府的重要关联是财政。总之，财政体制改革对于居民与政府至关重要。在保障国家事业正常发展的前提下，充分考虑企业和居民的承受能力，让居民在财富的蛋糕中能够分享更大的比例，同时倒逼政府职能从经济建设型、公司化政府转向服务型、法治政府。

党的十八届三中全会提出，财政是国家治理的基础和重要支柱，科学的财税体制是优化资源配置、维护市场统一、促进社会公平、实现国家长治久安的制度保障。换言之，财税体制在国家治理中始终发挥着基础性、制度性、保障性作用。财政制度的背后，反映的是政府与市场、政府与社会、中央与地方等诸多方面的基本关系，深刻影响着经济、政治、文化、社会、生态文明、国防等领域。通过深化财政体制改革、建立现代财政制度将为推进国家治理体系现代化，迈向经济强国奠定基础。

5. 创新社会管理，促进社会和谐。

提高国家治理能力必须充分发挥多元主体交互治理的作用，实现政府治理与社会自我调节、居民自治的良性互动，这也反映了国家、社会和居民从对立对抗到合作共赢的进步。通过创新社会管理，实现政府、社会、居民之间的良性互动，促进社会公平正义与和谐稳定。要注重培养公民精神，调动公民对政治生活的参与积极性，推进政社分开，放开市场准入，凡是社会能办好的尽量交给社会力量承担，充分发挥社会力量的积极作用。注重发挥基层政府的作用，地方政府要根据新时期新阶段人民群众的新要求开展工作，强化基层组织建设。增加社会自我调节功能，发挥社会规范在协调社会关系、约束社会行为、保障群众利益等方面的作用。深化居民自治，开展以自我管理、自我教育、自我服务为主要目的的民主治理实践。

改革社会组织管理制度，激发社会活力。实行行业协会商会类、科技类、公益慈善类、城乡社区服务类社会组织直接登记，最大程度调动各类组织的积极性，激发社会活力。推进行业协会商会与行政机关脱钩。建立多部门联合执法机制，依法查处社会组织违法行为，坚决取缔非法社会组织。积极推进政府购买服务。实际生活中，为居民提供公共服务并不需要全部由政府来承担，政府可以通过向社会放权，采取购买公共服务的方式达到同样的效果，通过拓展治理主体来提高民生服务的质量和效率。在一般公共服务领域，凡是适合社会组织承担的，都可以通过竞争性选择的方式让社会组织承担；在基本公共服务领域如教育、就业、医疗卫生等，也应加大政府购买服务的力度。政府的主要任务是制定购买公共服务的标准，及时进行考核评价，并将结果及时向社会公布。

创新解决社会矛盾和问题的方式方法，坚持常态管理与动态管理相结合，尽早发现问题，及时就地解决。创新社会治安方式方法，坚持专项整治与长效治理相结合，健全立体化社会治安防控体系，维护社会稳定。通过创新社会管理，提高治理水平，形成"强政府、强社会"的良性发展格局。

6. 调动两个积极性，有效激励各级政府。

中央政府与地方政府的关系是国家治理体系中非常关键的一环，怎样发挥地方政府的积极性、主动性与创造性，同时又维护中央权威对于大国治理至关重要。党的十八届三中全会已经意识到处理好政府之间关系的重要性，强调继续"发挥中央和地方两个积极性"。当前影响地方政府"积极性"的重要诱因之一是事权和支出责任的非匹配。地方政府承担的支出责任近年来不断攀升，但其可直接支配的财力却变化甚微，日趋拉大的财力鸿沟需要借助转移支付才能在一定程度上得到缓解。因而，在中央与地方财力格局保持大体稳定的情况下，进一步调整优化各级政府的支出责任就显得尤为重要。界定支出责任的基本原则是公共产品的外部性、信息复杂程度和激励相容，发挥中央政府和地方政府各自所具有的比较优势。

中央政府要加强宏观调控职责和能力，强化发展规划制订、经济发展趋势研判、制度机制设计、全局性事项统筹管理、体制改革统筹协调等职能。地方政府应加强公共服务、市场监管、社会管理、环境保护等职责，更好地发挥地方政府贴近群众、贴近基层、掌握信息的优势。

除明显属于地方或中央的支出责任容易划分外，更多是属于中央与地方共同事权，这些事权包括具有地域管理信息优势，但对其他区域影响较大的公共产品与公共服务,如跨区域重大项目建设维护等。在事权明晰的基础上,由中央承担中央事权的支出责任,地方承担地方事权的支出责任,中央和地方按规定分担共同事权的支出责任。中央可通过安排转移支付将部分事权支出责任委托地方承担。通过事权和支出责任的合理分配,充分调动"中央与地方两个积极性",进而促进中国实现从经济大国迈向经济强国的战略转型。

三、建设经济强国需要更好地发挥政府作用

现代社会中政府必须发挥作用,现代社会需要政府。关键在于在两个极端之间确定政府的最优干预度:一个极端是"中央计划经济",即自称代表国家利益的政府代替社会公众作出了所有的经济决定;另一个极端是"自由放任主义",即政府的作用仅限于去做那些市场无法做到、社会又不可或缺的事情。在两个极端之间找到恰当的平衡点,是经济学家和政策制定者共同面临的挑战。①

(一)建设经济强国需要正确认识市场与政府的关系

从西方国家发展历程来看,政府与市场的关系历经多次交锋,彼此互嵌,已经不存在所谓纯粹的、不需要政府发挥作用的市场经济了。18世纪中叶,资本主义经济日渐成熟,市场机制趋于完善,资本原始积累已完成。西方国家坚持"有限政府"论,认为政府就是"守夜人""管得最少的政府就是最好的政府"。1929年资本主义爆发大危机后,凯恩斯主义认为完全竞争

---

① [美]维托·坦茨著,王宇译:《政府与市场变革中的政府职能》,商务印书馆2014年版。

的市场在现实生活中是不存在的。既然"看不见的手"不会自动地把经济导向稳定状态,那么就应当让政府担当起调节供求关系的部分责任,由此进入政府"全面干预"阶段。但20世纪70年代"滞胀"及两次石油危机的出现宣告了政府也会失灵。于是,新自由主义经济理论成为官方经济学,强调让市场机制重新成为经济运行的基本调节机制,从而加强了市场的作用。但2008年的金融危机显示新自由主义经济理论并非灵丹妙药,新综合理论逐渐走上主流地位。新综合市场理论认为,现代市场经济应是现代市场机制与现代政府调控的有机结合,二者相互配合、相互弥补、相互纠错是经济正常运行的结构,维护经济秩序的基础力量;市场本身缺陷所导致的市场失灵问题,只能由合乎市场内在经济要求的有限政府来弥补。另外,政府本身也有其边界作用,其本身也存在固有的外部性和缺陷,对政府的有效制约是现代文明社会的基本要求,但其最基本的制约机制也源于市场经济的成熟和发达。实质上,现代资本主义已进入"混合经济"阶段,市场与政府都不是完美的,应进行"适度"的政府干预,进而达到市场与政府的最佳结合。

纵览我国"渐进式改革"发展历程,始终是围绕着正确认识与处理政府和市场的关系这一核心问题展开的。我国经济体制在"渐进式改革"中经历了不同的探索阶段,市场配置资源的作用不断提升,但始终强调并发挥好政府在不同改革发展阶段的作用,以实现两种力量在交替变化中的基本"对称"和平衡。20世纪80年代开始着手减少政府计划和培育市场主体,最初强调"计划经济为主,市场调节为辅",后来强调社会主义计划商品经济是"国家调节市场,市场引导企业"。1992年,党的十四大提出我国经济体制改革的目标是建立社会主义市场经济体制,提出要使市场在国家宏观调控下对资源配置起基础性作用。这一重大理论突破,对我国改革开放和经济社会发展发挥了极为重要的作用。

进入 21 世纪后，在着手完善社会主义市场经济体制时，既强调"更大程度地发挥市场在资源配置中的基础性作用"，又强调"健全国家宏观调控，完善政府社会管理和公共服务功能"。2013 年 11 月，党的十八届三中全会进一步提出："经济体制改革是全面深化改革的重点，核心问题是处理好政府和市场的关系，使市场在资源配置中起决定性作用和更好发挥政府作用。"这是我们党关于发展社会主义市场经济思想的新发展，对政府和市场关系的认识达到了新境界。将市场在资源配置中起基础性作用修改为起决定性作用，虽然只有两字之差，但对市场作用是一个全新的定位。使市场在资源配置中起决定性作用和更好发挥政府作用，二者是有机统一的，不是相互否定的，不能把二者割裂开来、对立起来。由此可见在经济体制改革进程中，改革的方向是市场化，但政府的作用也一直在有效地发挥着；不同的特征是市场对资源配置的直接作用越来越大，政府在从直接配置资源领域一步步退出，转向以经济、法律等手段对市场进行宏观调节，实现对资源配置的间接调控。期间也相应进行了多次中央和地方的政府机构改革，形成了社会主义市场经济体制的基本构架，推动了经济快速发展，确保了社会稳定和国家安全。

（二）建设经济强国需要更好发挥政府作用

我国实行的是社会主义市场经济体制，仍然要坚持发挥我国社会主义制度的优越性、发挥党和政府的积极作用。政府必须发挥比过去更加警觉、更为有效的监督和管理作用。党的十八届三中全会《中共中央关于全面深化改革若干重大问题的决定》对更好发挥政府作用提出了明确要求，强调科学的宏观调控，有效的政府治理，是发挥社会主义市场经济体制优势的内在要求。全会决定对健全宏观调控体系、全面正确履行政府职能、优化政府组织结构进行了部署，强调政府的职责和作用主要是保持宏观经济稳定，加强和优化公共服务，保障公平竞争，加强市场监管，维护市场秩序,推动可持续发展,促进共同富裕,弥补市场失灵。

1. 提高宏观调控水平。

市场配置资源具有一定的盲目性,有时不能很好解决社会化大生产所要求的社会总供给与社会总需求的平衡,以及产业结构合理化问题。容易出现经济周期性波动和区域性、系统性经济风险,以及地区发展的过度不平衡。政府可以通过发挥引导性作用来间接影响资源配置,保持宏观经济稳定、均衡和健康发展,促进经济转型升级。通过健全宏观调控体系,进一步退出微观经济领域,保持经济总量平衡,促进重大经济结构协调和生产力布局优化,减缓经济周期波动影响,防范区域性、系统性风险,稳定市场预期,实现经济持续健康发展。

按照要素禀赋结构所决定的比较优势来选择技术、发展产业是一个国家在国内、国际市场形成竞争优势的前提。企业追求的是利润,只有在充分竞争、完善有效的市场体系之下形成的价格信号,才能使企业家按照当时要素禀赋所决定的比较优势进行技术、产业的选择,从而使整个国家具有竞争优势。同时要注意,经济发展是一个技术、产业、基础设施和制度结构不断变迁的过程,随着技术不断创新、产业不断升级,基础设施和上层制度安排也必须随之不断完善。基础设施和上层制度的完善不是一个企业家单独能推动的,必须要由政府发挥因势利导的作用,来组织协调相关企业的投资或由政府自己提供这方面的完善。另外,政府还需补偿技术创新、产业升级过程中先行企业所面对的风险和不确定性,这样技术和产业才能根据比较优势的变化不断顺利进行创新和升级。所以,一个发展成功的国家必然是以市场经济为基础,再加上一个有为的政府。①

经济运行繁荣、衰退的周期性波动是市场经济的必然产物,

---

① 林毅夫:《转型国家需要有效市场和有为政府》,载于《中国经济周刊》2014年第6期。

市场的力量越强,这种周期性波动就越强烈,造成的经济社会动荡也就越严重。近百年来,影响巨大的世界性周期波动有1929年的全球经济大萧条、20世纪70年代初国际金融体制下的布雷顿森林体系崩溃、2008年爆发的国际金融危机等,都造成了世界经济政治的剧烈动荡乃至冲突和大战。未来,随着市场化程度的加深,客观上我国会出现经济运行较大的周期性波动;随着国际化程度的加深,我国经济又会深受世界经济波动的影响,一旦两者产生"共振",对经济社会造成的不良后果是难以估量的。中央政府对保持宏观经济稳定承担着重大职责,多年来也积累了许多有益的经验,但还需要国家有关部门建立财政、金融、外贸、产业等方面高度协调的体制机制,以努力减缓国内经济周期的震动幅度,切实避免或减轻世界性周期大波动的冲击。

2. 强化市场监管。

市场失灵是普遍存在的。由于外部性、信息不对称、竞争不完全、自然垄断等因素,市场不能有效解决公共产品供给、分配公平等问题,需要政府发挥弥补性作用,加强市场监管,维护市场秩序,推动可持续发展,促进共同富裕,弥补市场失灵。政府的显著特征,即拥有全体的社会成员和强制力,使政府在纠正市场方面具有某些明显特征:征税权、禁止权、处罚权和交易成本(政府在某些市场失灵方面具有一定的交易费用优势)①。这些特征支撑着政府对企业的监督功能。市场在资源配置中起决定性作用后,市场竞争将更趋激烈,政府的监管职能更需强化。强化监管与简政放权并行不悖。大量减少行政审批后,政府要加强发展战略、规划、政策、标准等的制定和实施,加强市场活动监管。从监管流程看,事中监管、事后监管区别对待。事中监管重点加强对市场秩序、安全生产、产品质量、资金信贷等方面的监测,及时发现问题并采取相应的纠正措施,防患于未然。事后监管则

---

① [美]斯蒂格利茨:《政府为什么干预经济》,中国物资出版社1998年版。

重点加强对执行情况的评估,依法查处违法违规行为。从监管职责看,各级政府共同承担。中央政府侧重加强法律和政策的引导,地方政府着力消除五花八门、名目繁多的地方保护壁垒,统一市场规则,维护市场秩序,消除市场封锁与割据,创造公平的市场竞争环境。未来发展的趋势是市场监管重心下移,加强市县等监管一线的力量。从监管方式看,全面监管与抽样监管相结合。充分利用大数据、云计算等现代信息技术手段,重点解决部分行业领域监管低效率的问题。同时,也可进行抽样监管,随机抽查部分企业,发现假冒伪劣等问题予以重罚,并列入黑名单,加大违法违规行为的经济和社会成本。

3. 改善公共服务。

习近平总书记在十八届中共中央政治局常委同中外记者见面时说,"我们的人民热爱生活,期盼有更好的教育、更稳定的工作、更满意的收入、更可靠的社会保障、更高水平的医疗卫生服务、更舒适的居住条件、更优美的环境,期盼着孩子们能成长得更好、工作得更好、生活得更好"。这段话涉及教育、就业、社会保障、医疗卫生等公共服务问题。习近平总书记提到的这些问题,就是政府职责所在。政府职能应向加强和优化公共服务转变,让发展成果更多更公平惠及全体人民。首先,要厘清政府、社会与市场的边界。政府重点"保基本""兜底线",织好覆盖全民的"基本公共服务安全网",为人民生活提供基本保障;非基本公共服务,要更好地发挥市场和社会的作用。其次,政府提供公共服务坚持尽力而为和量力而行相统一。囿于经济发展水平,政府不可能提供与发达国家同等水平的公共服务,一定要从实际出发,从现实国情出发,既要尽最大努力,又要不超越可能。多做"雪中送炭"的事情,少做"锦上添花"的事情,使基本公共服务当期有保证,未来可持续。再次,创新服务内容和方式。改变政府大包大揽的做法,引导社会力量进入公共服务领域,提供更加个性化、专业化的公共服务产品,形成公共服务供给多层次、多方式、多元化的格局。最后，积极推进政府购买服务。凡属事务性管理服务，原则上都要引入竞争机制，通过合同、委托等方式向社会购买。

4. 搞好环境保护。

我国近年来取得的经济成就举世瞩目，成为世界经济增长的重要引擎。但同时也应看到，在部分地区，由于盲目追求GDP，环境污染日趋严重，人民群众的幸福感没有随经济发展水平同步提升。习近平总书记在十八届中共中央政治局第六次集体学习时语重心长地指出："要正确处理好经济发展同生态环境保护的关系，牢固树立保护生态环境就是保护生产力、改善生态环境就是发展生产力的理念，更加自觉地推动绿色发展、循环发展、低碳发展，决不以牺牲环境为代价去换取一时的经济增长。"理论上，生态环境属于全民共享的公共产品，属于政府提供的公共服务之一。党的十八届三中全会将环境保护专列为政府职能之一，是基于"十面霾伏"等生态环境问题挑战中国的背景下，进一步凸显了政府为人民群众提供良好的生态产品的必要性与紧迫性，体现了新时期政府职能内容的新内涵。党的十九大报告第九部分对加快生态文明体制改革，建设美丽中国作出顶层设计和系统安排。全国生态环境保护大会对加强生态环境保护、打好污染防治攻坚战作出了全面部署。

市场经济并不排斥政府的作用，而恰恰是通过政府作用来构造市场经济所依托的社会政治环境。市场经济要求政府最为根本的职能，就是保障产权和经济自由。建立有效的政府，就必须实现宪政、法治、分权制衡、司法独立，为人们参政、议政、督政提供基本的制度保障。在历史上，最大的侵权是政府的侵权，最大的腐败是权力的腐败，最没效率的经济是管制经济。因此，建设法治政府和服务型政府是发挥社会主义市场经济体制优势的内在要求。

第四章 经济强国建设的保障与依托

(三) 我国政府职能运行中存在的问题

政府职能是指国家行政机关根据社会环境和社会发展的需要,依法对国家政治经济和社会事务进行管理时应承担的职责和功能。简言之,政府职能就是政府管理国家事务的职责和功能。改革开放以来,我国经济基础发生了广泛而深刻的变化,适应经济基础的变化,政府职能转变不断推进,为改革开放和现代化建设提供了重要保障。但从总体上看,政府职能转变仍然比较滞后,政府直接配置资源的范围仍然过大,对微观经济主体的干预仍然较多,公共服务供给仍然不足,市场监管和社会管理仍然相对薄弱。

1. 政府职能调整历程。

中国政府职能转变的历史沿革"转变职能"一词。"为了避免重走过去'精简—膨胀—再精简—再膨胀'的政府机构改革的老路",1987年10月中国共产党十三大正式提出转变职能问题,根据这个思路,在此后中国政府七次大的机构改革中都贯彻了转变职能的思想,以转变政府职能作为机构改革的核心和根本途径。

1988年的机构改革。1984年10月,经济体制改革在我国全面展开,改革开放的重心也从农村转移到了城市。随着经济体制改革的不断深入,过去传统计划经济体制下所形成的政府职能已经越来越不能适应经济发展的需要,成为经济发展和改革开放的阻碍因素。因此,《中共中央关于经济体制改革的决定》明确指出政府管理经济的机构、职能、方式以及人员的配置都需要按照社会主义商品经济的要求,重新调整、设计新的改革方案。1987年党的十三大正式提出政府职能转变是政府机构改革的关键,要适应经济体制改革和政企分开的要求,合并裁减专业管理部门、转换政府管理方式,以及提高政府的宏观调控能力。

1993年的机构改革。1992年的中国共产党第十四次代表大会提出了把建立社会主义市场经济体制作为经济体制改革的目标，并从适应建立社会主义市场经济要求的角度对政府职能转变进行了全面阐述。1993年3月，中共十四届二中全会审议通过了《党政机构改革的方案》，随后指出"着重搞好转变政府职能，精简内设机构和人员，加强宏观调控和监督职能，弱化微观管理职能，以适应建立社会主义市场经济的需要。"① 改革的重点是转变政府职能，转变政府职能的根本途径是政企分开。要加强中央政府宏观调控和监督部门，强化社会管理职能部门，分步撤并专业管理部门。减少具体审批事务和对企业的直接管理，做到宏观管好，微观放开。要坚决把属于企业的权力放给企业，把应该由企业解决的问题，交由企业自己去解决。政府的行政管理职能，主要是统筹规划、掌握政策、信息引导、组织协调、提供服务和检查监督。

1998年的机构改革。1997年9月，党的十五大政治报告中指出："机构庞大，人员臃肿，政企不分，官僚主义严重，直接阻碍改革的深入和经济的发展，影响党和群众的关系。这个问题亟待解决，必须通盘考虑，组织专门力量，抓紧制定方案，积极推进。"党的十五大在政治体制改革方面的论述直接推动了1998年启动的新一轮政府机构改革。

2003年的机构改革。党的十六大报告指出，完善政府的经济调节、市场监管、社会管理和公共服务的职能，是适应深化改革和扩大开放的新形势，转变和规范政府职能的新要求。为此，要深化行政管理体制改革，形成行为规范、运转协调、公正透明、廉洁高效的行政管理体制。根据党的十六大报告的要求，2003年国务院机构改革五大重点包括：深化国有资产管理体制改革，完善宏观调控体系，健全金融监管体系，继续推进流通管理体制改革，加强食品安全和安全生产监管体制建设。

---

① 《全国人大八届一次会议通过的国务院机构改革方案》，1993年4月19日。

第四章　经济强国建设的保障与依托

2008年的机构改革。2008年深化国务院机构改革的主要任务是：第一，合理配置宏观调控部门的职能，做好发展规划和计划、财税政策、货币政策的统筹协调，形成科学、权威、高效的宏观调控体系。第二，整合完善行业管理体制，注重发挥行业管理部门在制定和组织实施产业政策、行业规划、国家标准等方面的作用。第三，完善能源资源和环境管理体制，促进可持续发展。第四，理顺市场监管体制，整合执法监管力量，解决多头执法、重复执法问题。第五，加强社会管理和公共服务部门建设，健全管理体制，强化服务功能，保障和改善民生。

2013年的机构改革。2013年，党的十八届三中全会通过的《中共中央关于全面深化改革若干重大问题的决定》中进一步清晰界定了政府职能，即宏观调控、市场监管、公共服务、社会管理和环境保护。该决定指出要全面正确履行政府职能，要求进一步简政放权，深化行政审批制度改革，最大限度减少中央政府对微观事务的管理。市场机制能有效调节的经济活动，一律取消审批，对保留的行政审批事项要规范管理、提高效率；直接面向基层、量大面广、由地方管理更方便有效的经济社会事项，一律下放地方和基层管理。该决定提出"使市场在资源配置中起决定性作用和更好发挥政府作用"的重要论断，这成为新阶段全面深化改革的一个重要指导思想。

2018年的机构改革。党的十九届三中全会审议通过了《中共中央关于深化党和国家机构改革的决定》和《深化党和国家机构改革方案》。全会提出，转变政府职能，优化政府机构设置和职能配置，是深化党和国家机构改革的重要任务。要坚决破除制约使市场在资源配置中起决定性作用、更好发挥政府作用的体制机制弊端，围绕推动高质量发展，建设现代化经济体系，调整优化政府机构职能，合理配置宏观管理部门职能，深入推进简政放权，完善市场监管和执法体制，改革自然资源和生态环境管理体制，完善公共服务管理体制，强化事中事后监管，提高行政效率,全面提高政府效能,建设人民满意的服务型政府。

2. 政府职能转变存在的主要问题。

我国的经济体制改革取得了巨大成就,政府职能的转变,为建立和完善社会主义市场经济体制、推进改革开放作出了重要贡献。改革开放以来,随着我国社会主义市场经济不断发展,政府职能相应转变,主要表现为政府行政管控的领域、空间被压缩,政府职权的行使更受法律、法规的约束,政府更加注重提供公共服务,等等。然而,目前政府职能转变还远未到位,既有政府垄断资源导致权力经济、寻租腐败等反市场化行为,也有政府放弃自己的基本职能,将不该市场化的领域如教育、医疗、基础设施等公共服务过度市场化的倾向,还有对一些本该履行的职能,如建立健全法律体系、失业保障体系、保护生态资源环境等方面实施的力度不够。它们与社会主义市场经济发展的矛盾日益突出,也远不能适应构建和谐社会的需要。目前我国政府职能存在的主要问题如下:

一是我国政府职能的"越位、错位、缺位"现象。当前,政府部门仍然管了太多不该管,管不了也管不好的事,政府职能越位、错位现象严重。政府直接参与企业生产经营的现象比比皆是,政府干预微观经济活动的现象屡见不鲜。政府是国有企业的出资人,同时又对企业生产经营进行监督管理,政企不分、政资不分,与政府为社会组织创造公平竞争环境的承诺大相径庭。如李克强总理就提到政府过多的审批有寻租嫌疑。再比如,对土地出让的过多干预是"裁判员参与比赛"的问题。政府职能"越位"特点主要有以下方面:一是直接干预微观经济活动;二是盛行地方保护;三是追求短期政绩;四是包办社会事务。反过来,现在市场中还有很多政府该干而没有干好的,需要去补足,比如,食品药品监管、国资贱卖、地产商各种逃税避税等。不少地方政府出现了不作为,但求无过的"看官"。政府职能"缺位"现象主要有以下方面:一是宏观调控和市场监管不到位;二是环境资源保护不力；三是统筹协调作用发挥不够；四是公共服务供给不足、分配不公。

二是政府管理体制不顺畅。第一，由于缺乏超前的制度设计与制度安排，目前存在政府机构设置过多、分工过细等问题。这造成部分部门职能交叉、部门间的职责分工不合理、责权不一致，导致政府管理运行不畅、效率低下。如社会保障、保险领域受民政部门、社会保障部门等多个部门管理；卫生领域更是受多个部门管理。第二，有些部门和岗位的权力过于集中，而又缺乏制度规范，出现了监督不到位、不受制约的情况，为寻租、腐败创造了空间。第三，在中央和地方，各级地方之间的权限还不是很清晰，尤其是财政权和人事权，矛盾重重，中央的机构组成与地方的机构的对应具有高度的一致性，造成机关叠床架屋，行政成本加大。中央机构之间很多相近职能机关并存的现象也很多，这样造成了上下左右责任不清，有利益的事情大家争着做，要承担责任的事情，大家相互推诿，而最终受到损失的还是社会大众。如中央层面对地方事务如资金安排、机构设置、内部区划等管得过多过细，对大江大河治理等跨区域的问题却没管住，在顶层设计方面存在不足。第四，分配制度问题。市场不是万能的，必须通过制度优化财富分配。在全球30多个发达国家里，日本、韩国、德国、法国、北欧五国的贫富差距都不算大；而以美国、英国为代表的基尼系数则要大得多，几个并不发达的金砖国家基尼系数也很高，这都与它们的经济制度休戚相关，特别是与它们的经济分配制度相关。比如，更低的资本税必然导致贫富差距过大，而对促进经济增长几无帮助。

三是市场有效监管和治理力度不够。当前规范市场秩序的法律法规仍不健全，在实施中又存在执法不严，管理松懈，纪律松弛，甚至有法不依，违法不究等问题，导致政府市场监管缺失或力度不够，使已有法律、规章和制度形同虚设。另外，我国市场监管机制存在不公开不民主的问题，从而难以形成公众监督机制，影响监管的有效性。如2008年的"三鹿奶粉事件"，企业欺骗消费者的行为，充分暴露出政府在监管上的缺陷。中国有一些人致富是靠着"封建资本主义"的裙带关系，例如，一些私营矿山来自低价非法获取国家资源；靠着"野蛮资本主义"的资本增值，如一些房地产商囤地待涨。这些问题导致了社会的极大不公平，造成贫富差距加大。这些正是市场秩序不规范、监管缺失的表现。只有规范的市场秩序和严格监管，才能鼓励真正的企业家精神，启动企业活力，增强企业的社会责任。

四是政府对微观经济运行特别是国有企业直接干预依然严重。政府对微观经济特别是国有企业的直接干预依然过多，有效的国有资产管理体制尚未形成。计划经济时期形成的、经济转轨时期又有某种扩展的行政审批制依然广泛存在，特别是企业设立、领导人任免、投资、外贸等领域的行政审批亟待清理、削减。值得注意的是，在推进国有企业改革的过程中，某些政策的实施又产生了强化行政审批和个案处理的副作用。国有经济布局不合理、战线过长的问题依然突出。对非公有经济的限制依然过多，公平竞争环境尚未形成。政府的公共管理职能和国有资产所有者职能混淆不清的状况没有根本改变。如何构建新型的国有资产管理运营体系，已成为深化国有企业改革亟待解决的重要问题。

（四）提高政府治理水平

强调科学的宏观调控，有效的政府治理，是发挥社会主义市场经济体制优势的内在要求。政府治理是国家治理最重要的主体，政府治理水平如何直接决定国家治理绩效的高低。推进国家治理体系和治理能力现代化，更好发挥政府的作用，必须稳步提升政府治理水平。

1. 减少行政审批。

转变政府职能的首要任务是以削减行政审批项目为突破口，简政放权。政府要把该放的权力放开放到位，最大限度地减少对微观经济领域的管理职能，从管不好、管不了也不该管的领域彻底退出来，进一步发挥市场在资源配置中的决定性作用，激发市场主体的创造活力，增强经济发展的内生动力。

坚持市场化改革取向，大幅度减少政府对资源的直接配置，最大限度减少中央政府对微观事务的管理。坚决贯彻党的十八届三中全会提出的"三个一律"，即市场机制能有效调节的经济活动，一律取消审批；直接面向基层、量大面广、由地方管理更方便有效的经济社会事项，一律下放地方和基层管理；深化投资体制改革，除关系国家安全和生态安全、涉及全国重大生产力布局、战略性资源开发和重大公共利益等项目外的企业投资项目，一律由企业依法依规自主决策。减少和规范前置性审批，减少资质许可，减少行政性事业收费。大力推动各级政府对行政审批实行清单管理，清单之内的事项要建立规范、透明的程序，提供高效、优质的服务；清单之外的事项都由市场、社会主体依法自主决策，让企业"法无禁止即可为"，政府"法无授权不可为"。同时，还要加大对地方放权的力度，进一步发挥地方政府的比较优势，充分调动两个积极性。

2. 正确履行政府经济职能。

深入推进政企分开、政资分开、政事分开、政社分开，将"四个分开"作为转变职能的根本途径。政企分开、政资分开主要是经营性国有资产政资分开。国有企业能取得今天的成就，从改革上讲就是因为推进了政企分开、政资分开。但是这方面的任务还没有完成，还需要大力推进。要继续推进政企分开，放宽市场化领域，比如，有些要素价格像油价、电价、利率、土地价格改革还没有完全市场化。继续推进按政资分开，中央企业投资和人事权也应按《公司法》进一步放给企业，比如，解决中央企业包括金融企业利润纳入国家预算问题。在事业单位改革方面，既要体现分类改革的要求，更要在政资、政事分开上下功夫，除了承担行政职能外，还要放权给事业单位，研究配套推进非经营性国有资产,比如文化、教育、卫生等行业政资分开问题。推进政社分开,形成多方参与促进政府职能转变的新机制。人民群众对转变政府职能,更好发挥政府作用,实现国家治理体系和治理能力现代化寄予厚望。提高政府治理水平不可或缺的一点是了解群众所思所想,尊重群众的首创精神,调动群众参与政府改革的积极性,形成多方参与促进政府职能转变的新机制。一是建立政府改革的公共参与机制。广泛听取群众的意见与建议,及时总结来自一线群众创造的新鲜经验,确保政府转变职能与群众的期待相适应。二是建立利益协调机制。改革已经进入深水区,政府职能的调整必然伴随巨大的利益格局调整。通过畅通利益表达渠道,完善听证会制度、构建对话平台等举措,处理好关系复杂、难以权衡的利益问题。三是建立理论研究、宣传引导机制。习近平总书记在《关于〈中共中央关于全面深化改革若干重大问题的决定〉的说明》中指出:"全面深化改革需要加强顶层设计和整体谋划,加强各项改革的关联性、系统性、可行性研究。"提高政府治理水平同样需要理论攻关,需要推进智库建设,通过理性、科学的、符合国情的研究来增强自信,凝聚共识。通过理论解读和舆论引导,营造良好氛围,使提升政府治理水平成为各方参与、协同推进、利益共享的过程。

3. 提高依法行政水平。

习近平总书记强调:"要更加注重治理能力建设,增强按制度办事、依法办事意识,善于运用制度和法律治理国家,把各方面制度优势转化为管理国家的效能。"① 具体而言,就是要适应时代变化,既改革不适应实践发展要求的体制机制、法律法规,又不断构建新的体制机制、法律法规,建设运行和行为都受法律规范和制约的法治政府。

---

① 习近平:《切实把思想统一到党的十八届三中全会精神上来》,载于《人民日报》2014年1月1日。

第四章　经济强国建设的保障与依托

一方面，通过立法界定政府职能，处理好政府与市场、政府与企业、政府与社会、政府与公民的关系；另一方面，逐渐使中央地方关系制度化，以立法的形式将改革所形成的中央地方政府各自的权力范围、权力运作方式、利益配置结构、责任和义务明确下来，在中央地方政府之间形成法定的权力利益关系，在此基础上形成地方政府长期稳定的，而不是个人关系的信任关系。[1]处理好中央政府与地方政府的关系、不同层级地方政府的关系，采用列举方式界定政府职能，使之尽可能详尽、全面、准确，提高政府治理的制度化、规范化、法制化水平，为更好发挥政府作用提供法律保障。此外，还应加强对行政执法行为的约束和限制，防止权力滥用，提高各级政府运用法治思维和法治方式的工作能力，推动政府真正实现从"管理"向"治理"转变。

4. 优化政府机构配置。

提高政府治理水平，转变政府职能必须深化政府机构改革。按照决策权、执行权、监督权既相互制约又相互协调的要求，优化政府机构配置与职能配置。尤其是在全面深化改革取得一定成效后，政府职能有可能出现新的缺位、越位、错位问题。必须重新改进流程，严格绩效管理。力争建立机构设置科学精干、部门职责体系健全、人员编制规模适度、上下级政府职责分工合理、事权边界清晰、财事匹配、权责一致、分工合理，决策科学，执行顺畅，监督有力，政令畅通的行政管理体制。

大部门制符合精简统一效能原则，有利于优化行政资源配置，提高行政效率。要积极稳妥实施大部门制，理顺部门职责关系，减少部门之间的职责交叉、相互扯皮。随着信息化水平的提高，已经有条件在地方探索推进省直接管理县（市）体制改革。严格控制机构编制，严格按规定职数配备领导干部，减少机构数量和领导职数，严格控制财政供养人员总量。

---

[1] 王浦劬：《经济体制转型中的政府作用》，新华出版社2001年版。

四、深入研究全面建成小康社会后的强国建设问题

全面建成小康社会将在"十三五"时期实现，到 2020 年全面建成小康社会目标实现之时，我们这个历史悠久的文明古国和发展中的社会主义大国，将成为工业化基本实现、综合国力显著增强、国内市场总体规模位居世界前列的国家，成为人民富裕程度普遍提高、生活质量明显改善、生态环境良好的国家。实事求是预测 2020 年我国全面建成小康社会后的经济强国建设问题，这是我们继续前进的立足点和出发点。

（一）来自国家行政学院的问卷调查

我国已经成为经济大国，但还不是一个经济强国。2014 年国家行政学院课题组对在院学习的厅局级领导干部进行了问卷调查，共收到有效答卷 227 份，其中既有来自中央部委的学员，也有来自东中西部不同地区的学员，具有较强的代表性。调查的主要发现如下：

1. 中国应适时提出迈向"经济强国"的目标。

作为一个经济大国，中国是否应该适时提出建设"经济强国"的战略目标？调查表明，超过八成（83%）的学员支持提出这一目标。主要理由如下：我国已经是经济大国。但是大而不强，快而不优，大不等于强，胖不等于壮。经济大而不强，必出问题；成为第二大经济体后，不进则退。因此，迈向经济强国是中国成为经济大国后的必然选择，是提升国家综合竞争力的客观需要，也是中国实现现代化的必由之路。有学员提出，经济是基础，经济强大是其他方面强大的基础，经济发展其他方面才会有保障。没有强大的经济基础，在国际上就很难有话语权。

第四章 经济强国建设的保障与依托

但同时也有 13.4% 的学员提出，不应该提出"经济强国"的目标。部分学员提出，中国在很长一段时期还将处于发展中国家行列，人均 GDP 太低，在全球竞争中不具有优势，时机不成熟。现在提出"经济强国"目标过早，容易暴露目标。口号并不重要，没有必要喊在嘴上，脚踏实地地做就行了。只做不说为好，干出来再说。要长期努力，水到渠成。应继续韬光养晦，防止"中国威胁论"与人为"大跃进"。另有 3.6% 的学员选择"说不清"。

2. 中国迈向经济强国的优势、压力与障碍。

中国迈向经济强国具有哪些优势？96.9% 的学员认为，经济多年高速增长，综合国力显著提升是我们的最大优势；82.8% 的学员表示，中国开放型经济格局已经形成；77.1% 的学员认为，中国科技创新能力明显增强；在 65.6% 的学员看来，中国具有一般国家不可比拟的领导优势；人口素质大幅度提升也是中国拥有的重要优势之一，大约 61.2% 的学员选择这一选项；43.6% 的学员认为，中国的军事实力明显提高；36.6% 的学员提出，中国的文化影响力在不断加大。

另有学员补充提出，人口多、市场大、内需潜力巨大，创业、创新文化的逐渐形成，中国的大国情结、吃苦精神及历史上曾经的辉煌，人民实现强国梦的共同愿景等，都是中国迈向经济强国的重要优势。

中国迈向经济强国面临外部压力最大的有哪些？国际格局分化调整带来的新挑战是中国迈向经济强国面临的主要压力，选择这一选项的学员达 83.3%；64.8% 的学员表示，全球市场需求增速放缓，外部市场萎缩是中国面临的主要压力之一；55.5% 的学员认为，发达国家所谓"修昔底德陷阱"式的猜忌也会对中国发展带来压力；43.2% 的学员表示，信息化与网络化挑战中国，网络安全受制于人；贸易摩擦增多也是中国面临的主要压力，26% 的学员选择该选项；全球气候变化也对中国带来一定的压力，23.4%的学员对此表示认同；另有13.7%的学员认为，国际社会要求中国承担责任增多，也是我们不得不面对的压力。

中国迈向经济强国国内面临的主要障碍有哪些？调查反映出厅局级学员对于生态环境高度重视，80.2%的学员认为资源环境约束突出，生态环境日益恶化是中国迈向经济强国的最主要障碍；71.8%的学员表示，收入差距过大也是主要障碍之一，他们认为，当前我国收入分配差距过大，社会矛盾在不断加剧；67.8%的学员认为城乡与区域发展不平衡、不合理；自主创新能力不强也是主要障碍之一，67.4%的学员选择此项；在48.9%的学员看来，既得利益集团占有大量资源，造成资源难以合理配置；36.6%的学员提出，政府权力过大且缺乏监督与约束；36.6%的学员认为是教育制度落后；其他选项还有：35.3%的学员认为中国经济发展水平较低；22.9%的学员认为就业压力加大，阶层日益固化；18.9%的学员表示，腐败问题难以遏制。

3. 迈向经济强国必须推动经济转型升级。

经济转型升级是迈向经济强国的基础。高达93.8%的学员认为企业创新能力不足，科技成果转化率低是中国经济转型升级面临的主要问题；88.1%的学员认为，中国经济发展过度依赖投资，消费需求无法有效启动；而在83.3%的学员看来，产业结构调整缓慢，难以形成新的经济增长点；78%的学员认为，中国经济发展追求数量扩张和高速度、忽视节约资源和保护环境；另有67%的学员表示，地方政府公司化、短期化行为严重；33.9%的学员认为中国经济的内外失衡已成为需要关注的问题；31.7%的学员提出，财税金融支持经济转型升级力度不足，科学性、合理性欠佳。

部分学员补充提出，市场体系建设不健全、活力不足，科技创新与风险投资和知识产权保护不到位，民营经济发展不强大等，都导致经济转型升级知易行难。

促进经济转型升级迈向经济强国，在经济领域亟须推进哪些改革？74.5%的学员认为财税体制改革是首要的基础性改革，是国家治理的基础和重要支柱，亟须优先推进；73.6%的学员认为金融体制改革非常重要，经济强国大多是金融强国；72.7%的学员认为，垄断行业改革滞后，已经成为我国经济转型升级的重要梗阻，必须加大改革力度；其他学员关注程度较高的改革依次是：城乡体制改革（67.8%）、科技体制改革（65.6%）、国有企业改革（60.4%）、土地制度改革（57.7%）。

学员们补充提出，迈向经济强国必须注重保护知识产权，鼓励创新。健全市场体系，建立覆盖全国的诚信系统。加强引导性机制建设，建立健全更加科学、更能有效激励的考核体系。

4. 创新驱动引领中国迈向经济强国。

创新能力是决定一国是否为经济强国的重要指标。调查发现，仅有24%的学员认为我国创新能力已经较高，但他们同时认为，中国创新能力与经济强国依然存在较大差距。75.1%的学员认为中国的创新能力较低，与中国目前的国际地位极不相称，亟待提升。0.9%的学员选择说不清。

影响中国迈向创新强国面临主要的障碍在哪里？65.2%的学员提出，传统的教育体制无法培养出符合需要的创新人才；59.5%的学员认为缺乏自主创新的文化和土壤；51.1%的学员认为缺乏对知识产权的有效保护；48%的学员提出，中国人耐不住寂寞，政府、企业、研究机构急功近利的心态严重；47.1%的学员认为企业缺乏承担创新失败的风险分担机制；28.2%的学员认为缺乏必要的财税政策和融资方面的支持。

当问及如何实施创新驱动发展战略时，72.3%的学员建议让市场成为配置创新资源的决定性力量；64.3%的学员提出应该营造鼓励创新的政策环境；59%的学员提出要建设高素质的创新人才队伍；41.4%的学员建议强化知识产权保护；23.8%的学员建议大力发挥金融对创新的支撑作用；20.7%的学员认为应该提高研发经费占GDP比重，尽快达到经济强国的投入水平。

5. 迈向经济强国应培育世界一流企业。

世界经济发展史表明，经济强国大多拥有大批世界级企业。中国企业在走向世界的过程中面临哪些困难呢？76.7%的学员认为中国缺乏优秀的国际化企业人才；73.6%的学员认为国外政治环境不稳定是影响中国企业走向世界的重要掣肘；65.6%的学员认为国际市场的贸易壁垒及准入限制对中国企业走向世界形成"挤压"；58.6%的学员表示，国内管理模式难以复制到国外也制约了中国企业走向世界；51.5%的学员认为，中国企业不了解国外法律和市场；43.2%的学员认为缺乏合适的销售渠道和品牌知名度；文化冲突也是不可忽视的因素之一，40.1%的学员选择了这一选项。

中国应如何培养真正意义上的世界级企业？76.2%的学员选择提高自主创新能力；57.3%的学员提出应放宽非公有制经济的市场准入，贯彻平等准入、公平待遇的原则；55.5%的学员建议打破垄断，促进体现公平竞争；52.9%的学员建议健全多层次资本市场体系，推动资本市场双向开放；另有32.6%的学员表示，应加大支持国内企业走出去的力度，如提高境外投资审批规则的透明度和审批程序的规范性；28.6%的学员表示，应改造传统的商业文化，营造培育世界级企业家的"生态环境"。

6. 推进政府治理现代化，迈向经济强国。

政府治理的现代化是迈向经济强国的重要保障。超过八成（81.1%）的学员认为，目前的政府职能与迈向经济强国的要求不相匹配，政府与市场的关系依然没有处理好，政府职能越位、错位、缺位等问题没有从根本上解决；10.6%的学员认为政府职能与迈向经济强国的要求相匹配，中国经济社会发展取得的成就已有力地说明了这一点；另有8.3%的学员选择"说不清"。

转变政府职能应在哪些方面有所突破？87.2%的学员建议简政放权，深化行政审批制度改革，取消和下放行政审批事项，激发企业和市场活力；69.2%的学员建议进一步推进政企分开、政事分开、政资分开和政社分开；62.6%的学员提出应完善政府决策的社会参与机制，提高决策的科学化、民主化水平；57.7%的学员建议推进依法行政，全面清理不合时宜的行政法规和规章；56.8%的学员表示，应该完善政府绩效评估体系，加大行政问责与绩效考核力度；43.6%的学员认为应推进政府层级扁平化，全面推进省管县和乡财县管进程，减少行政层级；33.9%的学员提出，应改革地方行政管理体制，转变各级政府"上下一般粗"的格局；30.4%的学员建议控制政府支出，降低行政成本，建设节约型政府；21.2%的学员认为应继续推进大部门制改革。

（二）建成小康社会后我国经济发展面临的形势

我国全面建成小康社会后，仍将面对一个机遇与挑战并存的世界，世界也将面对一个快速崛起和更加自信、更有实力、更为开放的中国。中国经济将进一步发展，国际影响力将进一步扩大，我国将进入经济强国建设的重要时期。总的来看，我国已站在世界舞台中心，未来发展仍处在重要战略机遇期，但风险和挑战增多。

从国际上看，我国世界和平发展大趋势下的战略机遇期，仍然具有持续发展的有利条件。近些年，我国与主要大国、周边国家、发展中国家的关系均取得重大进展，与世界的相互依赖度不断加深，在世界上的影响力不断提高。我国是全球130多个国家的最大贸易伙伴，我国的发展为世界提供了难得机遇，世界大多数国家期待着从中国的发展中受益，与中国共享发展与繁荣。全球经济治理的不断变革也为中国参与国际规则的制定提供了难得机遇，全球经济低迷、发达经济体饱受金融危机冲击，为中国海外利益的拓展也提供了机会。[①] 世界人民求和平、求发展的愿望

---

① 参见中国国际经济交流中心：《深入研究全面建成小康社会后的发展问题》课题研究，2016年。

越来越强,世界大战及局部大战的可能性微乎其微。中国的军事实力大大增强,经济实力举足轻重,政治影响力今非昔比,概言之,中国将迎来与世界共同发展的新契机。

从国内来看,我们进入了经济社会发展的新常态。我国改革开放40年取得的进展为今后的发展奠定了重要基础。我国人民已经实现了由贫穷到温饱、再由温饱到总体小康的历史性跨越,积累了丰厚的物质财富,在各领域的发展都取得了显著成就。国民经济快速增长,经济实力不断提升,人民生活明显改善;科学技术突飞猛进,国防建设取得重大成就;综合国力显著增强,国际地位日益提高。我国的经济总量自2010年超过日本,仅次于美国以来,持续稳步增长,已远远高于日欧等传统发达国家,稳居世界第二位。同时,我国经济仍然并将长期保持中高速增长,较大幅度领先全球主要经济体,与世界第一经济大国——美国之间的差距也越来越小。新型城镇化建设全面稳步推进,区域协调发展更加科学合理。全面实施"一带一路"、京津冀协同发展、长江经济带建设三大区域战略,创新区域经济新的增长极。坚持实施西部大开发、振兴东北、中部崛起、东部率先发展的总体区域战略,一批新的区域中心正逐步兴起。

1. 经济发展面临的有利因素。

首先,我国经济发展具有两个稳定的基础性支撑条件。一是我们具有巨大市场需求,这是由我国具有世界上最多人口这个基本国情决定的,而这种需求就是经济发展的巨大空间。数量庞大的人口至少在三个方面直接支撑着经济发展:(1)均等的需求。城乡、地区间人口无论生产还是消费、个性需求还是公共服务等方面,在现实获得上都存在着显著的差异。填平补齐这种差异就意味着巨大的市场空间。(2)转换的进程。我们正在经历从发展中国家向比较发达国家的转变,工业化、城镇化、信息化等大力推进所带来的供给,将给经济发展带来巨大空间。(3)内外的替代。如果我们自身能够提供更多高质量的产品,则既能实现国内市场产品对国外企业生产产品的替代，也能实现我国消费者出国购买产品转向在国内市场购买产品的替代，而这也意味着巨大的市场空间。二是我们具有党的强有力领导管理和组织能力，这种强大的能力是由我们实行社会主义制度基本国情决定的，这使我们能够集中力量和资源攻克难关、进行应急处置，有利于从整体上推动供给创新、需求扩展，并且有效地排除干扰和掣肘，促进资源要素更大范围的配置，以及地区间、企业间的合作联动。正是这两个基本方面支撑中国经济始终保持着稳定增长的局面，也使几十年来所有唱衰中国经济的预言基本上都成为虚言或妄言。除非特殊的非经济因素影响，有这样两个基本的支撑条件，中国经济未来不会出现大起大落的发展状况。

其次，支撑我国经济稳中求进有不少积极因素。一是我们的组合政策力度大、含金量高，其效应将逐渐释放出来。近些年，我们围绕稳增长、调结构、惠民生等出台了一系列重大政策、重大改革、重大工程、重大项目，涉及面宽广，针对性较强。这些重大举措对经济发展的支撑效应将逐渐发挥出来。二是我们在创新基础上的经济转型深入推进，新经济加快发展、新动能加速培育。经济发展新兴能量不断积累并将逐渐占据主导地位。总的看，所有这些都将有利于推动下一步经济更好地发展，支撑经济稳中有进、稳中向好的有利条件是充分和有力的。

2. 国内经济发展面临的环境。

在国内，由于多年积累的经济、社会矛盾深刻，发展中不平衡、不协调、不可持续问题依旧突出，科技创新能力不强，产业结构不合理，发展方式依然粗放，城乡区域发展差距和居民收入分配差距依然较大，社会矛盾明显增多。总的看，在近40年改革开放取得成就、获得经验、初步形成新体制的起点上，中国进一步发展面临着前所未有的战略挑战。

首先，是各种问题集中出现带来的严重性。在改革开放以来的发展中，我们把推进工业化、信息化、城镇化、市场化和国际化的历史进程,集中在一个较短的过程里,发达国家在二百年、三百年发展过程中分阶段出现的一些问题和矛盾,在我国集中出现在一个相对较短时期。进入小康后全面深化改革开放的新的历史阶段,这些困难、问题、矛盾可能更加明显,更加突出,更加尖锐,更加严重,给我国全面深化改革开放和经济社会发展带来前所未有的压力。

其次,是矛盾多重交织带来的复杂性。我国未来在全面深化改革开放中所面对的困难、问题和矛盾,既有以前发展过程中积累下来还没有完全解决的,又有以前没有出现而在新的发展过程中出现的;既有一些原有体制因素影响所带来的,又有一些在体制改革中所形成的,还有一些是在完善新体制中已经产生并还会产生的;既有关系经济、政治、文化、社会、生态协调发展的,又有关系加强党的自身建设、提高党的执政能力的,这就使得今后的发展面临着极为复杂的矛盾。

最后,是利益协调难度加大带来的风险性。应对各种困难、问题和矛盾,持续发展,需要我们协调不同方面、不同领域、不同地区、不同群体的深层次利益关系,协调深化经济体制改革与深化政治体制改革、文化体制改革、社会体制改革等综合配套的关系,协调每一个方面体制内部各个环节之间的关系,协调继续破除原有体制痕迹与完善新体制内容的关系,协调深化体制改革与促进经济发展、政治发展、文化发展、社会发展、生态文明建设的关系,协调完善体制、促进发展、保持稳定与扩大开放、促进世界和平发展的关系,等等。这么多协调的难度显然大为增加,稍有不慎,就有可能在一定或较大的范围内引起不利于继续深化改革的反响。从一定意义上看,面向新的发展,今后的风险一点不比以前小。

(三) 建设经济强国的政策建议

我国经济建设的一个突出特点就是不断跨入新的发展阶段。因此，把握全面建成小康社会后经济强国建设的属性和特征，确立与之相适应的发展战略，对于推进经济强国建设有着重要的意义。

1. 深刻总结经济强国建设的特征规律。

以史为鉴，可以知兴替。15世纪以来，先后有葡萄牙、西班牙、荷兰、英国、法国、德国、日本、俄罗斯和美国这9个国家成为世界性的经济大国，美国、日本和德国是当今世界上名副其实的经济强国。纵观这些经济强国崛起的历程，殖民扩张和财富掠夺等暴力方式伴随着每一个经济强国的崛起，但在今天经济全球化和世界格局多极化的大背景下，依靠对外殖民扩张之路实现经济崛起已不可复制。但经济强国的崛起有其内在规律性和必然性，建议国家可安排重大研究专题专门总结这些经济强国的崛起历程与有益启示，深化认识，为我所用。

2. 提出经济强国建设战略构想。

我们应当理性认识国际社会出现的中国"强权梦""扩张梦""霸权梦"等负面声音，充分理解国内理论界和政策界出现的一些关于建设经济强国的担忧。但我们更应认识到，我国当前正处于由经济大国迈向经济强国的关键时期，时不我待。从经济战略角度看，实现中国梦就是要在全面实现小康社会的基础上，加快实现从经济大国走向经济强国的战略目标。或者说，提出建设经济强国的战略构想与战略目标，其实质就是中国梦在经济领域的具体化，是与中国梦一脉相承的。

3. 加快实施创新驱动战略。

具有强大的科技创新能力是迈向经济强国的战略支撑，必须摆在建设经济强国的核心位置。我国已实施了"863"计划、国家科技支撑计划、科技重大专项等科技计划，设立了科技型中小企业技术创新基金、科技型中小企业创业投资引导基金等，但客观讲，我们的很多产业竞争力不强、核心技术受制于他人的被动局面没有扭转。建议强化对企业技术创新的源头支持，鼓励企业围绕市场需求建立研发机构；强化对发展科技服务行业的支持，为从产品研发到走向消费终端提供市场化服务；强化开放式科技创新，以全球视野谋划和推动创新。

4. 加快建设工业强国。

世界经济强国必定具有高端化的产业结构。从全球范围看，工业兴则国家兴，工业强则国家强。从中国基本国情看，我们人多地少，农业并不具有较强的国际竞争力，而服务业大发展是在经济发展到高水平阶段才出现的现象。建议进一步落实发展战略性新兴产业的各项政策措施；进一步落实推进先进制造业发展的各项政策目标；进一步落实加快传统工业改造升级，促进生产性服务业成长壮大的各项举措。

5. 加速建设金融强国。

一个国家的货币是可自由兑换货币，能够被国际交易所接受，并成为其他国家的外汇储备货币，同时拥有较大规模的金融资产和发达稳健的金融体系，是一个国家被称为经济强国的基本内涵之一。建议加快培育中国境内的国际金融中心，支持如上海和北京等国际大都市建立国际金融中心；加快推动利率市场化和汇率市场改革进程，努力实现从金融大国迈向金融强国的目标，为建设经济强国提供战略支撑。

6. 深入实施科教兴国战略。

世界经济强国必定是人力资源强国。我国是世界上最大的发展中国家，也是世界第一人口大国，已是人力资源大国，但还不是人力资源强国。我们要尊重劳动、尊重知识、尊重人才、尊重创造，加快确立人才优先发展的战略布局，造就规模宏大、素质优良的人才队伍，推动我国由人才大国迈向人才强国。建议进一步深化教育领域综合改革，创新高校和科研院所人才培养体制机制；进一步深化医疗卫生体制改革，促进优质医疗资源纵向流动，提高我国人口的营养补给水平。

7. 加快建设海洋强国。

海洋是连接世界各个经济体的血脉和桥梁，"先盛于海洋，后盛于世界"是历史规律。纵观世界强国的发展史，其实质就是海洋强国的发迹史。建议大力发展海洋经济，让海洋经济成为新的增长点；强化海洋行政管理体制和海上执法体制建设；推动海洋科技向创新引领型转变，坚决维护国家海洋权益。

8. 大力建设贸易强国。

世界经济强国崛起的历程表明，没有一个国家能够在封闭的经济体系中崛起，开放的全球市场和自由贸易的深入发展、世界经济体系的形成与国际产业结构的联动是影响大国崛起的重要外部因素。建议重点推进出口与进口并重，形成以技术、品牌、质量、服务为核心的出口竞争新优势；加快推进丝绸之路经济带、海上丝绸之路建设，努力建设好上海自由贸易试验区、广东自由贸易试验区、天津自由贸易试验区、福建自由贸易试验区、辽宁自由贸易试验区、浙江自由贸易试验区、河南自由贸易试验区、湖北自由贸易试验区、重庆自由贸易试验区、四川自由贸易试验区、陕西自由贸易试验区，全力支持海南全岛建设自由贸易试验区，支持海南逐步探索、稳步推进中国特色自由贸易港建设。

参 考 文 献

1. 《马克思恩格斯选集》，人民出版社1972年版。
2. 《毛泽东选集》，人民出版社1991年版。
3. 《邓小平文选》第2卷，人民出版社1994年版。
4. 《邓小平文选》第3卷，人民出版社1993年版。
5. 《陈云文选》第2卷，人民出版社1984年版。
6. 《陈云文选》第3卷，人民出版社1986年版。
7. 《江泽民文选》，人民出版社2006年版。
8. 《胡锦涛文选》，人民出版社2016年版。
9. 《习近平谈治国理政》，外文出版社2014年版。
10. 《习近平谈治国理政》，外文出版社2017年版。
11. 习近平：《在庆祝改革开放40周年大会上的讲话》，人民出版社2018年版。
12. 《十八大以来重要文献选编》上、中、下，中央文献出版社2014年版、2016年版、2018年版。
13. 国家行政学院经济学教研部：《中国经济新常态》，人民出版社2015年版。
14. 国家行政学院经济学教研部：《中国供给侧结构性改革》，人民出版社2016年版。
15. 国家行政学院经济学教研部：《中国经济新方位》，人民出版社2017年版。
16. 张占斌：《中国式崛起》，国家行政学院出版社2007年版。

17. 张占斌：《改革红利再释放》，生活·读书·新知三联书店 2014 年版。

18. 张占斌：《大国经济的治理》，国家行政学院出版社 2014 年版。

19. 张占斌：《中国经济强国梦》，河北人民出版社 2014 年版。

20. 张占斌：《中国改革新起点》，人民出版社 2017 年版。

21. 张占斌：《中国经济新棋局》，人民出版社 2018 年版。

22. 张占斌、周跃辉：《新常态下的大国经济》，湖南人民出版社 2015 年版。

23. 魏礼群、韩康：《新中国行政管理体制 60 年》，国家行政学院出版社 2009 年版。

24. 魏礼群、林兆木、张占斌等：《从经济大国迈向经济强国》，人民出版社 2015 年版。

25. 林毅夫、蔡昉、李周：《中国的奇迹：发展战略与经济改革》，格致出版社 1994 年版。

26. 林毅夫：《解读中国经济没有现成模式》，社会科学文献出版社 2008 年版。

27. 林毅夫：《新结构经济学》，北京大学出版社 2012 年版。

28. 《王梦奎自选集》，学习出版社 2003 年版。

29. 《刘国光自选集》，学习出版社 2003 年版。

30. 胡鞍钢：《中国国家治理现代化》，中国人民大学出版社 2014 年版。

31. 胡鞍钢：《中国经济政治史论（1949～1976）》（第二版），清华大学出版社 2012 年版。

32. 胡鞍钢：《2030 中国：迈向共同富裕》，中国人民大学出版社 2011 年版。

33. 吴敬琏：《中国增长模式抉择》，上海远东出版社 2013 年版。

34. 韩康：《中国市场经济模式重新思考》，经济科学出版社2010年版。

35. 张卓元：《中国改革顶层设计》，中信出版社2014年版。

36. 贾康、苏京春：《新供给经济学》，山西经济出版社2016年版。

37. 俞可平：《论国家治理现代化》，社会科学文献出版社2014年版。

38. 辜胜阻：《创新驱动战略与经济转型》，人民出版社2013年版。

39. 王义桅：《"一带一路"机遇与挑战》，人民出版社2015年版。

40. 李金早：《告别GDP崇拜》，商务印书馆2014年版。

41. 华生：《中国改革做对的和没做的》，东方出版社2012年版。

42. 郑永年：《不确定的未来：如何将改革进行下去》，中信出版社2014年版。

43. 张幼文、徐明棋等：《经济强国——中国和平崛起的趋势与目标》，人民出版社2004年版。

44. 洪银兴：《市场秩序和规范》，格致出版社、上海三联书店、上海人民出版社2015年版。

45. 刘鹤：《两次全球大危机的比较研究》，中国经济出版社2013年版。

46. 蔡昉：《破解中国经济发展之谜》，中国社会科学出版社2014年版。

47. 常修泽：《包容性改革论》，经济科学出版社2013年版。

48. 常修泽：《创新立国战略》，学习出版社2013年版。

49. 陈佳贵、黄群慧等：《工业大国国情与工业强国战略》，社会科学文献出版社2012年版。

50. 迟福林：《第二次改革：中国未来30年的强国之路》，

中国经济出版社 2010 年版。

51. 迟福林：《转型抉择 2020：中国经济转型升级的趋势与挑战》，中国经济出版社 2015 年版。

52. 迟福林：《改革红利》，中国经济出版社 2013 年版。

53. 仇保兴：《城镇化与城乡统筹发展》，中国城市出版社 2012 年版。

54. 简新华、何志扬、黄锟：《中国城镇化与特色城镇化道路》，山东人民出版社 2009 年版。

55. 楼继伟：《政府间财政关系再思考》，中国财政经济出版社 2013 年版。

56. 陆铭：《中国的大国经济发展道路》，中国大百科全书出版社 2008 年版。

57. 王绍光：《美国进步时代的启示》，中国财政经济出版社 2002 年版。

58. 周天勇：《中国梦与中国道路》，社会科学文献出版社 2013 年版。

59. 周振华：《现代服务业发展研究》，上海社会科学院出版社 2005 年版。

60. 邹东涛：《中国经济体制改革基本经验》，中国人民大学出版社 2008 年版。

61. 邱晓华、管清友：《新常态经济》，中信出版集体 2015 年版。

62. 樊纲：《制度改变中国》，中信出版社 2014 年版。

63. 高培勇：《财税体制改革与国家治理现代化》，社会科学文献出版社 2015 年版。

64. 本书编写组：《中央"十三五"规划建议重大专题研究》，中国市场出版社 2016 年版。

65. ［英］安格斯·麦迪森：《中国经济的长期表现：公元 960－2030 年》，上海人民出版社 2016 年版。

66. [英] 安格斯·麦迪森著，伍晓鹰等译：《世界经济千年统计》，北京大学出版社 2009 年版。

67. [印] 阿马蒂亚·森：《从增长到发展》，中国人民大学出版社 2015 年版。

68. [美] 亨利·基辛格：《论中国》，中信出版社 2012 年版。

69. [美] 亨利·基辛格：《世界秩序》，中信出版社 2015 年版。

70. [美] 道格拉斯·诺思：《经济史中的结构与变迁》，上海三联书店 1991 年版。

71. [美] 费景汉、古斯塔夫·拉尼斯：《增长和发展：演进的观点》，商务印书馆 2014 年版。

72. [美] 罗伯特·艾尔斯：《转折点：增长范式的终结》，上海译文出版社 2001 年版。

73. [美] 兰迪·西蒙斯：《政府为什么会失败》，新华出版社 2017 年版。

74. [日] 青木昌彦、吴敬琏编，姚志敏等译：《中国经济新转型》，译林出版社 2014 年版。

75. [法] 托马斯·皮凯蒂：《21 世纪资本论》，中信出版社 2014 年版。

76. 张占斌、周跃辉：《两个百年战略节点与中国经济强国梦研究》，载于《中共党史研究》2014 年第 1 期。

77. 张占斌、周跃辉：《释放经济体制改革红利的基本思路与战略重点》，载于《中国延安干部学院学报》2013 年第 5 期。

78. 张占斌：《打造中国经济升级版，努力实现中国经济强国梦》，载于《中国经济时报》2013 年 9 月 11 日。

79. 张占斌：《新型城镇化的战略意义和改革难题》，载于《国家行政学院学报》2013 年第 1 期。

80. 张占斌：《中国跨越"中等收入陷阱"的战略问题》，载于《经济研究参考》2012年第56期。

81. 张占斌：《新型城镇化"新"在哪里》，载于《人民日报》2014年1月9日。

82. 李克强：《协调推进城镇化是实现现代化的重大战略选择》，载于《行政管理改革》2012年第11期。

83. 马凯：《走出一条中国特色城镇化道路》，载于《国家行政学院学报》2012年第5期。

84. 简新华、黄锟：《中国城镇化水平和速度的实证分析和前景预测》，载于《经济研究》2010年第3期。

85. 李扬、张晓晶：《"新常态"：经济发展的逻辑与前景》，载于《经济研究》2015年第5期。

86. 金碚：《中国经济发展新常态研究》，载于《中国工业经济》2015年第1期。

87. 胡鞍钢等：《供给侧结构性改革》，载于《清华大学学报》2016年第2期。

88. 裴长洪、李程骅：《习近平经济思想的理论创新与实践指导意义》，载于《南京社会科学》2015年第2期。

89. 厉以宁：《论中等收入陷阱》，载于《经济学动态》2012年第12期。

90. 马建堂：《全面实现经济强国任重道远》，载于《中国集体经济》2011年第4期。

91. 马建堂：《关于世界经济和中国经济》，载于《统计研究》2013年第1期。

92. 林毅夫：《中国经济发展奇迹将延续》，载于《求是》2012年第8期。

93. 韩康：《市场在资源配置中起决定性作用——执政党市场认识的新制高点》，载于《上海行政学院学报》2014年第3期。

94. 韩康：《经济转型阵痛要有打持久战的准备》，载于《国家行政学院学报》2016 年第 2 期。

95. 许耀桐：《邓小平的改革开放思想》，载于《中国特色社会主义研究》2014 年第 4 期。

96. 蔡昉：《坚持以人民为中心的发展思想》，载于《人民日报》2016 年 8 月 3 日。

97. 蔡昉：《收入差距缩小的条件——经济发展理论与中国经验》，载于《甘肃社会科学》2007 年第 6 期。

98. 蔡昉：《中国经济如何跨越"低中等收入陷阱"》，载于《中国社会科学院研究生院学报》2008 年第 1 期。

99. 洪银兴：《成为世界经济大国后的经济发展方式转型》，载于《当代经济研究》2010 年第 6 期。

100. 郑秉文：《"中等收入陷阱"与中国发展道路——基于国际经验教训的视角》，载于《中国人口科学》2011 年第 1 期。

101. 林兆木：《我国经济转型升级势在必行》，载于《求实》2013 年第 10 期。

102. 刘世锦：《我国增长阶段转换与发展方式转型》，载于《国家行政学院学报》2012 年第 2 期。

103. 刘树成、樊明太：《中国经济波动分析》，载于《中国工业经济》2000 年第 5 期。

104. 刘树成：《中国经济进入中高速增长阶段》，载于《人民日报》2013 年 10 月 24 日。

105. 冯俏彬：《急需构建地方债务管理体制》，载于《改革内参》2013 年 11 月。

106. 樊继达：《提高政府治理能力：为迈向经济强国奠基》，载于《中国经济时报》2013 年 12 月 31 日。

107. 马小芳：《以开放战略提高中国经济水平》，载于《中国经济时报》2013 年 7 月 26 日。

108. 杨正位：《推进经济全球化的新引擎》，载于《人民日报》2017 年 4 月 23 日。

109. 慕海平、张占斌：《改革是最大红利》，载于《光明日报》2013年6月14日。

110. 魏礼群：《改革开放使中国发展道路越走越宽》，载于《求是》2015年第21期。

111. 魏礼群：《由经济大国到经济强国的发展战略》，载于《新华文摘》2013年第18期。

112. 张卓元：《经济改革要有新突破》，载于《理论动态》2012年第1917期。

113. 宗寒：《从经济大国走向经济强国》，载于《中华魂》2012年10月上。

114. 王一鸣：《凝聚力量，着力打造中国经济升级版》，载于《宏观经济管理》2013年第6期。

115. 毕吉耀、张哲人、李蒽：《开创高水平对外开放新局面》，载于《求是》2017年第7期。

116. 田鹏颖：《论中国改革开放的世界历史意义》，载于《马克思主义研究》2015年第5期。

117. 闻华：《毫不动摇地把改革推向前进》，载于《求是》2017年第3期。

118. 赵振华：《怎样发挥经济体制改革牵引作用？》，载于《光明日报》2013年12月3日。

119. 韩长赋：《着力推进农业供给侧结构改革》，载于《农民日报》2016年5月13日。

120. 黄群慧：《实质推进工业供给侧结构性改革》，载于《经济日报》2016年4月28日。

121. 李光辉：《加快实施自由贸易区战略》，载于《学习时报》2017年4月21日。

122. 江必新：《推进国家治理体系和治理能力现代化》，载于《光明日报》2013年11月15日。

123. 孔泾源：《"中等收入陷阱"的国际背景、成因举证与中国对策》,载于《改革》2011年第10期。

124. 匡贤明:《"中等收入陷阱"实质是"改革陷阱"》,载于《南方日报》2011年11月22日。

125. 余品华:《试论我国改革开放的重大意义及影响》,载于《思想理论教育导刊》2016年第7期。

126. 国家发改委党组:《开放发展是国家繁荣富强的必由之路》,载于《求是》2016年第3期。